DEUTSCHES INSTITUT FÜR WIRTSCHAFTSFORSCHUNG

BEITRÄGE ZUR STRUKTURFORSCHUNG HEFT 116 · 1990

Dietmar Edler

# Ein dynamisches Input-Output-Modell zur Abschätzung der Auswirkungen ausgewählter neuer Technologien auf die Beschäftigung in der Bundesrepublik Deutschland

DUNCKER & HUMBLOT · BERLIN

D 188

Herausgeber: Deutsches Institut für Wirtschaftsforschung, Königin-Luise-Str. 5, D-1000 Berlin 33
Telefon (0 30) 82 99 10 — Telefax (0 30) 82 99 12 00
BTX-Systemnummer * 2 99 11 #
Schriftleitung: Prof. Dr. Reiner Stäglin
Verlag Duncker & Humblot GmbH, Dietrich-Schäfer-Weg 9, D-1000 Berlin 41. 
Druck: 1990 bei ZIPPEL-Druck, Oranienburger Str. 170, D-1000 Berlin 26.
Printed in Germany.
ISBN 3 428 06890 4

# INHALTSVERZEICHNIS

## Verzeichnis der Tabellen

**Verzeichnis der Schaubilder und Übersichten**

## 1. Beschäftigungseffekte neuer Technologien: Theoretische Überlegungen und Ansätze einer empirischen Überprüfung

In der Dogmengeschichte der Wirtschaftswissenschaften hat der Zusammenhang zwischen technischem Wandel, wirtschaftlicher Entwicklung und Beschäftigung von Beginn an eine wichtige Rolle gespielt. Spätestens seit der Veröffentlichung des berühmten Kapitels "On machinery" im Jahre 1821 in der dritten Auflage von David Ricardos "Principles of Political Economy and Taxation"[1] wird diese Fragestellung kontrovers diskutiert. Hier ist kein Raum für eine ausführliche Darstellung und Aufarbeitung der verschiedenen Erklärungsmuster zum Zusammenhang zwischen technischem Wandel und Beschäftigung in dogmenhistorischer Sicht.[2] Dennoch muß angesichts der aktuellen theoretischen und wirtschaftspolitischen Diskussion der Auffassung von Schumpeter, daß die Kontroversen um diese Fragestellung nunmehr "tot und begraben"[3] seien, nachdrücklich widersprochen werden. Vielmehr kann festgestellt werden, daß die verschiedenen Debatten um die Beschäftigungswirkungen des technischen Wandels, zu denen die Maschineriedebatte des 19. Jahrhunderts im Rahmen der Politischen Ökonomie, die Kompensationsdebatte der 30er Jahre,[4] die Automationsdiskussion der 60er Jahre[5] sowie die Mikroelektronik-Diskussion[6] ab Mitte der 70er Jahre gezählt werden können, eine "bemerkenswerte inhaltliche Kontinuität besitzen".[7]

---

[1] Vgl. Ricardo 1951. Eine ausführliche Darstellung der Entwicklung des Gedankengebäudes von Ricardo zur Frage der "Maschinerie" geben Jeck, Kurz 1983.

[2] Einen ausgezeichneten Überblick über die Diskussion bis zu den 40er Jahren unseres Jahrhunderts gibt Gourvitch 1940. Für aktuelle Darstellungen der dogmenhistorischen Kontroversen zu diesem Thema vgl. z.B. Mettelsiefen 1981, Katsoulacos 1986 und Rothschild 1986.

[3] "The controversy that went on throughout the nineteenth century and beyond, mainly in the form of argument pro and con 'compensation', is dead and buried", Schumpeter 1954, S. 684.

[4] Vgl. z.B. Kähler 1933.

[5] Vgl. z. B. Friedrichs 1963.

[6] Vgl. z.B. Dostal 1982, Friedrichs, Schaff 1982.

[7] Mettelsiefen, Barens 1987, S. 13.

Trotz der Kontinuität und der zyklischen Wiederkehr der Kontroversen um Beschäftigungswirkungen des technischen Wandels ist das Spektrum theoretischer Erklärungsmuster und (auch deshalb) das Bild der wirtschaftspolitischen Diskussionen zu diesem Thema heterogen und nicht widerspruchsfrei. Es wird in diesem Zusammenhang sogar von einem "Basar der Theorien und Meinungen"[8] gesprochen. Betrachtet man die zyklische Wiederkehr dieser Debatten im wirtschaftsgeschichtlichen Kontext, so nimmt die Intensität der Kontroversen immer dann zu, wenn ein deutlicher Anstieg der Arbeitslosigkeit zu konstatieren ist. Hagemann[9] unterstreicht an dieser Stelle die Parallelität mit der kontroversen Diskussion um die Beschäftigungswirkungen von Lohnänderungen, die ebenfalls in Zeiten steigender Arbeitslosigkeit an Bedeutung zunimmt.

### *1.1 Freisetzungs- und Kompensationseffekte des technischen Wandels*

Ein mögliches Erklärungsmuster für die Parallelität der Diskussion um die Beschäftigungswirkungen des technischen Wandels einerseits und der Lohnhöhe andererseits liegt in der Doppelgesichtigkeit der möglichen Effekte sowohl des technischen Wandels als auch der Lohnhöhe. Ähnlich wie der Doppelcharakter des Lohnes als gesamtwirtschaftlicher Kosten- und Nachfragefaktor bei der wirtschaftspolitischen Diskussion um den makroökonomischen Zusammenhang von Lohnhöhe und Beschäftigung je nach Gewichtung dieser Faktoren zu unterschiedlichen, oft gegensätzlichen Aussagen führt, resultiert die Doppelgesichtigkeit des technischen Wandels in ambivalenten Aussagen bezüglich dessen Beschäftigungswirkungen.[10] Der technische Wandel vernichtet (alte) Arbeitsplätze und schafft an anderer Stelle (neue) Arbeitsplätze. Den theoretischen Hintergrund der Auseinandersetzung um die Beschäftigungswirkungen des technischen Wandels bilden also unterschiedliche Urteile über Gewicht und Ausmaß der Freisetzungseffekte einerseits und der Kompensationseffekte andererseits. Im

---

[8] Vgl. z.B. Blattner 1986. Wie Blattner zurecht feststellt, läßt sich ein guter Teil dieser Unterschiede auch damit erklären, daß oft Aussagen, die sich auf unterschiedliche Aggregationsebenen und unterschiedliche Zeithorizonte beziehen, unzulässigerweise miteinander vermengt werden.

[9] Vgl. Hagemann 1985.

[10] Vgl. hierzu Hagemann 1985, Klauder 1986.

Kern der Auseinandersetzung steht nicht die Frage, ob solche gegenläufigen Freisetzungs- und Kompensationseffekte überhaupt wirksam werden - dies ist unumstritten -, sondern in welchem Verhältnis die Effekte in der Realität zueinander stehen.[11]

Auch in der aktuellen wirtschaftspolitischen Diskussion zu den Beschäftigungswirkungen modernern Technologien dominieren diese Argumentationsmuster, wobei gerade die unterschiedliche Einschätzung über das Verhältnis von Freisetzungs- und Kompensationseffekten die Teilnehmer an dieser Debatte in die Lager von Freisetzungs-"Pessimisten" und Kompensations-"Optimisten" teilt.[12] Soll also Licht in die Kontroverse um die Arbeitsmarktwirkungen technischen Wandels gebracht werden, erscheint zunächst eine systematische Darstellung der in der Theorie diskutierten Freisetzungs- und Kompensationsmechanismen notwendig.

### *1.1.1 Der primäre Freisetzungseffekt*

Im Mittelpunkt der Freisetzungshypothese steht das Argument, daß der technische Wandel ständig die Arbeitsproduktivität steigere und damit vor allem das Rationalisierungspotential in der Wirtschaft erhöhe. Der Kern der Argumente der Freisetzungs-"Pessimisten" ist die Einschätzung, daß das Tempo des Wachstums der Arbeitsproduktivität nicht nur vorübergehend, sondern auf Dauer das Tempo des Produktionswachstums überschreite, so daß fortlaufend durch technischen Wandel mehr Arbeitskräfte freigesetzt werden als anderweitig wieder eingesetzt werden können. Es kommt damit zu einer sich tendenziell weiter öffnenden Produktions-/Produktivitätsschere[13] mit zunehmender (technolo-

---

[11] Dies wird schon von Kähler während der Kompensationsdebatte der 30er Jahre unterstrichen: "Tatsächlich bestreiten die Freisetzungstheoretiker die Möglichkeit der Wiederaufsaugung der freigesetzten Arbeit ebensowenig wie die Kompensationstheoretiker die momentane und lokale Freisetzung leugnen. Der Streit wird allein nur über die Bedingungen der Kompensation geführt", Kähler 1933, S. 7.

[12] Für die Argumentation der "Optimisten" vgl. z.B. Sachverständigenrat 1983, insbesondere Ziffer 286 und BMWi 1985, während stellvertretend für die Argumente der "Pessimisten" die Aussage "'von selbst' gleicht sich nichts mehr aus", Kern, Schumann 1984,S. 4 herangezogen werden kann.

[13] Vgl. hierzu z.B. Welsch 1983.

gisch bedingter) Arbeitslosigkeit.[14] Wichtig für die weitere Argumentation ist an dieser Stelle nur die Diskussion des primären Freisetzungseffekts technischen Wandels über die Steigerung der Arbeitsproduktivität, während die Frage der Dominanz dieses Effekts über mögliche Kompensationseffekte gerade - bezogen auf eine konkrete Technik - Gegenstand der empirischen Untersuchung in dieser Arbeit ist, also a priori nicht beantwortet werden kann.

Daß technischer Wandel in der Regel mit einer Erhöhung der Arbeitsproduktivität verbunden ist und so "in der ersten Runde", also unter Vernachlässigung der verschiedenen Kompensationswirkungen oder anders ausgedrückt: bei konstantem Niveau und Struktur des Outputs, zu einer Freisetzung von Arbeitskräften führt, ist die conditio sine qua non, daß die Kontroverse über die Beschäftigungswirkungen des technischen Wandels überhaupt entstehen konnte, denn andernfalls sind die positiven Beschäftigungswirkungen sozusagen garantiert. Es genügt deshalb im weiteren, davon auszugehen, daß technischer Wandel in der Regel[15] mit einer Steigerung der Arbeitsproduktivität verbunden ist und somit ceteris paribus Freisetzungseffekte auslöst. Als theoretische Begründung mag darauf verwiesen werden, daß unter der Annahme der Kostenminimierung technischer Wandel mit einer Verschiebung der Produktionsfunktion in Richtung auf den Ursprung verbunden ist.[16] Diese Verschiebung ist, wie

---

[14] Hier wie auch später bei der Diskussion der Kompensationseffekte wird von einer konstanten Arbeitszeit ausgegangen. Tatsächlich bieten die verschiedenen Formen einer Arbeitszeitverkürzung einen Weg zur Schließung der Produktions-/Produktivitätsschere. Sie stellen damit eine eigenständige Komponente der Kompensationsmöglichkeiten dar. Wegen der Komplexität der mit der Arbeitszeitverkürzung verbundenen Wirkungsmechanismen wird im folgenden immer unter der Annahme konstanter Arbeitszeiten argumentiert.

[15] Es ist damit nicht notwendig, Hickel 1987 zu folgen, der die Steigerung der Arbeitsproduktivität im Gefolge des technischen Wandels generell als "unbestritten" bezeichnet. Salter 1966 zeigt beispielsweise, daß a priori keine Gründe für einen nur arbeitssparenden technischen Fortschritt vorliegen.

[16] Vgl. z.B. Walter 1977.

empirische Untersuchungen für die Bundesrepublik Deutschland belegen,[17] überwiegend mit einer Erhöhung der Arbeitsproduktivität verbunden.[18]

### *1.1.2 Kompensationseffekte*

Ist der technische Wandel im Normalfall durch primäre Freisetzungeffekte gekennzeichnet, stellt sich die Frage, ob und welche endogenen Kompensationsmechnismen in marktwirtschaftlichen Systemen existieren, die dafür sorgen, daß die von technischem Wandel freigesetzten Arbeitskräfte wieder in das System absorbiert werden können. Die Frage der Zeitstruktur dieser Kompensationsmechanismen muß dabei relativ unbestimmt bleiben, weil die Theorien, die diese Mechanismen begründen, die Frage der Fristigkeit der Anpassungsprozesse in der Regel nicht explizit ansprechen. Die in vielen Theorien implizit enthaltene Annahme einer unmittelbaren, quasi gleichzeitigen Wirksamkeit der Kompensationsmechanismen erscheint wenig realitätsnah, so daß - die Unbestimmtheit bewußt in Kauf nehmend - von einer Kompensation auf "mittlere Sicht" ausgegangen werden soll.

Eine gründliche Auseinandersetzung mit den in der Literatur diskutierten Kompensationseffekten hat Hagemann[19] geleistet. Hagemann unterscheidet insgesamt fünf Kompensationseffekte

(1) endnachfrageerweiternde Produktinnovationen,
(2) das Kaufkraftkompensationstheorem,
(3) das Maschinenherstellungsargument,
(4) erhöhte internationale Wettbewerbsfähigkeit,
(5) die Faktorsubstitutionsthese,

---

[17] Vgl. z.B. Klodt 1984. Eine indirekte Unterstüzung dieses Ergebnisses liefern auch sogenannte "growth-accounting"-Studien (Denison 1967, Kendrick 1981), die internationale Produktivitätsunterschiede auf Unterschiede in der Technologie zurückführen.

[18] Auf eine nähere Behandlung des technischen Wandels im Sinne einer Hicks-, Harrod- oder Solow-Klassifikation wird hier nicht näher eingegangen, da diese Klassifikationen im Rahmen des in dieser Arbeit verfolgten Ansatzes nicht weiterführen.

[19] Vgl. Hagemann 1985, auf den sich die folgenden Ausführungen wesentlich stützen; vgl. hierzu auch Klauder 1986.

die im folgenden ausführlich diskutiert werden sollen.[20]

### (1) Endnachfrageerweiternde Produktinnovationen[21]

Der technische Wandel läßt neue Produktmärkte entstehen und eröffnet neue Betätigungsfelder. Soweit diese neuen Produkte die Endnachfrage additiv erweitern, also nicht in Substitutionsbeziehungen zu anderen, schon existierenden Produkten stehen, haben diese Produkte zweifelsfrei positive Beschäftigungseffekte. Allerdings kann dieser Wirkungszusammenhang unter Berücksichtigung kreislaufanalytischer Zusammenhänge nur bei einer sinkenden Sparquote wirksam werden. Generell wird das Auftreten neuer Produkte, die nicht in Substitutionskonkurrenz zu anderen Gütern stehen, eher die Ausnahme sein. Bestehen jedoch substitutive Beziehungen zu anderen Produkten, ist das Ergebnis dieses Prozesses für den Arbeitsmarkt offen, da die positiven Effekte, die sich aus der Nachfrage nach neuen Produkten ergeben, mit den negativen Effekten, die sich aus der Verdrängung bisher nachgefragter alter Produkte ergeben, saldiert werden müssen. Für den Saldo sind die Produktionsprozesse zur Erstellung der neuen und der substituierten Produkte, insbesondere deren Arbeitsintensität, von Bedeutung.

---

[20] Für eine andere Klassifikation, die inhaltlich aber in etwa die gleichen Effekte umschreibt, siehe z.B. Stoneman, Blattner, Pastre 1982 und Stoneman 1983. Dort wird zwischen Technologie-, Multiplikator-, Einkommens- und Preiseffekten unterschieden.

[21] Der Begriff Produktinnovation wird hier nur verwendet, weil er von Hagemann 1985 in seiner Klassifikation der Kompensationseffekte benutzt wird. Generell wird die Unterscheidung von Produkt- und Prozeßinnovationen bei einer sektoral disaggregierten Betrachtungsweise des Produktionsapparates einer Volkswirtschaft als wenig sinnvoll betrachtet. So sind zum Beispiel alle Produktinnovationen von Unternehmen, die Investitionsgüter herstellen, aus Sicht der diese Güter einsetzenden Unternehmen Prozeßinnovationen. Jede Innovation - auch die eines reinen Konsumgutes - wird in der Regel eine Prozeßinnovation voraussetzen. Vgl. dennoch für eine theoretische Analyse, die sich speziell auf die Arbeitsmarktwirkungen von Produktinnovationen bezieht, Katsoulacos 1984.

### (2) Das Kaufkraftkompensationstheorem

Unter der Bedingung der Kostenminimierung sollten im Rahmen des technischen Wandels neue Techniken nur dann eingeführt werden,[22] wenn es sich um effizientere Produktionsverfahren in dem Sinne handelt, daß sie die Kosten pro Outputeinheit senken. Diese Kostensenkungen können sich in Preissenkungen und/oder zusätzlichen Verteilungsspielräumen für Gewinne und Löhne niederschlagen. Sowohl die Weitergabe der Kostensenkungen über die Preise und/oder über zusätzliche Einkommen führt zu einer Anregung der effektiven (realen) Nachfrage und damit zu kompensierenden Beschäftigungseffekten. Welches Ausmaß diese Kompensationseffekte in Relation zur primären Freisetzung haben, hängt - je nach unterstellter Wirkungskette - von einer Reihe von Anpassungsreaktionen ab, die als Elastizitäten gemessen werden können und ist somit a priori unbestimmt.

Für den Fall, daß die Kostensenkungen in Preissenkungen der produzierten Güter weitergegeben werden,[23] sind insbesondere die sektoralen Preiselastizitäten der Nachfrage von Bedeutung. Diese geben an, zu welchen Nachfrageänderungen und sektoralen Verschiebungen es kommt, wenn die Preise bestimmter Güter sich ändern. Wenn die Preiselastizitäten ungleich 1 sind, kann es zu Veränderungen der Sparquote und/oder zu Nachfragesteigerungen nach anderen Gütern kommen. Dann bestimmen die Kreuzpreiselastizitäten, auf welche Güter die Nachfrage gelenkt wird. Für die Höhe des kompensatorischen Effektes ist dabei insbesondere die Arbeitsproduktivität der Sektoren, in denen diese Güter produziert werden, von Bedeutung.

---

[22] Dies schließt natürlich nicht aus, daß aus Sicht der Unternehmen externe Vorgaben, wie z.B. Umweltschutzauflagen oder Maßnahmen zur Humanisierung des Arbeitsprozesses, den Einsatz neuer Techniken erfordern können, ohne daß sich dies in der Kostenrechnung des Unternehmens als Kostensenkung und damit als einzelwirtschaftliche Effizienzsteigerung bemerkbar macht.

[23] Diese Wirkungskette ergäbe sich tendenziell dann, wenn man theoretisch im Marktmodell der vollkommenen Konkurrenz argumentieren würde.

Auch für den Fall, daß die Kostensenkungen nicht oder nicht voll in Preissenkungen weitergegeben werden,[24] also zusätzliche Einkommen für Unternehmen und/oder Beschäftigte entstehen, sind die Wirkungsmechanismen nicht einfacher. Zunächst ist von Bedeutung, wie sich die funktionale Aufteilung zwischen Kapital- und Arbeitseinkommen ergibt. In einer zweiten Stufe hängt die Höhe der Kompensationswirkungen dann von der Veränderung der Sparquote sowie von den sektoralen Einkommenselastizitäten der Nachfrage nach bestimmten Gütergruppen ab. Hier ist wieder von Gewicht, ob mehr oder weniger arbeitsintensive Sektoren von der zusätzlichen Nachfrage profitieren.

Aus dieser Ausführung wird deutlich, daß der technische Wandel zwar unmittelbar die Produktionsmöglichkeiten einer Volkswirtschaft erhöht, die Ausschöpfung dieses zusätzlichen Potentials über das Kaufkraftkompensationstheorem jedoch an die Wirksamkeit zahlreicher Anpassungsmechanismen geknüpft ist, die insbesondere auch umfangreiche strukturelle Verschiebungen und Anpassungen erfordern. Die tatsächliche Wirksamkeit des Kaufkraftkompensationstheorems wird deshalb seit jeher von zahlreichen Ökonomen eher skeptisch beurteilt.[25] Im übrigen sei, so argumentieren diese, die Nachfragestimulierung über das Kaufkraftkompensationstheorem - wenn sie dann wirksam werde - lediglich ein Ausgleich für den Nachfragausfall, der durch die Freisetzungen von Arbeitskräften verursacht werde. Sie verhindere damit also lediglich das Entstehen einer sekundären Arbeitslosigkeit. Allerdings ist den Einwendungen aus jüngerer Zeit zuzustimmen,[26] daß die heute weitverbreitete Existenz von Arbeitslosenversicherungssystemen einen quasi-automatischen Kompensationsmechanismus darstellt, der den Nachfrageausfall der Freigesetzten zu einem großen Teil verhindert.[27]

---

[24] Diese Wirkungskette ist bei anderen Marktformen als der vollkommenen Konkurrenz denkbar. Die zusätzlichen Gewinne lassen sich im Sinne von Schumpeter als Monopolgewinne von Pionier- oder Vorreiterunternehmen interpretieren.

[25] Vgl. z.B. Mill 1848, Lowe 1976.

[26] Vgl. hierzu z.B. Blattner 1981.

[27] Dennoch sind auch in diesem Fall Strukturverschiebungen der Nachfrage wahrscheinlich, die zu Friktionen führen können.

### (3) Das Maschinenherstellungsargument

Die im Zuge des technischen Wandels eingesetzten neuen Investitonsgüter ("Maschinen"), die die Entfaltung der primären Freisetzungseffekte technologisch erst ermöglichen, müssen selbst hergestellt werden. Zu ihrer Produktion werden also Arbeitskräfte benötigt, die die mit der Anwendung dieser neuen Maschinen verbundenen Freisetzungseffekte (teilweise) kompensieren. Dieses auch in der aktuellen Debatte um die Beschäftigungswirkungen moderner Technologien oft benutzte Argument[28] ist insofern sicher von Bedeutung, als es verdeutlicht, daß eine einzelwirtschaftliche, isolierte Betrachtung von neuen Technologien nur bei den Anwendern zu kurz greift, weil sie selbst "einfache" Kompensationseffekte wie das Maschinenherstellungsargument vernachlässigt. Gleichzeitig läßt sich anhand dieses Kompensationseffektes zeigen, daß die Erfassung der Wirkungen des technischen Wandels nur in einem dynamischen Kontext und keineswegs in einer atemporalen Analyse möglich ist. Denn eine statische Anwendung des Maschinenherstellungsarguments übersieht, daß dieser Kompensationseffekt nur kurzfristig wirksam wird (während der Herstellungszeit des Investitionsgutes bzw. der Maschine), wohingegen der Freisetzungseffekt langfristig (während der gesamten Nutzungsdauer der neuen Maschine) wirksam ist. Eine auf eine Periode beschänkte Aufrechnung von Effekten der Maschinenherstellung und Effekten der Anwendung der Maschine (Freisetzung) führt also in die Irre. Eine kurzfristige Kompensation über das Maschinenherstellungsargument sagt nichts über die langfristige Wirkung des technischen Wandels aus.[29]

### (4) Erhöhte internationale Wettbewerbsfähigkeit

Eine weitere Argumentationskette zur Kompensaion technologiebedingter Freisetzungen von Arbeitskräften zielt auf die Effekte des technischen Wandels auf die außenwirtschaftliche Verflechtung der Volkswirtschaft. In einfacher

---

[28] Vgl. z.B. Sachverständigenrat 1976, insbesondere Ziffern 298 und die Kritik hieran von Kromphardt 1977.

[29] Neisser 1942 spricht in diesem Zusammenhang von einem "offenen Wettrennen" zwischen der Freisetzung von Arbeit durch technischen Wandel und der Wiederbeschäftigung der Freigesetzten durch den kapitalistischen Akkumulationsprozeß.

Form lautet das Argument, daß eine Volkswirtschaft, die technologisch fortschrittliche Produktionsprozesse einsetzt, ihre internationale Wettbewerbsfähigkeit erhöhe und somit über eine steigende Exportnachfrage Kompensationseffekte für die primären Freisetzungseffekte erziele. Die in der wirtschaftspolitischen Diskussion benutzten plakativen Zielsetzungen einer "weltmarktorientierten Vorwärtsstrategie" oder einer "offensiven außenwirtschaftlichen Anpassung" gehen im Kern zu einem guten Teil auf diese Argumentationslinie zurück.[30]

Aufgrund der hohen außenwirtschaftlichen Verflechtung der Bundesrepublik Deutschland ist eine differenzierte Auseinandersetzung mit dem Kompensationseffekt einer erhöhten internationalen Wettbewerbsfähigkeit sicherlich von großer Bedeutung. Abgesehen von der Schwierigkeit, den Begriff internationale Wettbewerbsfähigkeit genau zu definieren und statistisch zu messen,[31] sind die Ergebnisse der Diskussion in großem Umfang davon abhängig, welchen theoretischen Bezugsrahmen man für die Analyse wählt.

Im Rahmen der neoklassischen Außenhandelstheorie[32] sind die vom technischen Wandel ausgehenden Beschäftigungseffekte im Inland von einer Vielzahl von Parametern, insbesondere der Art des technischen Forschritts und Größenordnungen verschiedener Substitutionselastizitäten abhängig, so daß sich je nach unterstellter Parameterkonstellation unterschiedliche Beschäftigungseffekte ergeben.[33] Zudem sind diese Analysen an ein Bündel restriktiver Annahmen, genannt seien nur konstante Skalenerträge der Produktion und vollständige Konkurrenz auf den Güter- und Faktormärkten, geknüpft, die den empirischen Wert dieser Modelle in Frage stellen.

Folgt man der monetären Zahlungsbilanztheorie, führt technischer Wandel zu keinen außenwirtschaftlich verursachten Kompensationseffekten, da unter einem

[30] Vgl. z.B. BMWi 1982, Tz. 45.

[31] Vgl. z.B. Krupp 1986.

[32] Vgl. für eine Darstellung z.B. Dixit, Norman 1980 und Rose 1981.

[33] Vgl. dazu ausführlich Lieschke 1985, insbesondere S. 63ff.

Regime flexibler Wechselkurse über eine Wechselkursänderung stets ein Ausgleich der Zahlungsbilanz erreicht wird.[34]

Für die hier im Mittelpunkt des Interesses stehende Fragestellung sind die unter dem Begriff "Neotechnologie-Theorien" zusammengefaßten Ansätze des "technological gap trade"[35] und die "product cycle"-Theorien [36] von größerer Bedeutung als die traditionellen Ansätze. Sie stellen zum einen den technischen Wandel in den Mittelpunkt ihrer Erklärungmuster und versuchen zudem, einige der Prämissen der neoklassichen Außenhandelstheorie durch realistischere Annahmen zu ersetzen. Die Theorie des "technological gap trade" unternimmt den Versuch, die Auswirkungen eines technologischen Vorsprungs eines Landes gegenüber anderen Ländern auf die Handelsströme zwischen den Ländern zu erklären. Im Grundsatz besteht eine Analogie zum Schumpeterschen Pionierunternehmer, der hier in Gestalt eines Landes wegen eines technologischen Vorsprungs ein Verfügbarkeitsmonopol für ein bestimmtes Gut besitzt. Der komparative Vorteil ist zeitlich begrenzt, da die anderen Länder durch Imitation oder durch eigene, technisch überlegene Verfahren dieses Verfügbarkeitsmonopol abbauen (oder unter Umständen umkehren) können.

In ihren Grundzügen mit diesem Erklärungsmuster verwandt ist die "product cycle"-Theorie. Ausgangspunkt ist die Annahme, daß einzelne Produkte sowie ganze Industrien im Zeitablauf einem Reifeprozeß unterliegen, in dem sich aufgrund charakteristischer Merkmale, wie z.B. Produktionsverfahren und Struktur der Arbeitsinputs, bestimmte Phasen eines Produktzyklus identifizieren lassen.[37] Entsprechend der Produktions- und Absatzbedingungen verändern sich damit die spezifischen Standortvorteile der einzelnen Länder während des Reifungsprozesses eines Gutes bzw. Sektors. Daraus ergibt sich für hochindustria-

---

[34] Dies gilt allerdings nur für die Wirkungen des technischen Wandels auf die preisliche Wettbewerbsfähigkeit, während die Wirkungen auf den Qualitätswettbewerb in der Regel von diesen Modellen nicht erfaßt werden.

[35] Vgl. z.B. Posner 1961 und Hufbauer 1966.

[36] Vgl. z.B. Vernon 1966, Vernon 1979 und Hirsch 1967.

[37] In der Regel wird dabei zwischen einer Innovations-, Expansions- und Standardisierungsphase unterschieden.

lisierte Länder mit hohem Lohnniveau wie die Bundesrepublik Deutschland ein ständiger Zwang, durch technischen Wandel innovative Güter anzubieten, da die komparativen Standortvorteile für Güter, die sich in einer späteren Phase des Reifungsprozesses befinden, sich permanent zugunsten anderer Länder (Schwellenländer) verändern. Aus diesem Ansatz ergibt sich damit einerseits ein ständiger Zwang zu technischem Wandel, es erscheint aber andererseits keineswegs sicher, daß die resultierenden Kompensationseffekte im innovierenden Land verbleiben, sondern es besteht die Gefahr, daß zumindest ein Teil dieser Effekte durch Standortinnovationen in anderen Ländern wirksam wirkt.

Die "Neotechnologie-Theorien" des Außenhandels enthalten also durchaus Elemente, die darauf hindeuten, daß der außenwirtschaftlichen Verflechtung einer Volkswirtschaft in der Diskussion der Kompensationseffekte eine bedeutende Rolle zukommt. Über die Höhe der Kompensationseffekte geben sie allerdings keine befriedigende Auskunft,[38] jedoch macht insbesondere die "product cycle"-Theorie die Gefahren deutlich, die mit einer politisch gesteuerten Verlangsamung des technischen Wandels - also einer Abkopplung vom internationalen Innovationstempo - verbunden wären. An dieser Stelle zeigt sich ein zentrales Problem der Beurteilung des Kompensationsmechanismus einer erhöhten internationalen Wettbewerbsfähigkeit. Die Wirksamkeit dieses Mechanismus und die Größenordnung seiner Effekte lassen sich nicht losgelöst von der Entwicklung des technischen Wandels in anderen, mit der Bundesrepublik Deutschland in Konkurrenzbeziehungen stehenden Volkswirtschaften beurteilen. Denn ob sich durch den technischen Wandel im Wettbewerb mit dem Ausland eventuell Preis- und/oder Qualitätsvorteile ergeben, hängt auch von der Entwicklung des technischen Wandels in den anderen Ländern ab.

Dieser Zusammenhang erschwert in empirisch orientierten Untersuchungen die Abbildung dieses Kompensationseffektes außerordentlich, weil er die realistische Abbildung im Rahmen eines nationalen, auf die Bundesrepublik Deutschland beschränkten Modells nahezu unmöglich macht, sondern idealerweise einen internationalen Verbund nationaler Modelle erfordern würde. Prinzipiell ist

---

[38] Vgl. zur Kritik und zum Erklärungswert der "technological gap"- bzw. "product cycle"-Theorien z.B. Lieschke 1985, S. 188ff. bzw. S. 209ff.

jedoch Skepsis gegenüber einer Strategie angebracht, die meint, Freisetzungen durch den technischen Wandel im Inland überwiegend durch eine exportorientierte Kompensationsstrategie ausgleichen zu wollen. Auch wenn kompensationsoptimistischen Studien[39] insofern zuzustimmen ist, daß im Zuge einer gemeinsamen internationalen Modernisierungsstrategie der Welthandel kein Nullsummenspiel ist, sind in einem Land mit chronischen Überschüssen in der Leistungsbilanz den Kompensationseffekten über eine Steigerung der internationalen Wettbewerbsfähigkeit doch Grenzen gesetzt.

#### (5) Die Faktorsubstitutionsthese

Im Paradigma der Neoklassik nimmt die positive Beschäftigungswirkung sinkender Reallöhne eine zentrale Stellung ein. In einer Auseinandersetzung mit Ricardo hat schon Wicksell[40] die marginalistisch-orientierten Kompensationseffekte formuliert und dargelegt, daß die durch den technischen Wandel freigesetzten Arbeitskräfte bei einem fallenden Reallohnsatz an anderer Stelle wieder absorbiert werden, weil aufgrund der Verschiebung der relativen Preise dort Kapital durch Arbeit substituiert wird. In neoklassischer Sichtweise impliziert eine ausreichende Flexibilität der Faktorpreise bei unterstellten ausreichenden technischen Subsitutionsmöglichkeiten, daß es immer Faktorpreis- bzw. -einsatzkombinationen gibt, die mit einer Vollbeschäftigung aller Faktoren verbunden sind. In diesem Sinne bezeichnet Giersch technologische Arbeitslosigkeit als eine klassische Arbeitslosigkeit dritten Grades.[41] Die technologisch bedingte Arbeitslosigkeit wird in dieser neoklassischen Sichtweise zu einer Spielart der Mindestlohnarbeitslosigkeit.[42]

Dieses kompensationsoptimistische Resultat der Neoklassik, daß die Beschäftigungswirkungen des technischen Wandels auf eine Frage der Reallohnhöhe

---

[39] Vgl. z.B. OECD 1982.

[40] Vgl. Wicksell 1913, S. 195ff.

[41] Vgl. Giersch 1982, S. 10.

[42] Hagemann 1985 weist zu recht darauf hin, daß gemäß dieser Sichtweise jegliche Arbeitslosigkeit (außer der saisonalen und friktionellen) eine Folge zu hoher Löhne ist.

reduziert, ist zentral von den Annahmen einer stets ausreichenden technischen Substitutionsmöglichkeit einerseits und einer stets ausreichenden Flexibilität der Faktorpreise andererseits abhängig: "Der extreme Spezialfall der neo-klassischen Eingut-Parabelwelt, in der wegen der Verformbarkeitseigenschaften des Allzweckgutes ("Gelee") eine zeit- und kostenlose Anpassung erfolgt, führt sogar zur Vorstellung einer quasi-automatischen Kompensation".[43] Wegen der Realitätsferne der zentralen Annahmen sind die Ergebnisse der Neoklassik für empirisch ausgerichtete Studien nur von beschränktem Wert. Aber auch modellimmanent führt die neoklassische Sichtweise unter Umständen zu fragwürdigen Schlußfolgerungen. Eine Überspitzung des neoklassischen Arguments würde die offensichtlich irreführende Vorstellung nahe legen, daß die Verbreitung bestimmter neuer Technologien durch die Senkung der Reallöhne der betroffenen Beschäftigten letztendlich ganz verhindert werden könnte.[44] Aber auch eine mildere Form dieser Sichtweise, also eine Verlangsamung des technischen Wandels durch eine Politik der Reallohnsenkung, muß vor dem Hintergrund der zuvor diskutierten Kompensationseffekte einer erhöhten internationalen Wettbewerbsfähigkeit kritisch gesehen werden. Insbesondere die Abkopplung vom internationalen Innovationstempo durch eine Strategie der Reallohnsenkung läßt auf mittlere Sicht erhebliche Beschäftigungsrisiken erwarten. Letztlich würde eine solche Argumentation auf eine defensiv orientierte Strategie zur Bekämpfung der Beschäftigungswirkungen des technischen Wandels hinauslaufen, die mit erheblichen Wohlfahrtsverlusten verbunden wäre.

### *1.2 Überlegungen zu einem empirisch orientierten Forschungsansatz*

Versucht man ein Resümee aus der zuvor im einzelnen dargestellten Diskussion der verschiedenen Freisetzungs- und Kompensationseffekte im Zusammenhang mit den Beschäftigungswirkungen des technischen Wandels zu ziehen, bleibt zunächst ein großer Unsicherheitsbereich bestehen. Der Freisetzungseffekt und die verschiedenen hier diskutierten Kompensationseffekte haben für sich genommen jeweils eine - wenn auch unterschiedliche - Plausibilität. Es besteht

---

[43] Hagemann 1985, S. 311.

[44] Etwa die Einführung von Textverarbeitungssystemen durch Lohnsenkung bei den Schreibkräften.

jedoch weitgehende Unsicherheit über die empirische Bedeutung der einzelnen Effekte wie auch über deren Zusammenwirken. Die letztlich entscheidende Frage, ob der Saldo dieser Effekte insgesamt positiv oder negativ in bezug auf die Beschäftigungshöhe ausfällt,[45] muß auf dieser abstrakten, theoretischen Ebene unbeantwortet bleiben. Aus den bisherigen Ausführungen ist auch deutlich geworden, daß wenig dafür spricht, daß diese Frage auf abstrakter, theoretischer Ebene beantwortbar ist, weil z.B. die Höhe einzelner Kompensationseffekte von der quantitativen Größe bestimmter Elastizitäten abhängt.

Eine weitergehende Analyse dieser Fragestellung erfordert also einen empirisch ausgerichteten Forschungsansatz. Damit stellt sich unmittelbar das Problem der Konkretisierung des bisher benutzten Begriffs "technischer Wandel". In der theoretischen Diskussion ist es durchaus vernünftig und hilfreich, mit diesem allgemeinen Begriff zu arbeiten, in einem empirisch orientierten Forschungsansatz muß dieser Begriff jedoch operationalisiert werden. In dieser Arbeit findet die Konkretisierung in der Form statt, daß die Beschäftigungswirkungen einer konkreten, genau abgegrenzten neuen Technik untersucht werden. Es wird also ein technikspezifischer Analyseansatz angewandt und nicht der Versuch unternommen, den Begriff "technischer Wandel" generell zu konkretisieren und in einer bestimmten Form operational zu charakterisieren. Ein technikspezifischer Ansatz kann nur Aussagen über die Beschäftigungswirkungen der konkret untersuchten Technologie machen. Der Anspruch, mit einem solchen Forschungsdesign verallgemeinerbare, "generelle" Erkenntnisse über die Beschäftigungswirkungen des technischen Wandels zu gewinnen, wird also ausdrücklich nicht erhoben. Allerdings ermöglicht der hier im weiteren entwickelte Forschungsansatz prinzipiell die gleichzeitige Untersuchung eines Bündels genau definierter neuer Techniken, so daß mit ihm - ausreichende Daten und Informationen über diese Techniken sowie ausreichende Forschungsressourcen vorausge-

---

[45] Neben der bisher ausschließlich behandelten Frage der Wirkungen des technischen Wandels auf das Niveau der Beschäftigung ist natürlich auch die Frage der Wirkung auf die Struktur der Beschäftigung - z.B. die Sektor- oder die Qualifikationsstruktur - von großem empirischen Interesse.

setzt - durchaus ein breites Spektrum des insgesamt identifizierten technischen Wandels im Hinblick auf die Beschäftigungswirkungen analysiert werden kann.[46]

In dieser Arbeit wird am Beispiel einer isolierten, genau definierten Technologie der Versuch unternommen, die Beschäftigungswirkungen dieser Technik empirisch abzuschätzen. Die Beschränkung auf eine zu untersuchende neue Technik ist zum einen Ausdruck der Tatsache, daß mit dem hier angewandten Forschungsansatz in weiten Bereichen wissenschaftliches Neuland - dies gilt sowohl bezüglich der angewandten Methode als auch bezüglich der Erarbeitung der empirischen Datenbasis - betreten wird. Zum anderen würde die Untersuchung verschiedener neuer Techniken den Rahmen dieser Arbeit sprengen, ohne daß bezüglich des Hauptanliegens dieser Untersuchung, nämlich der exemplarischen Darstellung des methodischen Vorgehens, wesentliche zusätzliche Erkenntnisse erzielt würden.

Aus den bisherigen, vorwiegend theoretischen Überlegungen zu den Freisetzungs- und Kompensationseffekten neuer Technologien ergeben sich wertvolle Anhaltspunkte dafür, welche Kriterien an einen empirisch orientierten Forschungsansatz zu stellen sind, wenn es gelingen soll, zumindest einen wesentlichen Teil der als wichtig erachteten Wirkungszusammenhänge zu berücksichtigen. Ein wesentliches Merkmal des Zusammenwirkens von Freisetzungs- und Kompensationseffekten liegt darin, daß sie weder zeitlich, räumlich noch sektoral zusammenfallen. Die Beschäftigungseffekte fallen im Gegenteil zu unterschiedlichen Zeitpunkten (z.B. die Kompensationseffekte aufgrund des Maschinenherstellungsarguments überwiegend vor den Freisetzungseffekten), in unterschiedlichen Wirtschaftseinheiten (z.B. Freisetzungseffekte bei Anwendern, Kompensationseffekte bei Herstellern von Gütern einer neuen Technik) und damit in der

---

[46] Die Untersuchung eines Bündels genau definierter neuer Techniken erfordert gegenüber einer auf eine Technologie beschränkten Untersuchung insbesondere die Berücksichtigung der zwischen diesen Techniken bestehenden Synergieeffekte. Auch die Untersuchung eines breiten Spektrums neuer Techniken würde jedoch keine generellen Aussagen über die Beschäftigungswirkungen des technischen Wandels erlauben, da es schwer sein dürfte, ein im Hinblick auf seine Beschäftigungswirkungen repräsentatives Bündel auszuwählen. Ein Versuch, die ganze Breite der in einer modernen Volkswirtschaft sich vollziehenden technischen Änderungen mit diesem Ansatz untersuchen zu wollen, ist angesichts der Komplexität und Dynamik der sich vollziehenden Änderungen ein auch auf mittlere Sicht aussichtsloses Unterfangen. Deshalb erscheint Bescheidenheit bezüglich der Frage der Beantwortbarkeit der generellen Auswirkungen des technischen Wandels auf die Beschäftigung angebracht.

Regel in unterschiedlichen Sektoren einer Volkswirtschaft an. Unter Umständen sind Sektoren von einer neuen Technik über die Vorleistungs- oder Investitionsverflechtung (indirekte Effekte im Sinne der Input-Output-Analyse) betroffen, obwohl auf den ersten Blick kein unmittelbarer Zusammenhang zu bestehen scheint.

Für eine empirisch orientierte Analyse der Beschäftigungseffekte neuer Technologien ist deshalb ein Forschungsansatz anzustreben, der

- die zeitliche Struktur der Freisetzungs- und Kompensationseffekte der Einführung und Verbreitung einer neuen Technologie berücksichtigt,
- die Auswirkungen der neuen Technologie auf die sektorale Struktur der Volkswirtschaft abbilden kann,
- die in einer Volkswirtschaft wirksamen Kreislaufzusammenhänge berücksichtigt und Ansatzpunkte für eine Berücksichtigung der internationalen Verflechtungszusammenhänge bietet.

Diese Anforderungen deuten auf Modelltypen hin, die man allgemein als multisektorale dynamische Modelle klassifizieren kann.

Ein weiteres Problem der empirischen Untersuchung der Beschäftigungseffekte neuer Technologien besteht darin, daß die empirisch-statistische Messung wichtiger Größen, die die Freisetzungs- und Kompensationseffekte beeinflussen, unter Umständen nur auf unterschiedlichen Aggregationsebenen möglich ist. Während z.B. die direkten Freisetzungseffekte einer konkreten Technologie in vielen Fällen am besten auf der Unternehmensebene (z.B. durch Fallstudien) beobachtet werden können, lassen sich die Kompensationseffekte zu einem guten Teil nur auf sektoraler Ebene lokalisieren.[47] Im Endergebnis ist man in der Regel auch an gesamtwirtschaftlichen Ergebnissen interessiert, wobei allerdings die Konsistenz dieser gesamtwirtschaftlichen mit den sektoralen (und einzelwirtschaftlichen) Ergebnissen eine wichtige Bedingung ist. Unter dem Aspekt des Wechsels zwischen sektoraler und gesamtwirtschaftlicher Ebene und der Einbettung zusätzlicher, sei es technischer oder unternehmensbe-

[47] Empirisch sind die direkten Freisetzungseffekte zudem in der Regel leichter quantifizierbar und zurechenbar als die indirekten Kompensationseffekte.

zogener, Informationen in einen konsistenten Rahmen, bietet die Input-Output-Analyse spezifische Vorteile. Die Input-Output-Analyse repräsentiert ein konsistentes, nach Bedarf disaggregierbares Daten- und Analysegerüst, das sowohl (sektoral) differenzierte als auch damit konsistente gesamtwirtschaftliche Aussagen ermöglicht. Sie bildet zudem einen konsistenten Rahmen, in den - auf diesen Analysezweck zugeschnittene - technologieorientierte, unter Umständen auf Unternehmensebene gewonnene Daten eingebunden werden können.

Aus diesen zwei Gründen, zum einen aus der Notwendigkeit des Einsatzes eines dynamischen, multi-sektoralen Modells, zum anderen wegen der spezifischen Vorzüge der Input-Output-Analyse im Hinblick auf den Wechsel zwischen verschiedenen Aggregationsebenen und der konsistenten Einbeziehung technikspezifischer Daten, wird von verschiedenen Autoren,[48] die sich mit unterschiedlichen empirisch-orientierten Forschungsansätzen zur Abschätzung der Beschäftigungseffekte neuer Techniken auseinandersetzen, auf die spezifischen Vorzüge eines input-output-orientierten Forschungsansatzes hingewiesen. Insbesondere werden die Analysemöglichkeiten betont, die eine Untersuchung mit einem dynamischen Input-Output-Modell für diese Fragestellung eröffnet.

Daß derartige Analysen bisher für die Bundesrepublik Deutschland nicht durchgeführt wurden,[49] liegt zum einen darin begründet, daß mit diesem Forschungsansatz umfangreiche Datenanforderungen - insbesondere im Hinblick auf vergleichbare Input-Output-Tabellen - verbunden sind, die bisher nicht erfüllt werden konnten. Zum anderen haben bis vor kurzem konzeptionell-theoretische Probleme eine praktische Anwendung dynamischer Input-Output-Modelle erheblich behindert.[50]

In dieser Arbeit wird deshalb erstmalig für die Bundesrepublik Deutschland der Versuch unternommen, mit Hilfe eines dynamischen Input-Output-Modells auf der Grundlage eines technikspezifischen Ansatzes die Beschäftigungswirkungen

---

[48] Vgl. z.B. Friedrich, Ronning 1985b, Kalmbach 1986 und Mettelsiefen, Barens 1987.

[49] Die einzig bekannte Studie, die bisher diesen Forschungsansatz angewandt hat, liegt von Leontief, Duchin 1986 für die USA vor.

[50] Auf die Probleme wird ausführlich in Kapitel 2 eingegangen.

einer konkret definierten neuen Technik empirisch abzuschätzen. Da auf keine Erfahrungen in der Entwicklung und Anwendung empirisch anwendbarer dynamischer Input-Output-Modelle zurückgegriffen werden kann, werden in Kapitel 2 zunächst die theoretischen Grundlagen dieses Modelltyps dargestellt und analysiert. In Kapitel 3 folgt eine Bestandsaufnahme der empirisch-statistischen Voraussetzungen für eine empirische Anwendung in der Bundesrepublik Deutschland an. In Kapitel 4 wird der Prozeß der eigentlichen Implementierung und Evaluierung des dynamischen Input-Output-Modells beschrieben. Die Evaluierungsphase wird genutzt, um unter Gesichtspunkten der Anpassungsgüte des Modells noch Verbesserungen am Modellansatz vorzunehmen; sie wird mit einer Referenzsimulation des Modells bis zum Jahr 1995 abgeschlossen. Nach einem Überblick über bisher durchgeführte empirische Studien zu den Beschäftigungswirkungen moderner Technologien wird in Kapitel 6 die formale Abbildung einer neuen Technologie im Rahmen des dynamischen Input-Output-Modells erläutert.

Daran schließt sich die genaue Beschreibung der empirischen Abbildung der ausgewählten Technik - aus dem Spektrum der modernen Fertigungs- und Automatisierungstechniken wird der Teilbereich Industrieroboter untersucht - in Kapitel 7 an. Die Ergebnisse der Modellrechnungen zu den Beschäftigungswirkungen des Einsatzes und der Diffusion von Industrierobotern bis zum Jahre 1995 werden in Kapitel 8 dargestellt. Es werden unterschiedliche Varianten vorgestellt, die sich insbesondere im Hinblick auf verschiedene Hypothesen zu den Größenordnungen bestimmter Kompensationseffekte unterscheiden. Im letzten Kapitel wird der Versuch eines Resümees der Arbeit unternommen, und es werden - auf der Basis festgestellter Defizite - Ansätze zu einer Weiterentwicklung des hier verfolgten Forschungsansatzes skizziert.

## 2. Statische und dynamische Input-Output-Modelle

In diesem Kapitel werden zum einen in knapper Form die Grundlagen der Input-Output-Analyse dargestellt. Unter Benutzung einer einheitlichen formalen Notation werden die wesentlichen (produktions-)theoretischen Voraussetzungen des Input-Output-Ansatzes eingeführt, die es ermöglichen, die interindustrielle Struktur einer Volkswirtschaft im Schema einer Input-Output-Tabelle darzustellen. Obwohl es ein Kennzeichen der Input-Output-Analyse ist, daß theoretische Vorstellungen und empirisch-deskriptive Darstellung eng miteinander verknüpft sind, liegt in diesem Kapitel der Schwerpunkt auf der theoretisch-analytischen Betrachtung der Input-Output-Analyse, während empirisch-statistische Probleme vorwiegend in Kapitel 3 untersucht werden.

Zum anderen soll durch eine formale Darstellung unterschiedlicher Input-Output-Modelle eine Einordnung des in der Arbeit zu entwickelnden Modells ermöglicht werden. Prinzipiell werden statische und dynamische Input-Output-Modelle unterschieden, in jeder dieser Kategorien können wiederum offene und geschlossene Systeme betrachtet werden. Bei den dynamischen Modellen werden dann in einer dritten Stufe neben den bisher in der Theorie vorherrschenden gleichgewichtigen Modellen noch ungleichgewichtigte Modelle eingeführt und diskutiert.

**Übersicht 2.1**

**Schematische Darstellung unterschiedlicher Typen von Input-Output-Modellen**

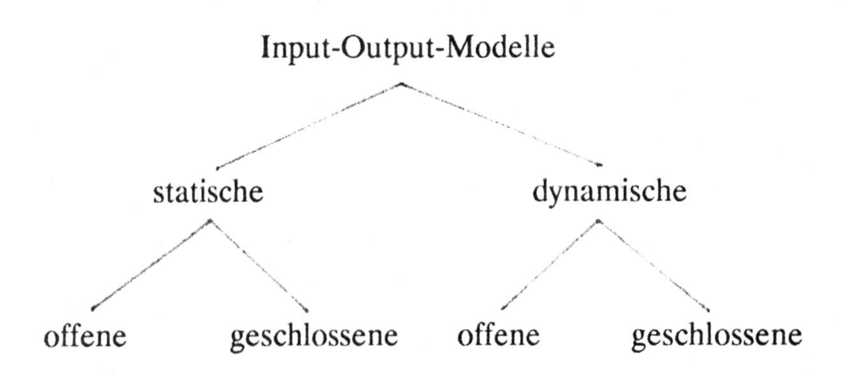


Dabei geht es nicht um die umfassende Darstellung dieser unterschiedlichen Modelltypen, sondern im wesentlichen um die Analyse wichtiger Eigenschaften dieser Modellklassen und die daraus ableitbaren Schlußfolgerungen für die Entwicklung eines operationalen und empirisch implementierbaren Modellansatzes, der für die Untersuchung der in dieser Arbeit interessierenden Fragestellung geeignet ist. Da es sich hierbei um ein dynamisches Modell handelt, wird dieser Typ von Modellen im Vordergrund stehen.

## *2.1 Grundlagen der Input-Output-Analyse*

Der Begriff Input-Output-Analyse sowie die Entwicklung der wesentlichen Grundlagen dieses Ansatzes gehen auf Arbeiten von Wassily Leontief zurück.[1] Den Grundgedanken der Input-Output-Analyse formuliert Leontief in folgender Weise: "Input-output analysis is a method of systematically quantifying the mutual interrelationships among the various sectors of a complex economic system" (Leontief 1986, S. 19). Die zunächst rein deskriptiven Beziehungen innerhalb eines Input-Output-Systems lassen sich in Bilanzgleichungen darstellen, die den Strom von Gütern und Dienstleistungen zwischen den Sektoren einer Wirtschaft in einer bestimmten Periode beschreiben. Die genaue Ausformulierung dieser Bilanzgleichungen ist vom Analysezweck bzw. dem Erkenntnisziel abhängig. Die gebräuchlichste Darstellung zielt auf die Auswertung des Input-Output-Systems im Rahmen des statischen offenen Input-Output-Modells ab.[2] Besteht die Wirtschaft aus n Sektoren, läßt sich für jeden Sektor i folgende Bilanzgleichung aufstellen:

$$(2\text{-}1) \qquad x_i = z_{i1} + z_{i2} + \ldots + z_{ii} + \ldots + z_{in} + y_i \qquad i = 1,\ldots,n.$$

[1] Vgl. hierzu Leontief 1936, Leontief 1953, Leontief u.a. 1953. Leontief stellt den von ihm entwickelten Analyseansatz in die Tradition der empirischen Arbeiten von Quesnay (1758) an einem "Tableau Economique" sowie in die Tradition der theoretischen Arbeiten von Walras (Walras 1874). Eine gute historische Übersicht über die Anfänge und Weiterentwicklung der Input-Output-Analyse findet sich z.B. in Stäglin 1968 sowie in Polenske, Skolka 1976 im Kapitel "Introduction", S. xli ff.

[2] Für eine lehrbuchartige Darstellung der Grundlagen der Input-Output-Analyse vgl. Chenery, Clark 1959, Bulmer-Thomas 1982, Miller, Blair 1985 sowie im deutschsprachigen Raum Schumann 1968 und Holub, Schnabl 1982. Grundlegende Veröffentlichungen zur Input-Output-Analyse sind außerdem in Sohn 1986 zusammengefaßt herausgegeben worden.

Die Bruttoproduktion $x_i$ eines Sektors ist die Summe der Lieferungen von Gütern und Dienstleistungen an alle industriellen Sektoren $z_{ij}$ und die Lieferungen an die Endnachfrage $y_i$.[3] Es wird davon ausgegangen, daß in den Bilanzgleichungen monetäre Größen, also mit Preisen bewertete Mengen, enthalten sind.[4] Die Gleichungen (2-1) beschreiben also die Liefer- oder Output-Beziehungen der verschiedenen Sektoren. Betrachtet man die j-te Spalte des durch die Bilanzgleichungen (2-1) definierten Gleichungssystems, also

$$(2\text{-}2) \qquad \begin{bmatrix} z_{1j} \\ z_{2j} \\ \cdot \\ \cdot \\ \cdot \\ z_{ij} \\ \cdot \\ \cdot \\ \cdot \\ z_{nj} \end{bmatrix}$$

erhält man die Bezugs- oder Input-Beziehungen des Sektors j.[5]

Die analytische Auswertung der zunächst deskriptiven, definitorischen Bilanzgleichungen des Input-Output-Systems wird erst durch die Einführung von Annahmen über die Produktionstechnologie möglich. Die grundlegende Annahme ist, daß für den Zeitraum, für den die Bilanzgleichungen definiert sind,[6] ein linearer bzw. proportionaler Zusammenhang zwischen den sektoralen Bezügen und der Bruttoproduktion eines jeden Sektors besteht:

$$(2\text{-}3) \qquad z_{ij} = a_{ij} \cdot x_j \qquad\qquad i,j = 1,...,n.$$

---

[3] Neben den intersektoralen Lieferungen sind also auch die intrasektoralen Lieferungen $z_{ii}$ in der Summe enthalten.

[4] Theoretisch lassen sich die Bilanzgleichungen auch in physischen Mengeneinheiten formulieren, da jede Gleichung nur Güter gleicher Art enthält. Eine Aufsummierung über mehrere Gleichungen ist dann allerdings nicht möglich.

[5] Die Verwendung von primären Inputs, wie z.B. Arbeit und Kapital, wird hier vernachlässigt, weil sie für die beabsichtigte Darstellung nicht von Bedeutung ist.

[6] In der Regel werden in den Bilanzgleichungen immer die Ströme von Gütern und Dienstleistungen in einem Jahr gemessen.

Die Koeffizienten $a_{ij}$ werden als Input-Koeffizienten oder technische Koeffizienten bezeichnet. Sie geben an, wieviel Güter oder Dienstleistungen der Sektor j direkt vom Sektor i beziehen muß, um eine Einheit seines Outputs zu produzieren.

Offensichtlich gilt aus ökonomischen Gründen

(2-4) $a_{ij} \geq 0 \qquad i,j = 1, \ldots n.$

Unter Benutzung der Annahme (2-3) erhält man Produktionsfunktionen des Typs[7]

(2-5) $$x_j = \min\left(\frac{z_{1j}}{a_{1j}}, \frac{z_{2j}}{a_{2j}}, \ldots, \frac{z_{nj}}{a_{nj}}\right),$$

die auch als Leontief-Produktionsfunktionen bezeichnet werden.[8]

Es ist offensichtlich, daß Produktionsfunktionen dieses Typs keine Substitution[9] zwischen den Produktionsfaktoren zulassen; sie sind innerhalb der Zeitperiode, für die die in ihr enthaltenen Stromgrößen gemessen werden, linear-limitational.

Eine zweite Eigenschaft der Leontief-Produktionsfunktionen ist, daß sie konstante Skalenerträge bewirken. Diese Eigenschaft der Linear-Homogenität ergibt sich unmittelbar aus

---

[7] Primäre Inputs werden wiederum vernachlässigt. Vgl. hierzu z.B. Miller, Blair 1985, S. 11 ff.

[8] Eine ausgezeichnete Darstellung der Leontief-Produktionstechnologie auch im Vergleich zu anderen produktionstheoretischen Ansätzen gibt Pasinetti 1977. Eine Diskussion über mögliche Ansätze zur Verallgemeinerung dieser Ansätze soll hier nicht geführt werden. Diese Verallgemeinerungen führen zu theoretisch interessanten Ergebnissen, sind aber für den empirisch orientierten Ansatz, der in dieser Arbeit verfolgt wird, nicht von Bedeutung. Eine Darstellung der Implikation des Einbaus einer CES-Produktionsfunktion in das statische offene Input-Output-Modell gibt z.B. Schumann (1968), S. 89ff. Zu nennen sind hier auch die Klasse der sogenannten verallgemeinerten Leontief-Produktionfunktionen. Vgl. für einen Überblick Fuss, McFadden 1978.

[9] Theoretisch interessant ist das sogenannte Substitutionstheorem (besser Non-Substitutionstheorem), das besagt, daß in linearen Modellen unter bestimmten Annahmen lineare Produktionsfunktionen und die Möglichkeit der Faktorsubstitution sich nicht ausschließen. Vgl. z.B. Dorfman, Samuelson, Solow 1958.

$$\xi \cdot \min \left( \frac{z_{1j}}{a_{1j}}, \frac{z_{2j}}{a_{2j}}, \ldots, \frac{z_{nj}}{a_{nj}} \right) = \min \left( \frac{\xi \cdot z_{1j}}{a_{1j}}, \frac{\xi \cdot z_{2j}}{a_{2j}}, \ldots, \frac{\xi \cdot z_{nj}}{a_{nj}} \right) \tag{2-6}$$

$$\text{für alle } \xi \geq 0 .$$

Auf die Frage der empirischen Gültigkeit dieser Annahmen soll hier nicht eingegangen werden. Es sei nur darauf hingewiesen, daß es zur Frage der Substitutierbarkeit innerhalb von Produktionsfunktionen eine lange Reihe von empirischen, vorwiegend ökonometrischen Arbeiten gibt, die zu durchaus differenzierten Ergebnissen gelangen.[10] Das Spektrum der untersuchten Modelle reicht von putty-putty- über putty-clay- bis hin zu clay-clay-Modellen. Für die empirische Gültigkeit eines theoretischen Modells ist neben dem unterschiedlichen Zeithorizont auch das Aggregationsniveau der Untersuchung von Bedeutung.

Eine wichtige Tatsache, die in vielen Bereichen - nicht nur in der Ökonomie - für die Anwendung von linearen Funktionen spricht, ist, daß eine lineare Funktion eine gute Approximation einer beliebigen Funktion darstellt, solange die Abweichung vom zu analysierenden Funktionswert klein ist.[11] Ein wichtiges Kriterium dafür, wie realistisch eine lineare Produktionstechnologie ist, dürfte deshalb die Länge des Zeitraums sein, für den eine Konstanz der technischen Koeffizienten unterstellt wird. Dieses Argument werden wir bei der Diskussion von dynamischen Input-Output-Modellen wieder aufgreifen.

---

[10] Vgl. für einen Überblick wiederum Fuss, McFadden 1978.

[11] Dieses Ergebnis resultiert analytisch aus der Methode der Taylor-Reihenentwicklung, vgl. zu diesem Gedanken Pasinetti 1977, S. 69.

## 2.2 *Statische Input-Output-Modelle*

In statischen Input-Output-Modellen werden als Variablen nur Stromgrößen verwendet, die der gleichen Analyseperiode angehören. Explizit spielt die Zeit in solchen Modellen also keine Rolle; sie ist implizit jedoch insofern von Bedeutung, als die Variablen, wie in Kapitel 2.1 ausgeführt, die Dimension "pro Zeiteinheit" haben und damit von der Länge der Zeitperiode abhängen, für die sie gemessen werden. Da alle Variablen die gleiche zeitliche Datierung haben, erlauben statische Modelle keine Analyse des zeitlichen Verlaufs von bestimmten Variablen, etwa mit Hilfe von Lag- oder Lead-Beziehungen. Dementsprechend sind solche Modelle auch nicht geeignet, die zeitliche Veränderung von Bestandsvariablen zu beschreiben, wie die Akkumulation oder den Abbau von Faktorbeständen, wie z.B. dem Kapitalstock. Zweites wesentliches Charakteristikum von statischen Modellen ist also das Fehlen von sogenannten stock-flow-Beziehungen.

In der Klasse der statischen Input-Output-Modelle wird zwischen offenen und geschlossenen Modellen unterschieden. Offene Modelle sind dadurch gekennzeichnet, daß sie mindestens einen "exogenen Sektor" haben, dessen Variablen als unabhängig von den übrigen Sektoren der Volkswirtschaft angesehen werden. In geschlossenen Modellen wird dagegen angenommen, daß insbesondere auch der Haushaltssektor wie ein "normaler" Produktionssektor zu behandeln sei, also auch der in Gleichung (2-3) formulierten Annahme einer linearen Technologie gehorcht. Obwohl das geschlossene Modell von Leontief chronologisch vor dem offenen Modell entwickelt wurde, wird hier das offene Modell zuerst vorgestellt und ausführlicher behandelt. Das geschlossene Modell wird auch deshalb analysiert, weil das Konzept der "Schließung" oder Endogenisierung bestimmter Wirkungszusammenhänge typisch für den Übergang von der statischen zur dynamischen Analyse ist.

Aus den Bilanzgleichungen (2-1) und bei Annahme einer linearen Technologie, wie sie in (2-3) zum Ausdruck kommt, ergibt sich, indem man $z_{ij} = a_{ij} \cdot x_j$ substituiert, unmittelbar

$$\text{(2-7)} \quad x_i = a_{i1}x_1 + a_{i2}x_2 + ... + a_{ii}x_i + ... + a_{in}x_n + y_i \qquad i = 1,...,n.$$

Schreibt man (2-7) in Matrixnotation,[12] also

(2-8) $$x = Ax + y,$$

ist dies die Grundformulierung des statischen offenen Leontief-Modells. Mathematisch entspricht diese Struktur einem inhomogenen linearen Gleichungssystem, und man sieht sofort, daß

(2-9) $$(I - A) \cdot x = y \qquad \text{mit } I = \text{Einheitsmatrix}$$

nur dann eine eindeutige Lösung für x hat, falls (I-A) vollen Rang[13] hat, also

(2-10) $$\det(I - A) \neq 0$$

gilt.

Falls (2-10) erfüllt ist, existiert $(I-A)^{-1} = C$, die sogenannte Leontief-Inverse, und es gilt

(2-11) $$x = (I - A)^{-1} y = C y \quad .$$

Die einzelnen Matrixelemente $[c_{ij}]$ geben an, wieviel Güter der Sektor i direkt und indirekt bereitstellen muß, damit eine Einheit des Sektors j für die Endnachfrage zur Verfügung steht. Während die $[a_{ij}]$ also die direkten Produktionserfordernisse messen, geben die $[c_{ij}]$ die totalen (direkten und indirekten) Produktionserfordernisse an.

---

[12] Im weiteren Text repräsentieren Großbuchstaben in Formeln, wenn nicht anders definiert, quadratische Matrizen, Kleinbuchstaben ohne Indices stellen Spaltenvektoren dar.

[13] Dies heißt, daß keine der Zeilen oder Spalten von (I-A) sich als Linearkombination der übrigen Zeilen oder Spalten darstellen läßt. Ökonomisch bedeutet dies, daß weder die Inputstruktur (Spalte) noch die Outputstruktur (Zeile) eines Sektors eine Linearkonbination der entsprechenden Struktur der übrigen Sektoren sein darf. Eine Bedingung, die für empirisch ermittelte Input-Output-Tabellen immer erfüllt sein dürfte.

Gleichung (2-10) stellt eine formale Bedingung für die generelle Lösbarkeit des statischen offenen Input-Output-Modells dar. Eine Lösung ist ökonomisch jedoch nur sinnvoll, wenn für $y \geq 0$ sichergestellt ist, daß die Lösungen von (2-8) ebenfalls größer gleich 0 sind, also $x \geq 0$.

Eine Voraussetzung hierfür ist die Erfüllung der sogenannten Hawkins-Simon-Bedingung.[14] Sie besagt, daß alle Hauptminoren der Matrix (I-A) positiv sein müssen, was wiederum impliziert, daß die Determinante $|I-A|$ positiv ist und alle Elemente der Matrix $(I-A)^{-1}$ nicht-negativ sind. Eine ökonomische Interpretation der Hawkins-Simon-Bedingung lautet, daß jeder Sektor und alle Untergruppen von Sektoren selbsterhaltend ("self-sustaining") in dem Sinne sein müssen, daß die Produktion einer Einheit eines Gutes direkt und indirekt weniger als eine Einheit dieses Gutes verbrauchen darf.[15] Ein ökonomisches System, das diesen Bedingungen genügt, wird auch als "produktiv" bezeichnet. Es gibt eine Reihe von mathematischen Bedingungen, die äquivalent zu Hawkins-Simon die Nicht-Negativität der Lösung von (2-8) sicherstellen.[16] Auf sie wird im Kontext der Diskussion dynamischer Input-Output-Modelle Bezug genommen.

Das statische geschlossene Input-Output-Modell soll hier kurz vorgestellt werden, um die Implikationen der Endogenisierung aller Sektoren im statischen Fall analytisch aufzuzeigen. Der Wert seiner Darstellung liegt im theoretisch-konzeptionellen Bereich, während es für die empirische Anwendung nicht geeignet ist: "A static system cannot be truly closed, since the endogenous explanation of investment or disinvestment requires consideration of structural relationships between inputs and outputs that occur in different periods of time." (Leontief 1985, S. 27).

Das geschlossene Modell läßt sich aus dem offenen Modell unter der Annahme ableiten, daß der Sektor, an den die Endnachfragelieferungen fließen, denselben Gesetzmäßigkeiten unterliegt, wie die übrigen Produktionssektoren, also

---

[14] Vgl. Hawkins, Simon 1949.

[15] Vgl. z.B. Schumann 1968, S. 40ff und Takayama 1985, S. 360f.

[16] Vgl. z.B. die Theoreme 4.D.1 und 4.D.2 in Takayama 1985, S. 392 und Schumann 1968, S. 42ff.

insbesondere Annahme (2-3) erfüllt. Dabei wird in der Regel unterstellt, daß $y_i$ in Gleichung (2-1) nur Konsumgüterlieferungen an den Haushaltssektor enthält und dieser Sektor nur Arbeitsleistungen an die übrigen Sektoren liefert.[17]

Die Basisgleichungen des statischen geschlossenen Input-Output-Modells lauten dann

$$(2\text{-}12) \qquad (I - A)\,x = 0,$$

wobei das Gleichungssystem n + 1 Gleichungen umfaßt. Gleichung (2-12) ist ein homogenes lineares Gleichungssystem, das nur dann eine nicht-triviale Lösung besitzt, wenn gilt

$$(2\text{-}13) \qquad \det(I - A) = 0,$$

der Rang der Matrix also kleiner als n + 1 ist. Folgen wir der Argumentation aus dem offenen Modell, daß die $[a_{ij}]$ technisch determinierte Koeffizienten sind, können wir annehmen, daß die n "normalen" Sektoren linear unabhängig sind. Daraus folgt unmittelbar, daß die Spalte n + 1 linear abhängig ist.

Dies heißt ökonomisch nichts anderes, als daß in diesem Modell die Konsummöglichkeiten der Ökonomie eindeutig durch die verwendete Produktionstechnologie determiniert sind. Falls Bedingung (2-13) erfüllt ist, wird eine weitere Eigenschaft des statischen geschlossenen Input-Output-Modells sofort deutlich. Da (2-12) vom Rang n ist, das System aber n + 1 Gleichungen enthält, kann irgendeine Variable als "numeraire" aufgefaßt werden.[18] Das Modell determiniert also die Produktionsstruktur - das Verhältnis -, in dem die übrigen Güter in Relation zum fixierten Gut produziert werden können, nicht jedoch das Niveau

---

[17] Vgl. z.B. Dorfman, Samuelson, Solow 1958, S. 245ff und Pasinetti 1977, S. 54ff. Dies Modell repräsentiert also eine geschlossene Volkswirtschaft ohne Staat, in der keine Investitionsgüter produziert werden. In der n + 1 Zeile steht also die jeweilige "Wertschöpfung" als Aggregat; es wird nicht nach der Art der Einkommen der Haushalte unterschieden.

[18] Das Konzept eines "numeraire" ist bekannter in Zusammenhang mit dem zum Mengenmodell dualen Preismodell, das hier jedoch nicht behandelt wird. Die analoge Anwendung im Mengenmodell ist intuitiv deshalb zunächst weniger plausibel.

der Produktion insgesamt. Falls $x^*$ eine Lösung von (2-12) ist, stellt damit auch jedes $m \cdot x^*$ mit $m$ = Skalar eine Lösung des Modells dar. In der Interpretation des offenen Modells wird normalerweise das Arbeitsangebot der Haushalte als exogen betrachtet, so daß in diesem Modell das Produktionsniveau nur von der Höhe des verfügbaren Arbeitsangebots abhängig ist.

Gleichung (2-13) ist Bedingung für die Existenz einer nicht-trivialen Lösung, stellt jedoch noch nicht die Existenz von ökonomisch sinnvollen Lösungen $x \geq 0$ sicher. Der Nachweis, daß Lösungen von (2-12) immer nicht-negativ sind, ist leicht zu führen.[19] Da die Matrix (I-A) einen Spezialfall von ($\lambda$ I-A) mit $\lambda = 1$ darstellt, ist, falls (2-12) gilt, eins ein Eigenwert von A. Er ist außerdem der maximale Eigenwert.[20] Da außerdem gemäß (2-4) $a_{ij} \geq 0$ gilt, stellen die Theoreme von Perron-Frobenius[21] sicher, daß die Lösungen von (2-12) nicht-negativ sind.

## *2.3 Dynamische Input-Output-Modelle unter Gleichgewichtsbedingungen*

Im Gegensatz zu den bisher behandelten statischen Modellen ermöglichen die im folgenden diskutierten dynamischen Input-Output-Modelle die Beschreibung und Analyse der interindustriellen Verflechtung einer Volkswirtschaft im Zeitablauf. In ihnen ist die zukünftige Entwicklung einer Ökonomie von "Zuständen (States)" des Systems in der Vergangenheit abhängig.[22] Das dynamische Modell bildet also - neben den in einer Zeitperiode gültigen statischen Beziehungen - die "Gesetze der Bewegung" eines Systems zwischen unterschiedlichen Zeitpunkten mit ab. Dies dynamische Element kommt in der Regel in der Einbeziehung von zeitlichen Verschiebungen zwischen Variablen (lead- bzw. lag-Beziehungen) und in der Einführung von sogenannten stock-

---

[19] Vgl. Pasinetti 1977, S. 58f.

[20] Vgl. Pasinetti 1977, Fußnote 3.

[21] Vgl. z.B. Takayama 1985, S. 367ff.

[22] Diese Abhängigkeit muß nicht deterministisch sein, sondern kann durchaus stochastischen Einflüssen unterworfen sein. Allerdings werden in dieser Arbeit - wie dies für die Mehrzahl der diskutierten Input-Output-Modelle gilt - stochastische Einflüsse nicht berücksichtigt.

flow-Relationen zum Ausdruck. Die Formulierung von stock-flow-Relationen ermöglicht die Berücksichtigung von Faktorbeständen im Modell, wobei insbesondere die Bestände von Kapitalgütern von Interesse sind, weil sie die Analyse der Kapazitätseffekte von Investitionen erlauben.[23]

Die Grundlagen für die dynamische Input-Output-Analyse wurden Anfang der 50er Jahre von Leontief und anderen Autoren gelegt.[24] Analog zu den statischen Modellen kann man auch hier zwischen offenen und geschlossenen Modellen unterscheiden. Allerdings ist der Grad der Endogenisierung in dynamischen offenen Modellen generell größer als in statischen offenen Modellen, weil die Erklärung der Investitionen in dynamischen Modellen zwingend endogen erfolgt.

An dieser Stelle ist keine umfassende Darstellung der theoretischen Eigenschaften verschiedener Typen dynamischer Input-Output-Modelle möglich,[25] weil dies den Rahmen der Arbeit bei weitem sprengen würde und eine solche Darstellung auch nicht dem empirisch ausgerichteten Schwerpunkt der Arbeit gerecht werden würde. Wie im vorigen Kapitel für statische Modelle geschehen, sollen wiederum nur wesentliche Modelleigenschaften sowie Probleme in der empirischen Anwendung der dynamischen Modelltypen herausgearbeitet werden.

Ausgehend von den Bilanzgleichungen (2-1) des statischen offenen Input-Output-Modells können die Bilanzgleichungen eines dynamischen offenen Modells abgeleitet werden, wenn man die Annahme aufhebt, daß die sektoralen Lieferungen von Investitionsgütern an die Endnachfrage erfolgen. Stattdessen wird (realistischer) angenommen, daß die Investitionsgüterlieferungen von den entsprechenden investierenden Sektoren absorbiert werden, d.h. in den Kapitalstock dieser Sektoren fließen. Analog zu (2-3) wird angenommen, daß der

---

[23] Aber auch die Einbeziehung von Vorratsbeständen an Vorleistungen oder die Einbeziehung von Geldbeständen in monetären Modellen sind hier zu nennen.

[24] Vgl. insbesondere Leontief 1953, S. 53ff, Hawkins 1948 sowie Holley 1952.

[25] Für einen ausgezeichneten und umfassenden Überblick über die theoretischen Eigenschaften von dynamischen Input-Output-Modellen vgl. Meyer 1980, der insgesamt 18 unterschiedliche Modelltypen analytisch untersucht.

Zusammenhang zwischen den Kapitalstöcken und der Bruttoproduktion in jedem Sektor linear bzw. proportional ist, also gilt

(2-14) $s_{ij} = b_{ij} \cdot x_j \qquad i,j = 1,...,n.$

Die $[s_{ij}]$ geben an, wieviel Kapitalgüter der Art i sich im Kapitalstock des Sektors j befinden. Trotz der Analogie besteht zwischen beiden Gleichungen ein fundamentaler Unterschied dergestalt, daß es sich bei (2-3) um eine flow-Beziehung handelt, während (2-14) eine stock-flow-Beziehung beschreibt. Die in den Bilanzgleichungen enthaltenen Beziehungen eines Input-Output-Systems postulieren die Gleichheit von Input- und Output-Strömen in einer Zeitperiode, so daß nur die Bestandsveränderungen zwischen zwei Zeitpunkten in diese Gleichungen eingehen. Unterstellt man die zeitliche Konstanz von (2-14), gilt für die Stockveränderungen zwischen t + 1 und t

(2-15) $s_{ij}^{t+1} - s_{ij}^{t} = b_{ij} \cdot \left( x_i^{t+1} - x_i^{t} \right) \qquad i,j = 1,\ldots,n.$

Die Basisgleichung des dynamischen offenen Input-Output-Modells kann man also - wiederum in Matrixnotation - schreiben als

(2-16) $x_t = Ax_t + B(x_{t+1} - x_t) + f_t.$

Die Endnachfrage $f_t$ unterscheidet sich von der entsprechenden Größe im statischen Modell dadurch, daß in ihr die Lieferungen von Investitionsgütern nicht mehr enthalten sind. Die mathematische Struktur von (2-16) entspricht der eines inhomogenen linearen Differenzengleichungssystems 1. Ordnung (mit fixen Koeffizienten).[26]

Bevor die Lösbarkeit und die Stabilitätseigenschaften dieses Modells untersucht werden, soll noch auf die ökonomische Bedeutung des Investitionsterms in (2-16) eingegangen werden. Es handelt sich um eine einfache Form des Akzelerationsprinzips. Dieses Prinzip hat eine lange Tradition in der ökonomischen

[26] Die ursprüngliche Formulierung von Leontief (Leontief 1953, S. 53ff) war die eines Differentialgleichungssystems. Zu den diesbezüglichen Unterschieden, insbesondere im Hinblick auf die Stabilität, vgl. Wurtele 1959.

Diskussion der Investitionserklärung. Wie gut ein solcher Modellansatz empirisch geeignet ist, die Investitionsentwicklung in der Realität zu beschreiben, steht an dieser Stelle nicht im Vordergrund des Interesses.[27] Stattdessen soll auf eine unmittelbar folgende logische Implikation dieses Ansatzes hingewiesen werden. Während es plausibel erscheint, daß es bei steigender Produktion und gleichzeitiger Vollauslastung der bestehenden Kapazitäten zu einem Ausbau des Kapitalstocks kommt, bereitet der Fall sinkender Produktion erhebliche Schwierigkeiten. Sinkt in einem Sektor die Produktion zwischen zwei Perioden, nehmen die entsprechenden Investitionsterme in (2-16) negative Werte an und führen zu einer Reduktion des Kapitalstocks dieses Sektors.[28]

In empirischer Sicht sind erhebliche Zweifel angebracht, ob - zumindest in tiefer sektoraler Gliederung - der Akkumulationsprozeß generell reversibel ist. Daß dies im allgemeinen nicht zu erwarten ist, wird besonders anschaulich für bestimmte Arten von Bauinvestitionen, z.B. für die in die Infrastruktur eines Landes. Aber auch viele Kapitalbestände von Ausrüstungsgütern in spezifischen Sektoren sind nicht unbeschränkt reversibel. Ebenso schwer wiegt aus theoretischer Sicht, daß unter der Annahme der Reversibilität bei sinkender Produktion jeder Sektor als potentieller Anbieter von allen Kapitalgütern auftreten könnte, was offensichtlich gegen eine wichtige theoretische Annahme der Input-Output-Analyse, daß jeder Sektor ein homogenes Gut produziert und anbietet, verstößt.

Die Konsequenz einer nicht vollständigen Reversibilität wären dahingegen im Fall sinkender Produktion unausgelastete Kapazitäten, ein in der Realität oft anzutreffendes Phänomen. Aus diesen Ausführungen wird deutlich, daß die

---

[27] Vgl. hierzu z.B. Meyer, Kuh 1955, Meyer, Kuh 1957, Jorgensen 1971 und Wallis 1979, S. 81ff.

[28] Auf das Problem der Irreversibilität und Nicht-Transferierbarkeit von Kapitalstöcken geht Leontief schon in der ersten Formulierung des dynamischen Modells ein. Den von Leontief eingeschlagenen Weg der Formulierung einer "Mehr-Phasen Theorie mit switching rules" verfolgen wir nicht weiter, weil er zu erheblichen Problemen führt. Vgl. hierzu Leontief 1953, S. 68ff und zur Kritik z.B. Dorfman, Samuelson, Solow 1958. Einen interessanten Beitrag hierzu liefert Uzawa 1956, der zeigt, unter welchen Bedingungen ein Modell mit dem Investitionsterm B-max ($\dot{x}$,0) Lösungen besitzt. Die Notation bezieht sich auf die Formulierung von (2-16) als Differentialgleichungssystem mit $\dot{x}$ = dx/dt. Es ist wichtig festzuhalten, daß ein so umformuliertes Modell nicht-linear ist.

Probleme der Reversibilität, Transferierbarkeit und Vollauslastung von Kapitalstöcken im dynamischen Input-Output-Modell unmittelbar miteinander verknüpft sind. Trotz der oben skizzierten Einwände wird dieser Zusammenhang in theoretischen Untersuchungen i.d.R. durch die Annahme einer vollkommenen Reversibilität der Kapitalstöcke aufgelöst. Da dieser Weg zusätzlich die theoretische Möglichkeit einschließt, daß die Kapitalstöcke einzelner Sektoren im Zeitablauf sogar negativ werden können, gehen manche Autoren den Weg, für jeden Sektor nur nicht-negative Outputveränderungen zuzulassen, also $x_{t+1} \geq x_t$ für alle t zu unterstellen.[29] Das ist eine sehr strikte Annahme, die das dynamische Input-Output-Modell auf den Typus eines reinen Wachstumsmodells mit stets vollausgelasteten Kapazitäten reduziert. Für empirisch orientierte Modelle ist dagegen die Annahme der Nicht-Transferierbarkeit von Kapitalgütern und damit die Zulässigkeit von nicht vollausgelasteten Kapitalstökken wesentlich realitätsnäher.

Wenden wir uns zur weiteren theoretischen Durchdringung der Probleme des gleichgewichtigen dynamischen Input-Output-Modells der Frage der Lösbarkeit zu, so erkennen wir nach Umformulierung von (2-16) aus

$$(2\text{-}17) \quad B(x_{t+1} - x_t) = (I - A)x_t - f_t,$$

daß eine explizite Lösung für $x_{t+1}$, also

$$(2\text{-}18) \quad x_{t+1} = [I + B^{-1}(I - A)]x_t - B^{-1}f_t$$

nur dann existiert, falls B invertierbar ist, also vollen Rang hat. Angesichts der ökonomischen Bedeutung von B handelt es sich hier um eine ausgesprochen restriktive Bedingung, die in der Realität normalerweise nicht erfüllt sein wird. Bei hinreichender Disaggregation wird es bei empirischen Untersuchungen immer Sektoren geben, die keine Kapitalgüter produzieren. Aus diesem Grund

---

[29] Vgl. z.B. Schumann, 1968, S. 171ff. Er schlägt auch vor, negative Investitionen als unterlassene Reinvestitionen zu deuten und die negativen Investitionen auf die Größe der letzteren zu beschränken. Schumann verfolgt diesen Gedanken aber nicht weiter, da er diese Größe, die laut Input-Output-Konventionen in den laufenden Inputs enthalten ist, nicht für quantifizierbar hält. Dieser Punkt wird in der Arbeit später noch einmal aufgegriffen.

besitzt die B-Matrix für diese Sektoren Zeilen, die nur Nullen enthalten, so daß Rang (B) < n.[30,31]

Man kann allerdings zeigen, daß dann, wenn die Lösungen (2-18) auf dem Gleichgewichtspfad des Systems liegen, sie unter bestimmten Bedingungen auch für singuläres B existieren und dann bestimmte wünschenswerte Eigenschaften besitzen.[32] Für theoretische Analysen, in denen das dynamische Input-Output-Modell als Gleichgewichtsmodell interpretiert wird, erweist sich die Frage der Invertierbarkeit von B also als nicht so gravierend. Für den empirisch-orientierten Ansatz in dieser Arbeit stellt das Problem der Singularität von B allerdings ein Problem dar, auf das bei der Modellformulierung noch einzugehen sein wird.

Bei der Diskussion der Eigenschaften von Lösungen des dynamischen Input-Output-Modells sind aus ökonomisch-empirischer Sicht zwei Fragen von besonderem Interesse:

1. Existieren Bedingungen, die sicherstellen, daß das System (2-16) nur ökonomisch gehaltvolle Lösungen besitzt, also Bedingungen, die negative Produktionsmengen als Lösungen ausschließen?
2. Existieren zu allen ökonomisch sinnvollen Anfangsbedingungen, also $x_0 \geq 0$, ökonomisch gehaltvolle Lösungen oder ist zumindest sichergestellt, daß für $x_0 \geq 0$ die Lösungen des Systems gegen ökonomisch gehaltvolle Lösungen streben (Frage der Stabilität)?

---

[30] Beschränkt man sich auf eine rein theoretische Diskussion, müßten - wenn jeder Sektor ein homogenes Gut erzeugt - alle Güter einer Volkswirtschaft Kapitalgüter sein, damit B vollen Rang hat.

[31] Nullspalten in B treten dann auf, wenn es einen Sektor gibt, der ohne Kapital produziert. In geschlossenen dynamischen Modellen ist immerhin denkbar, daß der Haushaltssektor keine Kapitalgüter bezieht. Empirisch relevanter erscheint jedoch das Problem von Nullzeilen.

[32] Vgl. hierzu Livesey 1973, Livesey 1976, Luenberger, Arbel 1977 und insbesondere Meyer 1982, dessen Arbeit, unter Berücksichtigung seiner Interpretation von dynamischen Input-Output-Modellen als Modelle gleichgewichtigen Wachstums, den Titel trägt: "Why Singularity of Dynamic Leontief Systems Doesn't Matter".

Wie bereits ausgeführt, stellt Gleichung (2-16) ein inhomogenes lineares Differenzengleichungssystem 1. Ordnung dar. Die allgemeine Lösung eines solchen Systems ergibt sich als Summe aus einer partikulären (speziellen) Lösung des inhomogenen Systems und der allgemeinen Lösung des homogenen Systems.[33]

Eine ausführliche Diskussion der Lösungen des offenen dynamischen Modells findet sich bei Meyer.[34] Meyer diskutiert sowohl die Partikulärlösung als auch die allgemeine Lösung des homogenen Teils von (2-16) und nennt die Bedingungen, die sicherstellen, daß das offene dynamische Input-Output-Modell semipositive Lösungen besitzt. Die Bedingungen für die Existenz solcher Lösungen sind im wesentlichen an die Größenordnung von Eigenwerten der Matrix $(I-A)^{-1}B$ geknüpft. Diese Matrix besitzt in der Theorie dynamischer linearer Modelle eine zentrale Bedeutung.

Für irreduzibles A folgen unter Ausnutzung der Theoreme von Perron-Frobenius folgende Aussagen (Theorem 1):[35]

(i) $(I-A)^{-1}B$ besitzt einen positiven Eigenwert $\mu_1$, dessen zugehöriger Eigenvektor $e_1$ positiv ist.

(ii) $\mu_1$ ist dem Betrage nach größer als alle anderen Eigenwerte der Matrix $(I-A)^{-1}B$.

---

[33] Das homogene System stellt das geschlossene dynamische Input-Output-Modell dar. Die Lösungseigenschaften dieses Modelltyps sind also auch für das offene dynamische Modell von Bedeutung.

[34] Vgl. Meyer 1980, S. 8ff, der diesen Modelltyp als Modell 1 abhandelt. Meyer unterscheidet in der Diskusstion nochmals zwei Fälle, je nachdem ob die A-Matrix unzerlegbar oder zerlegbar (irreduzibel vs. reduzibel) ist. Die Unzerlegbarkeit einer Matrix ist eine qualitative Eigenschaft, für eine Definition vgl. z.B. Takayama 1985, S. 370. Die Unzerlegbarkeit eines Input-Output-Systems bedeutet ökonomisch, daß ein solches System sich nicht in voneinander unabhängige Subsysteme (Interdependenzgruppen) zerlegen läßt, die keine gegenseitigen Lieferungen beziehen. Die im folgenden gemachten Aussagen beziehen sich auf irreduzible Systeme, die eindeutigere Aussagen ermöglichen.

[35] Für einen Beweis vgl. z.B. Meyer 1980, S. 8f und Takayama 1985, S. 510. Es ist zu beachten, daß hier Irreduzibilität von A vorausgesetzt wird, eine Eigenschaft, die nicht erfüllt sein muß. Die Bedingungen für die Existenz von Gleichgewichtslösungen des dynamischen Input-Output-Modells bei reduziblem A gibt Szyld 1985. Die hinreichende Bedingung ist daran geknüpft, daß jeder Sektor von allen anderen Sektoren entweder bezüglich der Vorleistungen <u>oder</u> der Investitionen abhängt.

(iii) $e_1$ ist der einzige semipositive Eigenvektor von $(I-A)^{-1}B$ zu einem von Null verschiedenen Eigenwert.

Die Bedeutung dieses Ergebnisses wird offenbar, wenn wir uns in der weiteren Diskussion zunächst auf geschlossene dynamische Input-Output-Modelle konzentrieren, d.h. auf die allgemeine Lösung des homogenen Teils von (2-16). Wird der Einfachheit halber[36] die Invertierbarkeit von B unterstellt, so lautet die Lösung des geschlossenen dynamischen Modells

(2-19) $x_{t+1} = [I + B^{-1}(I - A)]x_t.$

Falls $\mu_1$ ein Eigenwert von $(I-A)^{-1}B$ ist, ist $\lambda_1 = 1/\mu_1$ ein Eigenwert von $B^{-1}(I-A)$ mit gleichem Eigenvektor $e_1$ wie $(I-A)^{-1}B$. Somit kann man eine spezielle Lösung von (2-19) schreiben als[37]

(2-20) $x_t^* = (1 + \lambda_1)^t e_1.$

Diese Lösung hat wegen der Gültigkeit von Theorem 1 die Eigenschaft, daß sie wegen $\lambda_1 > 0$ und $e_1 \geq 0$ immer semipositiv ist. Außerdem ändert sich für diese Lösung die Struktur der Bruttoproduktion nicht im Zeitablauf, sie ist durch den Eigenvektor $e_1$ festgelegt. Deshalb wird (2-20) als gleichgewichtige Wachstumslösung ("balanced growth solution") bezeichnet. Das geschlossene dynamische Input-Output-Modell besitzt also eine semipositive Lösung, in der im Zeitablauf die Struktur der Bruttoproduktion unverändert bleibt und alle Sektoren mit der Rate $\lambda_1$ wachsen. Aus Eigenschaft (iii) in Theorem 1 folgt, daß $e_1$ der einzige Eigenvektor - also die einzige Struktur der Bruttoproduktion - ist, die ökonomisch sinnvolle (semipositive) Lösungen des Systems sicherstellt.

Den Nachweis, daß im Vergleich dazu im offenen dynamischen Input-Output-

---

[36] Weil diese Ergebnisse sich im Prinzip, wenn auch mathematisch aufwendiger, auch für den Fall der Nicht-Invertierbarkeit von B ableiten lassen. Vgl. hierzu Meyer 1982.

[37] Dies folgt unmittelbar aus der Definitionsgleichung des Eigenwertproblems.

Modell mehrere semipositive Lösungen existieren, führt Meyer.[38] Allerdings gibt es auch für dieses Modell nur eine gleichgewichtige Lösung mit der Eigenschaft, daß die Struktur der Wirtschaft in dem Sinne konstant bleibt, daß sich sowohl die Struktur der Bruttoproduktion als auch das Verhältnis von Produktion und Endnachfrage nicht mehr ändern. Bei allen anderen Lösungen wird der Anteil der Endnachfrage an der Bruttoproduktion immer kleiner und geht langfristig gegen Null.

Für die Anwendung des dynamischen Input-Output-Modells als empirisch-deskriptives Modell ergibt sich aus den oben diskutierten Eigenschaften der Lösungen folgendes Problem: Wird für eine Periode $t=0$ die Struktur der Bruttoproduktion gemessen, so ist ohne weitere Untersuchung eine im Zeitablauf ökonomisch sinnvolle Lösung des Systems nur dann sichergestellt, falls $x_o$ in der Struktur zufällig mit dem Eigenvektor $e_1$ übereinstimmt,[39] also gilt $x_o = k \cdot e_1$ mit Skalar $k > 0$. Es stellt sich deshalb die Frage, ob für beliebige (ökonomisch sinnvolle) Startwerte $x_0$ die Lösung gegen die Gleichgewichtslösung strebt, die ja langfristig die (einzige) ökonomisch sinnvolle (semipositive) Lösung des Systems ist. Von besonderer Bedeutung ist hier das Konzept der relativen Stabilität,[40] das sicherstellt, daß ein System von jedem beliebigen Startvektor aus für $t = \infty$ gegen die Gleichgewichtslösung $x^*$ strebt.

Eine notwendige und hinreichende Bedingung für die relative Stabilität des geschlossenen dynamischen Input-Output-Modells ist gegeben durch die Bedingung[41]

(2-21) $1 + \lambda_1 > \left| 1 + \lambda_i \right| \qquad i = 2,...,n$

---

[38] Vgl. Meyer 1980, S. 16f. Es gibt zwei Typen von semipositiven Lösungen, je nachdem, ob die Partikulärlösungen des inhomogenen Teils oder die Lösungen des homogenen Teils dominieren.

[39] Wir beschränken uns in der weiteren Diskussion auf das geschlossene dynamische Input-Output-Modell, das auch in der theoretisch ausgerichteten Literatur zu diesem Problem im Vordergrund steht. Eine entsprechende Argumentation gilt auch für das offene Modell, vgl. dazu Meyer 1980, S. 18f.

[40] Für eine Definition und anschauliche Interpretation dieses Konzepts vgl. z.B. Takayama 1985, S. 510ff. Relative Stabilität bedeutet nicht die Konvergenz gegen die Gleichgewichtslösung.

[41] Vgl. z.B. Takayama 1985, S. 516.

wobei - wie bereits erwähnt - $\mu_i = 1/\lambda_i$ die Eigenwerte der Matrix $(I-A)^{-1} B$ sind. $\lambda_1$ ist der zum einzigen semipositiven Eigenvektor $e_1$ gehörende Eigenwert, der sogenannte Frobenius-Eigenwert. Notwendige und hinreichende Bedingung für die Existenz von relativer Stabilität des geschlossenen dynamischen Input-Output-Modells ist also, daß der zum semipositiven Eigenvektor $e_1$ gehörende Eigenwert dem Betrage nach größer ist als alle übrigen Eigenwerte des Systems. Während theoretisch a priori sowohl die relative Stabilität als auch die Instabilität von empirisch implementierten Modellen dieses Typs möglich ist, haben alle bisherigen empirischen Arbeiten für verschiedene Länder ergeben, daß das geschlossene dynamische Input-Output-Modell in der Realität immer instabil zu sein scheint.[42] Dies hatte zur Folge, daß bei einer Lösung in der Zeit schon nach einigen Perioden negative Produktionswerte auftraten.[43]

Dynamische Input-Output-Modelle dieses Typs eignen sich also nicht als Modelle zur Beschreibung der strukturellen Entwicklung einer Volkswirtschaft. Sie wurden deshalb in der Regel als Modelle eines gleichgewichtigen Wachstums interpretiert. Die Forschung hat sich angesichts dieser Ergebnisse vorwiegend auf Fragen der theoretischen Weiterentwicklung und Verallgemeinerung konzentriert. Ein Ergebnis dieser Forschungen ist das Gebiet der Theorie multisektoraler optimaler Wachstumsmodelle (Turnpike-Modelle), auf das hier aber nicht eingegangen werden soll.[44]

Da die Instabilität bisheriger Formulierungen dynamischer Input-Output-Systeme ein wesentlicher Hinderungsgrund für die empirische Anwendung dieser Modelle war, soll auf mögliche Ursachen dieser Instabilität hingewiesen werden, die in der Modellogik dieses Ansatzes begründet sein könnten. Dies würde Hinweise

---

[42] Vgl. für einen Überblick über die empirische Überprüfung der Stabilitätseigenschaften von dynamischen Input-Output-Modellen in verschiedenen Ländern Steenge 1986.

[43] Die Eigenschaft, daß dynamische Modelle, deren Startwerte nicht mit der gleichgewichtigen Lösung kompatibel sind, zu negativen Lösungen führen, wird in der Literatur als kausale Unbestimmtheit (causal indeterminacy) bezeichnet. Vgl. z.B. Takayama 1985, S. 517. Dieser Begriff geht auf Dorfman, Samuelson, Solow 1958 zurück.

[44] Grundlegende Arbeiten zu diesem Forschungsgebiet wurden von Dorfman, Samuelson, Solow 1958 geleistet. Versuche zur empirischen Anwendung dieses Ansatzes finden sich z.B. in Tsukui 1968 und Tsukui, Murakami 1979.

für die Neuformulierung eines veränderten dynamischen Input-Output-Modells erlauben, die zumindest einen Teil der Schwierigkeiten überwindet, die bisher einer empirischen Anwendung im Wege standen.

Ein zentraler Punkt ist unter diesem Gesichtspunkt die Annahme, daß zu jedem Zeitpunkt die produktiven Kapazitäten aller Sektoren immer voll ausgelastet sein müssen. Diese Annahme ist, wie dargestellt, mit der Annahme der vollständigen Reversibilität der (sektoralen) Kapitalstöcke verbunden. Bei einer Lösung des Systems von $t=0$ beginnend (Forward Solution), erfordert die Annahme der vollen Kapazitätsauslastung sozusagen die "perfekte Voraussicht zukünftiger Kapitalstockerfordernisse",[45] wobei in gleichgewichtigen Lösungen alle im System produzierten Güter ohne Rest aufgebraucht werden müssen.[46] Ein Hinweis darauf, daß diese "perfekte Voraussicht" im Zusammenspiel mit der Annahme der Vollauslastung der Kapazitäten eine wichtige Rolle spielt, ergibt sich auch daraus, daß sogenannte "Backward-Lag"-Modelle wie

$$(2\text{-}22) \quad x_t = Ax_t - B(x_t - x_{t-1})$$

Stabilitätseigenschaften haben,[47] die bei empirischer Überprüfung in der Regel die Bedingungen relativer Stabilität erfüllen. Das gleiche gilt analog auch für die sogenannte "Dynamische Inverse" von Leontief,[48] deren Grundidee ebenfalls darauf beruht, ein dynamisches Input-Output-Modell in der Zeit "rückwärts" zu lösen. Die empirisch beobachteten günstigeren Stabilitätseigenschaften dieser "Backward-Lag"-Modelle[49] bringen allerdings bezüglich der Anwendung des dynamischen Input-Output-Modells als deskriptives Modell keinen wesentlichen Vorteil, da man dort in der Regel an einer "forward"-

---

[45] Vgl. Duchin, Szyld 1985, S. 271.

[46] Vgl. Meyer 1980, S. 77.

[47] Tokoyama, Murakami 1972 stellen die Stabilitätseigenschaften von Forward- und Backward-Lag-Modellen gegenüber.

[48] Vgl. Leontief 1970.

[49] Vgl. zu den empirischen Stabilitätseigenschaften dieser Modelle Steenge 1986.

Lösung interessiert ist, also daran, wie das Modell sich von einem gegebenen Startwert aus in der Zukunft entwickelt.

Auch die im Modell unterstellte Periodenlänge hat einen Einfluß auf die Stabilitätseigenschaften des dynamischen Input-Output-Modells. Darauf wurde schon früh von Wurtele[50] hingewiesen, als er die Problematik der Formulierung des dynamischen Modells als Differentialgleichungssystem herausstellte, weil damit die implizit unterstellte Periodenlänge gegen 0 geht. Der Einfluß der Periodenlänge beruht ursächlich darauf, daß das dynamische Modell eine stock-flow-Beziehung enthält. Die Koeffizienten $[b_{ij}]$ sind im Gegensatz zu den $[a_{ij}]$ keine reinen Mengenkoeffizienten, sondern sie messen den Bedarf an Kapitalgütern aus Sektor i für eine pro Zeiteinheit zu produzierende Einheit des Gutes aus Sektor j.[51] Es läßt sich zeigen, daß unter bestimmten Voraussetzungen die Lösung des offenen dynamischen Input-Output-Modells durch die Wahl einer hinreichend kleinen Zeitperiode stabil werden kann.[52]

Wichtig ist jedoch, daß die Wahl der Periodenlänge kein reines Einheitenproblem ist, sondern daß die Periodenlänge unmittelbar eine ökonomische Bedeutung hat. Die Länge einer Periode, also der Abstand zwischen den Zeitpunkten t und t+1, definiert gleichzeitig die Ausreifungszeit der Investitionsgüter im System. Die Investitionsgüter, die im Zeitpunkt t+1 zusätzlich im Kapitalstock zur Verfügung stehen müssen, werden genau in der Periode zwischen t und t+1 produziert. Eine Veränderung der Periodenlänge impliziert also eine entsprechende Veränderung der unterstellten Ausreifungszeit der Investitionsgüter.[53] Das Problem der Ausreifungszeit von Investitionen, insbesondere die Zulässigkeit unterschiedlicher Ausreifungszeiten für unterschiedliche Kapitalgüter, wird

---

[50] Vgl. Wurtele 1959.

[51] Vgl. hierzu Meyer 1980, S. 82ff. Wählt man, ausgehend von einer Periodenlände (Zeiteinheit), eine neue Zeiteinheit $t_n$, die dem $t_n$-fachen der alten entspricht, gilt $B_{tn} = B/t_n$. Nimmt also die Periodenlänge zu, d.h. $t_n > 1$, sinken die Werte der $[b_{ij}]$ und vice versa.

[52] Vgl. Meyer 1980, S. 83ff. Interessanterweise sind die Stabilitätseigenschaften des entsprechenden Modells mit Backward-Lag genau in entgegengesetzter Weise von der Wahl der Periodenlänge abhängig.

[53] Dies verändert z.B. auch die Wachstumsmöglichkeiten des Systems, also insbesondere auch die Wachstumsrate der Gleichgewichtslösung.

im nächsten Kapitel bei der Entwicklung eines empirisch anwendbaren dynamischen Input-Output-Modells wieder aufgegriffen.

## 2.4 *Dynamische Input-Output-Modelle mit ungleichgewichtigem Wachstum*

### 2.4.1 *Grundüberlegungen zu einem empirisch anwendbaren dynamischen Input-Output-Modell*

Im vorigen Abschnitt sind die Grundlagen und einige wesentliche theoretische Eigenschaften von dynamischen Input-Output-Modellen behandelt worden. Es wurde herausgearbeitet, daß dieser Typ von Modellen unter bestimmten Annahmen über die Struktur der Koeffizientenmatrizen A und B, die die Vorleistungsverflechtung bzw. die Verflechtung der sektoralen Investitionsprozesse widerspiegeln, Lösungen hat, die den Pfad eines gleichgewichtigen Wachstums der Wirtschaft beschreiben. Das macht den theoretischen Wert dieser Modelle aus und hat zu zahlreichen weiterführenden theoretischen Arbeiten geführt.[54] Die theoretische Bedeutung dieses Modelltyps als ein Modell gleichgewichtigen Wachstums ist also unbestritten.[55]

Die empirisch-praktische Anwendung von dynamischen Input-Output-Modellen als deskriptive Modelle hat dagegen zu keinen befriedigenden Ergebnissen geführt. Betrachtet man das Modell in seiner expliziten Form, will es also von einem gegebenen Startwert aus für zukünftige Perioden lösen, sind ökonomisch sinnvolle Lösungen nur garantiert, wenn die Startwerte in ihrer Struktur zufällig mit dem sogenannten Frobenius-Eigenvektor des Systems übereinstimmen. Ist dies nicht der Fall, was in der Realität (fast) immer zu erwarten ist, können auf Dauer ökonomisch sinnvolle Lösungen nur dann erwartet werden, wenn das Modell dem Konzept der relativen Stabilität genügt. Obwohl dies theoretisch denkbar ist, haben alle empirischen Untersuchungen bisher ergeben, daß dies für tatsächlich implementierte Modelle in verschiedenen Ländern nicht der Fall ist. Dynamische Input-Output-Modelle haben

---

[54] Vgl. für einige Beispiele z.B. Takayama 1985, S. 522ff.

[55] Vgl. für eine Anwendung des Modells für die Bundesrepublik Deutschland gemäß diesem Konzept z.B. Meyer, Schumann 1978.

infolgedessen als deskriptive Modelle zur Beschreibung der tatsächlichen strukturellen Entwicklung einer Volkswirtschaft keine Rolle gespielt.

Im folgenden soll eine Formulierung des Input-Output-Modells dargestellt werden, die insbesondere dem Anspruch der empirischen Anwendbarkeit gerecht wird. Darüber hinaus soll das Modell so erweitert werden, daß es in der Lage ist, dem inhaltlichen Schwerpunkt dieser Arbeit, also der Abschätzung der Auswirkungen neuer Technologien, besser gerecht zu werden. Die Veränderungen des Modellansatzes setzen in erster Linie an den Punkten an, die im vorigen Abschnitt als problematisch im Hinblick auf die Anwendung dynamischer Input-Output-Modelle als empirisch-deskriptive Modelle herausgestellt wurden.

Eine Minimalforderung an ein empirisch anwendbares Modell ist, daß es zu jedem Zeitpunkt als Lösung nur nicht-negative ökonomische Größen produziert. Wie im vorigen Abschnitt dargestellt wurde, ist dieses Problem eng mit der Annahme stets vollausgelasteter sektoraler Kapazitäten und dies wiederum gleichzeitig mit Annahmen über die Reversibilität/Transferierbarkeit von Kapitalstöcken verbunden. In der Neuformulierung wird also auf diese Annahme verzichtet, so daß die Unterauslastung von Kapazitäten zugelassen wird. Damit handelt es sich um ein Modell, in dem Ungleichgewichte möglich sind, d.h. nicht alle im System produzierten Güter werden "ohne Rest" aufgebraucht. Unausgelastete Produktionskapazitäten in einzelnen Sektoren verbleiben in diesen Sektoren und die entsprechenden Kapitalgüter sind nicht in andere Sektoren transferierbar.

Ein anderer Punkt, der aufgegriffen wird, ist die Tatsache, daß in den zuvor dargestellten Modellen die Ausreifungszeit von allen Investitionsgütern implizit genau eine Periode beträgt. Deshalb soll eine Möglichkeit zur Verallgemeinerung, die unterschiedliche Ausreifungszeiten für unterschiedliche Kapitalgüter zuläßt, aufgegriffen werden.[56] Dies erlaubt eine realistischere Modellierung des in der Realität zu beobachtenden Investitionsprozesses.

---

[56] Dieser Ansatz geht auf Johansen 1978 zurück. Vgl. für eine weitergehende Untersuchung Aberg, Persson 1981. Ein ähnliches Konzept wurde auch von Belen'kii, Volkonskii, Pavlov 1973 entwickelt.

Das in der theoretischen Diskussion durchscheinende Argument, daß in empirischen Anwendungen die Invertierbarkeit der Matrix B in der Regel nicht möglich sein wird, kann dadurch umgangen werden, daß ein Lösungsalgorithmus des neuzuformulierenden Modells entwickelt wird, der die Invertierbarkeit von B nicht erfordert. Dies würde die praktische Lösbarkeit und Handhabbarkeit des Modells erleichtern.

In den bisher vorgestellten theoretischen dynamischen Input-Output-Modellen - dies entspricht der Praxis in der theoretischen Diskussion zu diesen Modellen[57] - waren die Koeffizientenmatrizen undatiert. Es wurde also implizit unterstellt, daß die Struktur und Technologie, die in diesen Matrizen zum Ausdruck kommt, sich im Zeitablauf nicht ändert. Diese Annahme ist, gerade wenn man die Annahme einer linearen Technologie empirisch als eine Approximation betrachtet, nur für einen kurzen Zeitraum sinnvoll, nicht jedoch für die Simulation eines Modells über einen längeren Zeitraum. Ein anderer Grund dafür, daß in diesem Modell Koeffizientenänderungen explizit eingeführt werden, ist die Tatsache, daß neue Technologien, deren Auswirkungen mit diesem Modell untersucht werden sollen, sich gerade in veränderten Koeffizientenmatrizen niederschlagen. Deshalb wird in Zukunft von einem Modell mit datierten Koeffizientenmatrizen ausgegangen; als Ausgangsmodell für die Neuformulierung des offenen dynamischen Input-Output-Modells ergibt sich dann:[58]

$$(2\text{-}23) \qquad x_t = A_t x_t + B_{t+1}(x_{t+1} - x_t) + f_t.$$

---

[57] So beruht z.B. die gesamte Diskussion der Stabilitätseigenschaften von dynamischen Input-Output-Modellen auf Modellen mit im Zeitablauf konstanten Koeffizientenmatrizen. Unterstellt man dagegen sich ändernde Koeffizientenmatrizen, lassen sich unter Umständen keine eindeutigen Stabilitätsaussagen mehr ableiten.

[58] Ein dynamisches Input-Output-Modell mit datierten Koeffizientenmatrizen führte erstmalig Leontief 1970 ein.

### 2.4.2 *Ein ungleichgewichtiges dynamisches Input-Output-Modell mit garantiert positiven Lösungen*

Aus dieser Grundversion wird unter Einbeziehung der oben gemachten "modell-strategischen" Überlegungen ein empirisch anwendbares, ungleichgewichtiges offenes dynamisches Input-Output-Modell entwickelt, das insbesondere für die Untersuchung der in dieser Arbeit im Vordergrund stehenden Fragestellung geeignet erscheint. Das Konzept für dieses Modell wurde von Duchin, Szyld am Institute for Economic Analysis (IEA), New York University, entwickelt und in einer Implementation für die USA für ähnliche Fragestellungen angewandt.[59]

Die endogene Erklärung der sektoralen Investitionsprozesse, wesentlicher Kern von dynamischen Modellen, erfolgt in diesem Modell in Übereinstimmung mit folgenden Grundannahmen:

(i) In jeder Periode werden in jedem Sektor Entscheidungen über den Ausbau von Produktionskapazitäten aufgrund der sektoralen Produktionsentwicklung der letzten Jahre getroffen. Diese sektoralen Kapazitätserweiterungenspläne basieren auf einem Akzelerationsprinzip. Um diese Kapazitätserweiterung der Produktionsanlagen zu erreichen, werden entsprechende Investitionsgüterlieferungen induziert.

(ii) Installierte Produktionskapazitäten müssen nicht voll ausgelastet sein und der Kapitalstock ist nicht zwischen den Sektoren transferierbar.

(iii) Einige Kapitalgüter müssen eine bestimmte Anzahl von Perioden im voraus produziert werden, bevor sie die Produktionskapazitäten im investierenden Sektor erhöhen.

(iv) Ersatzinvestitionen werden explizit, getrennt von den Erweiterungsinvestitionen, bestimmt. Ihre Höhe wird in jeder Periode durch das Produktionsniveau des investierenden Sektors mitbestimmt.

---

59 Vgl. Duchin, Szyld 1985 und Leontief, Duchin 1986, dort insbesondere Appendix A.

In der theoretischen Diskussion über dynamische Input-Output-Modelle wird das Problem der Ersatzinvestitionen insofern vernachlässigt, als davon ausgegangen wird, daß die Ersatzinvestitionen in den Vorleistungslieferungen enthalten sind, also durch die Input-Koeffizienten $[a_{ij}]$ mitabgebildet werden. Das ist in empirisch ermittelten Input-Output-Tabellen jedoch nicht der Fall. Sie enthalten im I. Quadranten nur "laufende" Vorleistungen, wohingegen die Investitionen als Bruttoinvestitionen in der Endnachfrage verbucht werden. Die explizite Berücksichtigung der Ersatzinvestitionen erfordert also die Definition einer neuen Koeffizientenmatrix R. Die Elemente $[r_{ij}]$ geben die Menge von Investitionsgütern an, die gerade durch Lieferungen des Sektors i an Sektor j ersetzt werden müssen, damit Sektor j eine Einheit seines Gutes produzieren kann.[60] Unter Einbeziehung von $R_t$ wird aus Gleichung (2-23) nunmehr

(2-24) $x_t = A_t x_t + R_t x_t + B_{t+1}(x_{t+1} - x_t) + f_t.$

Zur weiteren Formulierung des Modells seien definiert:[61]

c(t) Produktionskapazität in der Periode t
o(t) Veränderung der Produktionskapazität zwischen den Perioden t-1 und t

also

(2-25) $c(t) = c(t-1) + o(t)$

Zugelassen sind im Sektor i Kapazitätsunterauslastung, also $c_i(t) \geq x_i(t)$, und Kapazitätsüberauslastung, also $c_i(t) < x_i(t)$. Über- und Unterauslastung beziehen sich auf eine im Basisjahr $t_0$ definierte Vollauslastung der Kapazitäten.[62]

---

[60] Es wird also analog zur Definition der $[a_{ij}]$ bzw. $[b_{ij}]$ ein linearer Zusammenhang unterstellt.

[61] Bei den folgenden Formeln wird die Zeit nicht durch ein Subskript, sondern durch t in Klammern repräsentiert. Subskripte beziehen sich auf einzelne Vektorelemente.

[62] Die vollausgelasteten Produktionskapazitäten in $t_0$ gehören zu den Anfangsbedingungen des Modells, auf die später eingegangen wird.

Die zukünftigen Kapazitätserfordernisse eines Sektors werden, unabhängig von bestehenden Kapazitäten, für mehrere Perioden im voraus prognostiziert. Die prognostizierte (geplante) Kapazität wird als $c^*(t)$ definiert. Der Kapazitätszuwachs im Sektor i für die zukünftige Periode t wird definiert als:

(2-26) $o_i(t) = \max [o, \overset{*}{c}_i(t) - c_i(t-1)]$,

d.h., falls $c_i(t-1) \geq c^*_i(t)$ gilt $o_i(t) = 0$, es wird also keine zusätzliche Produktionskapazität benötigt, und es folgt $c_i(t) = c_i(t-1)$. Andernfalls ist $o_i(t)$ der Zuwachs an Produktionskapazität, der benötigt wird, um die gewünschte Produktionskapazität $c_i^*(t)$ zu erreichen.

In einfacher Form könnte der Investitionsterm in (2-24) nun geschrieben werden als

(2-27) $B(t+1) \cdot o(t+1)$,

was impliziert, daß die Investitionsgüter, die gebraucht werden, um die Produktionskapazität in der Periode t+1 zu erhöhen, genau eine Periode im voraus produziert werden müssen.

Um diese Annahmen zu lockern,[63] wird $\tau_{ij}$ definiert als die notwendige Zeitdifferenz zwischen der Periode der Herstellung eines Investitionsgutes (hergestellt im Sektor i) und der Periode, in der es effektiv die Kapazität des Sektors j erhöht. Dann ist $\tau_j = \max_i \tau_{ij}$ die größte Zeitverzögerung zwischen Herstellung und Einsatz aller im Sektor j eingesetzten Kapitalgüter.

Die geplante Kapazitätserhöhung des Sektors j muß deshalb $\tau_j$ Perioden im voraus festgelegt werden. Unter der vereinfachenden Annahme, daß $\tau_{ij} = \tau_j$ für alle investierenden Sektoren ist, können wir $\tau_i$ als Zeitverzögerung des im Sektor i produzierten Investitionsgutes und $\tau = \max_i \tau_i$ definieren.

63 Vgl. zum folgenden auch Johansen 1978.

Der modifizierte Investitionsterm lautet dann

$$\text{(2-28)} \qquad \sum_{\theta=1}^{\tau} B^{\theta}(t) \cdot o(t+\theta) \quad ,$$

wobei das (i,j)-Element von $B^{\theta}(t)$ die Erweiterungsinvestition angibt, die im Sektor i in der Periode t produziert werden muß, damit die Kapazität von Sektor j in der Periode $t + \theta$ um eine Einheit erhöht werden kann.

Entsprechend dem Akzeleratorprinzip wird angenommen, daß die geplante Kapazität $c^{*}(t+\tau)$, die $\tau$ Perioden im voraus geplant werden muß, vom Produktionsniveau der Vorperiode und der Veränderung des Produktionsniveaus in der jüngeren Vergangenheit abhängt. Um ein exzessives Anwachsen der Produktionskapazitäten zu verhindern, wird eine sektorspezifische maximale Rate der Kapazitätserweiterung $\sigma_i$ vorgegeben.[64]

Die Formel für die geplante Kapazitätserweiterung im Sektor i lautet dann beispielsweise[65]

$$\text{(2-29)} \qquad c_i^{*}(t+\tau) = \min\left[1 + \sigma_i , \frac{x_i(t-1) + x_i(t-2)}{x_i(t-2) + x_i(t-3)}\right]^{\tau+1} \cdot x_i(t-1) \; .$$

Mit diesen Überlegungen sind die formalen Voraussetzungen für eine explizite Lösung des Modells im Zeitablauf, beginnend mit der Startperiode $t_0$, gegeben. Notwendig für eine Lösung ist noch die Vorgabe der Startwerte (Initial Conditions).

---

[64] Es werden hierdurch die Erweiterungsinvestitionen, nicht jedoch der mögliche Output eines Sektors begrenzt, da eine Überauslasung der Kapazitäten zugelassen ist.

[65] Die genaue Form des Einflusses der Produktion der Vorperioden in (2-29) ist arbiträr und verändert nicht die formalen Eigenschaften des Modells. Die Länge des maximalen Lags hat jedoch Einfluß auf die Zahl der notwendigen Anfangsbedingungen.

Sie umfassen im einzelnen

(2-30) $c(t_0)$ Produktionskapazität bei Vollauslastung in der Startperiode $t_0$

(2-31) $x(t)$ Bruttoproduktionswerte der letzten Perioden vor $t_0$, also für $t = t_0 - \tau, ..., t_0 - 1$.

Hiermit lassen sich für die Perioden $t_0+1$ bis $t_0+\tau-1$ die Startwerte des Modells für $c^*$, o und c berechnen.

Nun kann das dynamische Input-Output-Modell für jede Periode des Simulationszeitraums $t_0$, ..., T sukzessive gemäß den folgenden Gleichungen gelöst werden:

Berechne die geplante Produktionskapazität $t+\tau$ gemäß

$$(2\text{-}32) \quad c^*(t+\tau) = \min\left[1+o, \frac{x(t-1)+x(t-2)}{x(t-2)+x(t-3)}\right]^{\tau+1} \cdot x(t-1),$$

woraus sich die zukünftige Veränderung der Kapazität in der Periode $t+\tau$ ergibt:

$$(2\text{-}33) \quad o(t+\tau) = \max\,[0, c^*(t+\tau) - c(t+\tau-1)].$$

Die tatsächliche Produktionskapazität der Periode $t+\tau$ ist dann

$$(2\text{-}34) \quad c(t+\tau) = c(t+\tau-1) + o(t+\tau).$$

Die eigentliche Lösung des Systems in der Periode t, also die Bestimmung der Bruttoproduktion x(t), ergibt sich nun gemäß

$$(2\text{-}35) \quad \left[I - A(t) - R(t)\right] \cdot x(t) = \sum_{\Theta=1}^{\tau} B^{\Theta}(t) \cdot o(t+\Theta) + f(t),$$

wobei die Invertierbarkeit von [I-A(t)-R(t)] vorausgesetzt wird,[66] die problematische Inversion der Kapitalstockmatrix B jedoch umgangen wird.

Im hier vorgestellten offenen dynamischen Input-Output-Modell mit nicht notwendigerweise vollausgelasteten Produktionskapazitäten ersetzen also die Gleichungen (2-32) bis (2-35) die Grundvariante des Modells in (2-24).

Unter der Annahme der Gültigkeit der Hawkins-Simon-Bedingung für die Matrix [A(t)+R(t)] in jeder Periode t läßt sich leicht zeigen, daß das Modell zu jedem Zeitpunkt eine nicht-negative Lösung x(t) besitzt.[67] Der Beweis ist unabhängig von der genauen Form des Akzelerationsansatzes in (2-32). Außerdem zeigen Duchin, Szyld 1985, daß für den Fall, daß die Anfangswerte zufällig auf dem Pfad des gleichgewichtigen Wachstums liegen und f(t)=0 für alle t, die Gleichgewichtslösungen dieses Modells mit den Lösungen des Modells (2-19), also des geschlossenen dynamischen Input-Output-Modells übereinstimmen. Das Modell (2-32) bis (2-35) stellt insofern eine echte Verallgemeinerung bisheriger Formulierungen von dynamischen Input-Output-Modellen dar.

In jeder Periode läßt sich sodann mit Hilfe der Bruttoproduktionswerte x(t) die Zahl der Beschäftigten nach Berufen e(t) über

(2-36) $e(t) = L(t) \cdot x(t)$

mit L(t): Matrix der Arbeitskoeffizienten nach Berufen und Sektoren

berechnen.

Modellogisch ist die Berechnung der Beschäftigung also an die Lösungen des dynamischen Input-Output-Modells angekoppelt. Entsprechend dieses Vorgehens gibt es auch keine Rückwirkungen der Entwicklung der Beschäftigung auf den Lösungspfad des Modells.

---

[66] Um die Invertierbarkeit von [I-A(t)-R(t)] zu gewährleisten, ist es ausreichend anzunehmen, daß die Matrix [A(t)+R(t)] zu jedem Zeitpunkt die Hawkins-Simon-Bedingung erfüllt. Die Spaltensumen von [A(t)+R(t)] sind, entsprechende Eigenschaften für A(t) wie üblich vorausgesetzt, kleiner als 1, falls für jeden Sektor die Ersatzinvestitionen den Abschreibungen entsprechen. Vgl. hierzu Szyld 1985.

[67] Vgl. Duchin, Szyld 1985, S. 270f.

### *2.4.3 Grenzen und Schwächen des gewählten Modellansatzes*

Im vorigen Kapitel ist die Formulierung eines ungleichgewichtigen dynamischen Input-Output-Modells entwickelt worden. Die Modellkonzeption wurde von der Grundüberlegung geleitet, ein empirisch anwendbares Modell zu formulieren, das vor allem dazu geeignet ist, als deskriptives Modell von einem gegebenen Startzeitpunkt aus die zukünftige Entwicklung des ökonomischen Systems zu beschreiben. Als Minimalanforderung an ein derartiges Modell wurde die Bedingung gestellt, daß das Modell zu jedem Zeitpunkt des Simulationsprozesses nur nicht-negative Lösungen besitzen darf. Es ist gezeigt worden, daß das hier vorgestellte Modell dieser Anforderung genügt. Im Hinblick auf die praktische Anwendung als empirisches Modell stellt dies einen wichtigen Fortschritt gegenüber bisherigen Formulierungen des dynamischen Input-Output-Ansatzes dar (vgl. dazu Kapitel 3.2).[68]

Dennoch besitzt dieses Modell, das im weiteren als theoretische Grundlage für die Implementierung eines dynamischen Input-Output-Modells für die Bundesrepublik Deutschland dienen soll, als Zwischenstufe im Prozeß der theoretischen Weiterentwicklung solcher Modelle noch Grenzen und Schwächen. Ihre Erörterung kann an dieser Stelle nur aus vorwiegend theoretischer Sicht erfolgen, da empirisch-praktische Erfahrungen für die Bundesrepublik Deutschland erst im Rahmen dieser Arbeit gewonnen werden können. Eine abschließende Bewertung kann deshalb nur am Ende der Arbeit im Licht der gewonnenen Erfahrungen und insbesondere vor dem Hintergrund des speziellen Anwendungszwecks dieses Modells geleistet werden. Auch die Formulierung von Forschungsansätzen zur konkreten Weiterentwicklung des Modellkonzepts soll dem Schlußkapitel vorbehalten bleiben.

An dieser Stelle kann jedoch sehr wohl eine theoretische Erörterung der modellimmanenten Grenzen und Schwächen der gewählten Formulierung erfolgen. Diese Erörterung ist auch sinnvoll, weil sie eine Einordnung und damit eine Relativierung der mit diesem Modellansatz erzielten Ergebnisse ermöglicht.

---

[68] Dies gilt auch in bezug auf die Umgehung der Schwierigkeiten, die in der praktischen Anwendung mit der Singularität der B-Matrix verbunden sind.

Prinzipielle Grenzen ergeben sich daraus, daß das hier vorgestellte Modell vom Typ eines *offenen* dynamischen Input-Output-*Mengen*modells ist. Mit der Endogenisierung der Investitionsnachfrage ist zwar die notwendige und charakteristische Voraussetzung für die Formulierung eines dynamischen Modells erfüllt, aus theoretischer Sicht ist jedoch eine weitere schrittweise "Schließung" des Modells in bezug auf die Endogenisierung anderer Endnachfragekomponenten wünschenswert. Insbesondere die endogene Erklärung des privaten Verbrauchs und des Staatsverbrauchs sind hier zu nennen. Abstrahiert man von den erheblichen empirisch-statistischen Problemen, die sich aus einer Endogenisierung des privaten Verbrauchs ergeben, bereitet die endogene Erklärung des privaten Verbrauchs auch bedeutende theoretisch-konzeptionelle Schwierigkeiten.

Nahezu alle gängigen makroökonomischen Konsumhypothesen gehen zurecht von einer Abhängigkeit des privaten Verbrauchs vom Volkseinkommen oder einer anderen gesamtwirtschaftlichen Einkommensgröße aus.[69] Die Konstruktion einer solchen Einkommensvariablen erfordert jedoch die Aggregation von Gütern unterschiedlichen Typs (unterschiedlicher Sektoren) zu einer monetären Größe. Für diese Aggregation ist damit ein sich im Zeitablauf änderndes Preissystem erforderlich, das idealerweise endogen im Modell bestimmt werden müßte. Das hier vorgestellte dynamische Input-Output-Modell ist jedoch ein reines Mengenmodell, in dem Preise zunächst nicht vorkommen. Zwar läßt sich ein zum Mengenmodell analoges Preismodell theoretisch formulieren,[70] jedoch liegen über die theoretischen Implikationen einer Verknüpfung dieser Modelle keine Erfahrungen vor. Aus der Tatsache, daß im weiteren Verlauf der Untersuchung mit dem dynamischen Input-Output-Modell als Mengenmodell weitergearbeitet wird, ergeben sich somit prinzipielle Grenzen für die Abbildbarkeit von Substitutionsprozessen, die auf Veränderungen des Preissystems beruhen.[71]

---

[69] Vgl. zu diesem Argument Kuhbier 1986.

[70] Vgl. Duchin 1986.

[71] Die bisherigen Versuche, in sogenannten vollintegrierten ökonometrischen Input-Output-Modellen die Wirkungen eines endogenen Preissystems voll zu berücksichtigen, müssen aus der Sicht einer praktischen Anwendbarkeit eher skeptisch beurteilt werden. Dafür sind neben theoretisch-konzeptionellen Problemen vor allem kaum lösbare Datenprobleme und die mangelnde Handhabbarkeit

Neben diesen prinzipiellen Grenzen des hier gewählten Modellansatzes sollen innerhalb des Rahmens dieses Ansatzes - also modellimmanent - einige aus theoretischer Sicht identifizierbare Schwächen der Modellformulierung diskutiert werden. Da die endogene Erklärung der Investitionsnachfrage theoretisch das zentrale Element des dynamischen Input-Output-Modells ausmacht, wird die Erörterung dieses Problems im Mittelpunkt stehen. Der Systematisierung von Kuhbier[72] folgend, muß man zunächst zwischen Modellen mit und ohne Fortschreibung der Kapitalstöcke unterscheiden. Theoretisch ist ein Modell mit Fortschreibung der Kapitalstöcke vorzuziehen, weil dadurch unter anderem eine bessere Modellierung des Verlaufs der Ersatzinvestitionen möglich ist. Diese Vorgehensweise bedeutet in voller Konsequenz jedoch eine Integration einer sektoralen Anlagevermögensrechnung in das Modell.[73] Abstrahiert man wiederum von den statistischen Schwierigkeiten eines solchen Vorgehens, bleiben grundlegende konzeptionelle Probleme ungelöst, da z.B. die endogene Bestimmung von Abgängen aus dem Kapitalstock auf der Basis von reinen Mengeninformationen unrealistisch erscheint. Ein hinter einer solchen endogenen Bestimmung stehendes Entscheidungskalkül kann sicher nicht auf Größen verzichten, die Preisinformationen enthalten. Können aber die Abgänge aus dem Kapitalstock nicht endogen bestimmt werden, muß auch auf eine endogene Fortschreibung der Kapitalstöcke im Modell verzichtet werden. Stattdessen wird als Ausweg nur eine Fortschreibung der sektoralen Produktionskapazitäten vorgenommen.[74]

Daraus ergeben sich unmittelbare Konsequenzen für die Bestimmung der Ersatzinvestitionen im Modell, die in der derzeitigen Formulierung an die "laufende" Bruttoproduktion eines Sektors gekoppelt sind. Im Gegensatz zu den Erweiterungsinvestitionen wird unterstellt, daß die Ersatzinvestitionen ohne Verzögerung in der Periode ihrer Erstellung sofort installiert werden und

---

solcher ökonometrischen Systeme verantwortlich. Vgl. zu den bisherigen Erfahrungen für die Bundesrepublik Deutschland z.B. Kiy 1987.

[72] Vgl. Kuhbier 1986.

[73] Vgl. zu einem modernen Konzept einer Anlagevermögensrechnung z.B. Görzig 1985.

[74] Damit wird auf Strukturinformationen über die Zusammensetzung der sektoralen Kapitalstöcke verzichtet.

produktiv sind. Somit ergibt sich eine theoretisch schwer begründbare unsymmetrische Behandlung von Erweiterungs- und Ersatzinvestitionen, die schon von Leontief/Duchin als unbefriedigend angesehen wird.

Ein weiteres Problem, das aus der hier gewählten Formulierung zur Bestimmung der Produktionskapazitäten und der Ersatzinvestitionen folgt, ist die Modelleigenschaft, daß die sektoralen Produktionskapazitäten im Zeitverlauf nicht sinken können. Auch wenn vom Modell keine Notwendigkeiten zur Kapazitätserweiterung ermittelt werden, gibt es vom Konzept her immer soviel Ersatzinvestitionen, daß die Produktionskapazität des Sektors erhalten bleibt. Obwohl dieses Problem in der praktischen Anwendung von nicht so großem Gewicht ist,[75] sollte es in Zukunft bei der theoretischen Weiterentwicklung des Modells berücksichtigt werden.[76] Der Grundgedanke einer Revision der Investitionspläne, wie ihn Kuhbier formuliert, wird zumindest für Kapazitätserweiterungspläne während der Implementierungsphase des Modells (vgl. Kapitel 4.2.1.4) aufgegriffen.

Kann es somit bei Konstanz der Produktionskapazität und sinkender Bruttoproduktion in einzelnen Sektoren zu einer dauerhaften Unterauslastung der Produktionskapazitäten kommen, ist vom Modellansatz her eine zeitweise Überauslastung der Produktionskapazitäten ebenfalls möglich und zugelassen. Kommt es wegen der Vorgabe der exogenen Variablen zu einer dauerhaften, massiven Überauslastung der Produktionskapazitäten, muß von außen in das Modell eingegriffen werden. Theoretisch wären hier modellendogene Mechanismen vorzuziehen, die eine dauerhafte Überbeanspruchung der Produktionskapazitäten verhindern. Allerdings gilt auch in empirisch-praktischer Sichtweise, daß die im Modell enthaltenen Produktionskapazitäten, die letztlich auf dem Konzept eines Produktionspotentials beruhen, ebenso wie dieses Potential keine strikten, technisch bedingten Produktionsobergrenzen einer Volkswirtschaft darstellen. Das Produktionspotential eines Sektors läßt sich durch organisatorische Änderungen (veränderte Maschinenlaufzeiten, z.B. Mehrschichtbetrieb) in

[75] Empirisch nachweisbar gibt es in der Bundesrepublik Deutschland einige wenige Sektoren, deren Produktionskapazität im Zeitraum 1970 bis 1986 gesunken ist; vor allem gilt dies für das Ledergewerbe, den Bergbau und das Textilgewerbe (vgl. Tabelle 4.2).

[76] Lösungsvorschläge für eine theoretische Behandlung dieser Problematik gibt Kuhbier 1986.

nahezu allen Fällen verändern.[77] Generell kann man feststellen, daß die Zulässigkeit der Unter- und Überauslastung von Produktionskapazitäten für die empirische Anwendbarkeit des Modells zwingend ist (vgl. Kapitel 2.4.1) und auch in empirischer Sichtweise realistisch erscheint. Dennoch sollten in der weiteren theoretischen Forschung Überlegungen angestellt werden, wie die Unter- und Überauslastung der Produktionskapazitäten durch Verbesserungen der Modellformulierung auf ein im Modell "notwendiges" Maß reduziert werden können.

Insgesamt haben die hier angestellten Erörterungen die Grenzen und Schwächen des vorgestellten theoretischen Konzepts eines empirisch anwendbaren dynamischen Input-Output-Modells deutlich werden lassen. Diese Erkenntnisse sollten auch bei der Bewertung der mit diesem Modell erzielten Ergebnisse berücksichtigt werden. In Zukunft sind sicher noch erhebliche Anstrengungen notwendig, um zumindest einen Teil dieser Schwächen und Grenzen abzubauen. Ist man primär an einem empirisch anwendbaren Modell interessiert, sollten diese theoretischen Verbesserungen immer vor dem Hintergrund der damit verbundenen empirischen Datenanforderungen entwickelt werden.

[77] Vgl. zu diesem Überlegungen z.B. Görzig 1989.

# 3. Datenerfordernisse des dynamischen Input-Output-Modells und verfügbare Datenbestände in der Bundesrepublik Deutschland

In Kapitel 2 ist das Konzept eines dynamischen Input-Output-Modells entwickelt worden, das aufgrund seiner theoretischen Eigenschaften geeignet erscheint, als Grundmodell für die empirische Analyse der Auswirkungen ausgewählter neuer Technologien zu dienen. Das Modell soll deshalb im folgenden für die Bundesrepublik Deutschland implementiert werden.

In einem ersten Schritt werden die konkreten inhaltlichen Datenerfordernisse, ausgehend vom theoretisch formulierten Modell, herausgearbeitet. Dann werden die in der Bundesrepublik verfügbaren Datenbestände daraufhin überprüft, ob und mit welchen Modifikationen sie die konkreten Datenerfordernisse des Modells befriedigen können. Die Frage der Abbildung neuer Technologien soll an dieser Stelle noch nicht behandelt werden.[1] Es geht vielmehr um die empirische Ausfüllung eines Basismodells im Ex-post-Zeitraum, um anschließend prüfen zu können, ob das vorgestellte Modell die tatsächliche ökonomische Entwicklung in der Bundesrepublik Deutschland empirisch "hinreichend" gut beschreibt. Die Abbildung neuer Technologien stellt dann die Anwendung dieses Grundmodells auf die in dieser Arbeit interessierende Fragestellung dar.

## *3.1 Die Datenerfordernisse des zu implementierenden dynamischen Input-Output-Modells*

Die inhaltlichen Datenerfordernisse des in Kapitel 2.4.2 in den Gleichungen (2-32) bis (2-35) spezifizierten dynamischen Input-Output-Modells lassen sich in drei Kategorien einteilen:

(i) die (technischen) Koeffizientenmatrizen $A_t$, $B_t$, $R_t$ und $L_t$, die zu jedem Zeitpunkt t die Struktur und Produktionstechnik der untersuchten Volkswirtschaft abbilden,

---

[1] Vgl. dazu die Kapitel 6 und 7.

(ii) die sektorale Endnachfrage $f_t$, die alle Komponenten der Endnachfrage enthält, die nicht im Modell endogen erklärt werden, also im hier benutzten Modell den privaten Verbrauch, die Exporte, den Staatsverbrauch und die Vorratsveränderungen,

(iii) die Anfangsbedingungen des Modells (vgl. Gleichungen (2-30) und (2-31)) sowie zusätzliche Parameter des Modells, insbesondere die sektorspezifische maximale Rate der Kapazitätserweiterung $\sigma_i$ und die unterstellen sektoralen Ausreifungszeiten $\tau_i$ der im Sektor i hergestellten Investitionsgüter.

Im folgenden wird - um die empirische Ausfüllung des Modells vorzubereiten - die genaue inhaltliche Bedeutung der in der formalen Darstellung des Modells benutzten Symbole herausgearbeitet, wobei vor allem die genaue Bedeutung der Koeffizientenmatrizen beleuchtet wird.

#### Koeffizientenmatrizen

Die im Modell verwendeten Koeffizientenmatrizen sind im einzelnen:

$A_t$: Matrix der Input- bzw. Vorleistungskoeffizienten im Jahr t
$B_t$: Matrix der Erweiterungskapitalkoeffizienten im Jahr t
$R_t$: Matrix der Ersatzinvestitionskoeffizienten im Jahr t
$L_t$: Matrix der Berufe-Wirtschaftszweigkoeffizienten im Jahr t

Die A-Matrix stellt die im klassischen statischen Input-Output-Modell definierte Matrix der Vorleistungsverflechtung dar. Die Koeffizienten $[a_{ij}]$ geben in bekannter Weise an, wieviel Vorleistungen der Sektor i an den Sektor j liefern muß, damit dieser eine Einheit seines Gutes produzieren kann. Die Matrix $A_t$ läßt sich also unmittelbar aus der Input-Output-Tabelle des Jahres t ableiten (I. Quadrant).

Ein Element $[b_{ij}]$ der Erweiterungskapitalkoeffizientenmatrix B beschreibt, wieviel Investitionsgüter der Sektor i an den Sektor j liefern muß, damit die Produktionskapazität im Sektor j um eine Einheit erhöht werden kann, oder anders ausgedrückt: die Spalte j von B mißt die notwendige Menge an Investitionsgütern in seiner gütermäßigen Zusammensetzung, die notwendig ist, um die Produktionskapazität von j um eine Einheit zu erhöhen. Obwohl das Konzept der Kapitalkoeffizienten eindeutig erscheint, bedarf seine genaue inhaltliche Klärung einer sorgfältigen Betrachtung.[2] Genaugenommen messen die Koeffizienten $[b_{ij}]$ die Kapitalerfordernisse, die bei einer Ausweitung der Produktionskapazität über den bisherigen Stand hinaus notwendig werden. Idealerweise müßten also Matrizen vorliegen, die genau diese "Expansionserfordernisse" von Kapazitätserweiterungen für jede Periode ausdrücken. In den USA gab es in den 60er und 70er Jahren Ansätze, solche technisch spezifizierten Matrizen - unabhängig von der amtlichen Statistik - zu entwickeln.[3] Da solche Daten für die Bundesrepublik Deutschland nicht vorliegen, wird man bei der Implementation des Modells vor dem Hintergrund der Verfügbarkeit zumindest ähnlicher Daten zu Kompromissen bereit sein müssen.

Im hier vorgestellten dynamischen Modell wird explizit zwischen Investitionen unterschieden, die dem Ersetzen von aus dem Kapitalstock ausscheidenden Kapitalgütern dienen und Investitionen zum Zwecke der Kapazitätserweiterung. Ein Element $[r_{ij}]$ der Matrix der Ersatzinvestitionskoeffizienten ist definiert als die notwendige Lieferung an Kapitalgütern von Sektor i an Sektor j, um die Produktionskapazität des Sektors j in der entsprechenden Zeitperiode genau aufrechterhalten zu können. In dieser Definition werden Beziehungen deutlich zu den Abgängen aus dem Kapitalstock im konzeptionellen Rahmen der Anlagevermögensrechnung nach der sogenannten "perpetual inventory"-Methode.[4] Entsprechen die Ersatzinvestitionen in ihrer Höhe und Zusammensetzung

---

[2] Schon bei den ersten Versuchen, das dynamische Input-Output-Modell inhaltlich zu füllen, wurden diese Schwierigkeiten deutlich: "The concept of a capital coefficient, i.e. the quantity of capital required per unit of capacity in an industry, though superficially simple, is actually rather complicated" (Grosse 1953, S. 185). Vgl. dazu z.B. auch Carter 1957.

[3] Vgl. z.B. Waddel u.a. 1966 sowie Fisher, Chilton 1971, die jeweils für Teilbereiche und für bestimmte Perioden solche Daten erarbeitet haben. Es stellte sich jedoch auch für die USA unmittelbar die Frage der Kompatibilität mit der übrigen Datenbasis des Modells, so daß diese Matrizen bei der Implementation des Modells in den USA nicht zum Zuge kamen. Vgl. hierzu Leontief, Duchin 1986.

[4] Vgl. zum Konzept der Anlagevermögensrechnung z.B. Görzig, Kirner 1976 und Ward 1976.

genau den Abgängen aus dem Anlagevermögen, so bleiben der Kapitalstock und damit die Produktionskapazität unverändert.

Für den vierten Typ von Koeffizientenmatrizen werden Arbeitskoeffizienten benötigt. Will man, wie es in dieser Untersuchung beabsichtigt ist, Arbeitskräfte nicht nur nach ihrer sektoralen Zugehörigkeit, sondern auch nach ihrem Beruf unterscheiden, werden Matrizen von Berufe-Wirtschaftszweigkoeffizienten $L_t$ benötigt.[5] Ein Element $[l_{ij}]$ gibt an, wieviel Beschäftigte des Berufs i im Sektor j benötigt werden, um eine Einheit der im Sektor j produzierten Güter zu erstellen. Eine Spalte von L beschreibt also die Berufsstruktur eines Sektors und ergibt als Summe den Arbeitskoeffizienten dieses Sektors, während eine Zeile die Verteilung der Berufe auf die Sektoren zeigt.

Zum Abschluß der Diskussion der Koeffizientenmatrizen sei noch einmal herausgestellt, daß - da in der Modellformulierung von einer sich im Zeitablauf ändernden Struktur und Technologie der Wirtschaft ausgegangen wird - die Datenerfordernisse sich jeweils auf eine entsprechende Zeitreihe von Matrizen beziehen, die untereinander vergleichbar und kompatibel sein müssen. Die Datenanforderungen für dieses Modell sind also um ein vielfaches größer als bei statischen Input-Output-Analysen.

### Sektorale Endnachfrage

Die sektorale Endnachfrage $f_t$ umfaßt alle Komponenten der Endnachfrage, die nicht im Modell endogen erklärt werden. In der in dieser Arbeit gewählten Modellspezifikation gehören also alle Komponenten der Endnachfrage bis auf die Investitionen hierzu, so daß im folgenden auch von der nicht-investiven Endnachfrage gesprochen wird. Die Definition der nicht-investiven Endnachfrage entspricht der des II. Quadranten von Input-Output-Tabellen, wobei alle Komponenten zu einem Vektor aufaddiert werden. Die Endnachfrage stellt modellogisch die "echte" exogene Variable dar, die das Niveau der Produktion

---

[5] Unterscheidet man nicht nach Berufen, handelt es sich bei der Matrix L um eine quadratische Diagonalmatrix, deren Elemente $[l_{ii}]$ die Zahl der Beschäftigten im Sektor i pro Outputeinheit messen.

im dynamischen Input-Output-Modell definiert. Sie muß deshalb für jede Zeitperiode, für die das Modell gelöst werden soll, exogen vorgeben werden.

**Anfangsbedingungen und zusätzliche Modellparameter**

Wichtigstes Element der Anfangsbedingungen des Modells gemäß Gleichungen (2-30) und (2-31) sind die Produktionskapazitäten bei Vollauslastung in der Startperiode $c(t_0)$. Sie bestimmen das Startniveau, von dem aus im Modell die sektoralen Kapazitätserweiterungspläne bestimmt werden. Werden die Produktionsmöglichkeiten eines Sektors voll ausgelastet, sind zu diesem Zeitpunkt Produktionskapazität und Produktionswert gleich. Deshalb lassen sich bei gegebenem Produktionswert und geschätzten Kapazitätsauslastungsraten die sektoralen Produktionskapazitäten berechnen.

Zusätzliche Modellparameter stellen die sektorspezifischen maximalen Raten der Kapazitätserweiterung $\sigma_i$ dar. Sie bestimmen, um wieviel Prozent die Produktionskapazität eines Sektors in einer Periode maximal wachsen darf. Die Parameter dienen dazu, eine unrealistisch hohe Kapazitätserweiterung in einer Periode zu verhindern; sie begrenzen damit den maximalen Umfang an Erweiterungsinvestitionen, den ein Sektor in einer Periode tätigen kann. Die aktuelle Produktion eines Sektors wird hierdurch jedoch nicht eingeschränkt, da das Modell eine Überauslastung der Produktionskapazitäten zuläßt. Die sektoralen Ausreifungszeiten $\tau_i$ für im Sektor i produzierte Investitionsgüter geben an, wieviel Perioden im voraus ein Investitionsgut des Sektors i produziert werden muß, bevor es die Produktionskapazität im Sektor j erhöht. Werte für $\tau_i$ müssen nur für die Sektoren spezifiziert werden, die Investitionsgüter produzieren.

## *3.2 Verfügbare Datenbestände in der Bundesrepublik Deutschland*

Vor dem Hintergrund der im letzten Abschnitt diskutierten Datenerfordernisse des zu implementierenden dynamischen Input-Output-Modells werden im folgenden die Datenbestände in der Bundesrepublik Deutschland dargestellt. Im Vordergrund stehen dabei die Daten, die die Grundlage für die Berechnung der im Modell benötigten Koeffizientenmatrizen bilden. Es handelt sich, wie gezeigt worden ist, um Zeitreihen von Matrizen für die Vorleistungsverflechtung, die Kapital- bzw. Investitionsverflechtung sowie für die Verteilung der Arbeitskräfte nach Berufen und Sektoren. Innerhalb der Zeitreihen müssen die einzelnen Matrizen dabei vergleichbar und kompatibel sein, und untereinander müssen die Zeitreihen eine Anpassung in Richtung auf eine abgestimmte, "homogene" Datenbasis ermöglichen.

Die Diskussion der verfügbaren Datenbestände erfolgt in drei getrennten Abschnitten. Zunächst werden Input-Output-Tabellen als Basis für die A-Matrizen, dann Investitions- und Kapitalstockmatrizen als Basis für die B- und R-Matrizen und zuletzt Berufe-Wirtschaftszweig-Matrizen zur Berechnung der L-Matrizen behandelt.

### *3.2.1 Input-Output-Tabellen*

In der Bundesrepublik Deutschland sind in der Vergangenheit von einer Reihe von Institutionen, insbesondere von den großen Wirtschaftsforschungsinstituten und dem Statistischen Bundesamt, Input-Output-Tabellen erstellt worden.[6] Die Mehrzahl dieser Tabellen unterscheidet sich jedoch hinsichtlich ihrer Konzeption, sektoralen Gliederung und dem ihnen zugrunde liegenden Stand der volkswirtschaftlichen Gesamtrechnung, so daß sie in der Regel nicht miteinander vergleichbar sind. Stellt man, wie an dieser Stelle notwendig, auf die Vergleichbarkeit über einen längeren Zeitraum ab, so existieren in der Bundesrepublik zur Zeit zwei Datenbestände, die Input-Output-Tabellen in Zeitreihenform enthalten. Einmal eine Zeitreihe von Input-Output-Tabellen für die Jahre 1960 bis 1974, die vom Deutschen Institut für Wirtschaftsforschung (DIW) erarbeitet wurde.[7] Zum anderen existieren erste vorläufige Arbeiten des Statistischen Bundesamtes an einer Zeitreihe von Input-Output-Tabellen für

---

[6] Vgl. für einen Überblick über die Input-Output-Aktivitäten in der Bundesrepublik Deutschland Stäglin 1980 und Stäglin 1982b.

[7] Vgl. Baumgart u.a. 1979.

die Jahre 1970 bis 1983.[8] Beide Datenbestände sind für die hier geplante Untersuchung jedoch aus mehreren Gründen nicht geeignet. Die Arbeiten des DIW an dieser Zeitreihe von jährlichen Tabellen sind nach 1974 nicht fortgesetzt worden. Die Zeitreihe des Statistischen Bundesamtes ist zwar aktueller, befindet sich jedoch auf einem alten Revisionsstand der volkswirtschaftlichen Gesamtrechnung.[9] Neben der mangelnden Aktualität dieser Daten spricht vor allem die geringe sektorale Disaggregation dieser Tabellen (14 bzw. 12 Sektoren) gegen eine Verwendung dieser Daten für unsere Untersuchungszwecke.

Da also eine vollständige Zeitreihe von geeigneten Input-Output-Tabellen für die Bundesrepublik Deutschland nicht vorliegt, muß als Grundlage für die Berechnung der Zeitreihe der A-Matrizen auf Input-Output-Tabellen für verschiedene Stichjahre zurückgegriffen werden. Entscheidendes Kriterium ist, daß vollständig vergleichbare Input-Output-Tabellen für einen längeren, bis an den aktuellen Rand reichenden Zeitraum zur Verfügung stehen. Den danach besten Datenbestand bilden im DIW erarbeitete vollständig vergleichbare Input-Output-Tabellen für die Bundesrepublik Deutschland für die Stichjahre 1970, 1976, 1980, 1982 und 1984.[10] Die Gliederung dieser Tabellen, die nach dem institutionellen Prinzip erstellt wurden,[11] besteht aus 55 Wirtschaftszweigen, sechs Endnachfragebereichen und sechs primären Inputs.

Sie entspricht den amtlichen volkswirtschaftlichen Gesamtrechnungen des Statistischen Bundesamtes. Demzufolge liegen der Sektorenbildung als statistische Darstellungseinheiten die Unternehmen zugrunde, die entsprechend ihrem wirtschaftlichen Schwerpunkt den in Betracht kommenden Zweigen zugeordnet sind. Die Importe werden nach ihren Verwendungsbereichen in einer Zeile

---

[8] Vgl. Stahmer 1986.

[9] Die Zeitreihe der Bundesamts-Tabellen ist auf einem Revisionsstand der volkswirtschaftlichen Gesamtrechnung vor dem Jahr 1985.

[10] Diese Tabellen wurden unter anderem für Zwecke der Strukturberichterstattung (vgl. DIW 1988) und im Rahmen der META-Studie (vgl. Meyer-Krahmer 1989) erstellt.

[11] Vgl. zur Unterscheidung des institutionellen und funktionellen Prinzips sowie zur Grundkonzeption der Erstellung von Input-Output-Tabellen Stäglin 1968.

als Primärinput verbucht, so daß die Verflechtungen im Vorleistungs-und Endnachfrageteil der Tabelle nur aus inländischen Transaktionen bestehen.

Die Bewertung der Güterströme erfolgt zu Marktpreisen mit getrenntem Nachweis von Handels- und Transportleistungen. Die Input-Output-Tabellen sind, soweit für die Erstellung der Vorleistungsverflechtung keine originären Daten vorhanden waren, wie z.B. die Material- und Wareneingangserhebungen für 1978 und 1982, modellmäßig vervollständigt worden. Die Tabellen liegen sowohl zu jeweiligen Preisen als auch zu konstanten Preisen des Jahres 1980 vor.

Die hier diskutierten Input-Output-Tabellen bilden die Grundlage für die Berechnung der Zeitreihe der A-Matrizen im Modell. Auf das Problem, wie aus den für verschiedene Stichjahre vorliegenden Tabellen eine Zeitreihe generiert werden kann, wird in Abschnitt 4.1 näher eingegangen.

### *3.2.2 Investitions- und Kapitalstockmatrizen*

Amtliche Daten über die Verflechtung von Investitionen und Kapitalstöcken existieren für die Bundesrepublik Deutschland nicht. Es gibt, aufbauend auf früheren Arbeiten des DIW,[12] eine sektoral disaggregierte Investorenrechnung[13] des Statistischen Bundesamtes sowie damit abgestimmt eine sektoral gegliederte Anlagevermögensrechnung[14] nach der "perpetual inventory"-Methode. Doch wird in diesen Daten nur nach investierenden Sektoren unterschieden, während die andere benötigte Dimension - die Unterteilung nach liefernden Sektoren - fehlt. Formal gesprochen liegen also statt der benötigten Matrizen nur Vektoren vor, die der Summierung der Matrix über die Spalten entsprechen. Daneben gibt es für einzelne Jahre direkt mit Input-Output-Tabellen abgestimmte

---

[12] Vgl. hierzu z.B. Görzig, Kirner 1976.

[13] Vgl. erstmalig Engelmann, Mohr 1978.

[14] Vgl. z.B. Stahmer 1979.

Investitionsmatrizen, ohne daß diese jedoch voll vergleichbar für einen längeren Zeitraum vorliegen.[15]
Der einzige Datenbestand in der Bundesrepublik Deutschland, der für die Zwecke dieser Arbeit bezüglich Disaggregationsgrad und Konsistenz über einen längeren Zeitraum geeignet erscheint, sind die vom Ifo-Institut erarbeiteten Daten über Investitionen und Anlagevermögen der Wirtschaftsbereiche.[16] Dieses Rechenwerk weist das Anlagevermögen, die Bruttoinvestitionen sowie die Abgänge aus dem Anlagevermögen nach Ausrüstungsinvestitionen liefernden Bereichen und nach investierenden Sektoren aus. Die Sektorgliederung der investierenden Bereiche umfaßt 51 Wirtschaftszweige in institutioneller Abgrenzung, und bei den liefernden Bereichen werden 12 Ausrüstungsgütergruppen sowie Bauten nach der Systematik der Input-Output-Rechnung (SIO)[17] unterschieden. Intern wird bei den Investitionsgütergruppen mit einer Differenzierung nach 87 Gütergruppen gerechnet.

Die Daten sind in ihren Eckwerten mit der volkswirtschaftlichen Gesamtrechnung sowie der Anlagevermögensrechnung des Statistischen Bundesamtes abgestimmt. In die Berechnung der Datenbasis für das dynamische Input-Output-Modell wurde eine konsistente Zeitreihe dieser Matrizen für den Zeitraum 1970 bis 1984 zu konstanten Preisen von 1980 einbezogen.[18] Verwendet wurden die Daten nach dem in der amtlichen Statistik üblichen Eigentümerkonzept.[19] Aus

---

[15] Als Beispiel zu mit (älteren) DIW-Tabellen vergleichbaren Investitionsmatrizen vgl. z.B. Baumgart 1976 und Baumgart 1983. Die in Baumgart u.a. 1979 enthaltene Zeitreihe ist wegen des geringen Disaggregationsgrades und mangelnder Aktualität für die Zwecke dieser Arbeit nicht geeignet (vgl. Abschnitt 3.2.1).

[16] Vgl. insbesondere Gerstenberger, Heinze, Vogler-Ludwig 1984.

[17] Vgl. Statistisches Bundesamt 1980.

[18] Dem Ifo-Institut sei an dieser Stelle für die Überlassung dieser Daten gedankt.

[19] Das Ifo-Institut berechnet die hier diskutierten Daten nach dem Eigentümer- und nach dem Benutzerkonzept. Mit dem Benutzerkonzept wird der zunehmenden Bedeutung des Anlagenleasings Rechnung getragen. Obwohl unter einem technologischen Blickwinkel das Benutzerkonzept angemessener als das auf die Eigentumsrechte abstellende Konzept ist, wurde, da die übrigen Daten - insbesondere die Input-Output-Tabellen - nach dem Eigentümerkonzept abgegrenzt sind, aus Konsistenzgründen auch hier auf Daten nach diesem Konzept zurückgegriffen. Andernfalls wären umfangreiche Datenanpassungen notwendig gewesen, für die in weiten Bereichen nur unzureichende empirische Grundlagen vorliegen.

den Matrizen für das Anlagevermögen (Kapitalstöcke) lassen sich im Prinzip die Kapazitätserweiterungskoeffizienten (B-Matrix) und aus den Matrizen der Abgänge aus dem Anlagevermögen die Ersatzinvestitionskoeffizienten (R-Matrix) für das dynamische Input-Output-Modell ableiten.

Allerdings müssen bei der Abstimmung und Integration der Datenbestände noch einige Punkte beachtet werden. Da die Anlagevermögensrechnung die gesamten im Inland installierten Kapitalstöcke enthält, ohne die importierten Kapitalgüter getrennt auszuweisen, müssen in die Berechnung der Kapitalkoeffizientenmatrizen entsprechende Informationen über die Importquoten von Investitionsgütern einfließen, wenn im dynamischen Input-Output-Modell endogen die im Inland produzierten Investitionsgüter erklärt werden sollen. Des weiteren muß das Problem der Überleitung der funktional nach Gütergruppen gegliederten Lieferbereiche auf institutionell gegliederte Lieferbereiche ebenso in Betracht gezogen werden wie die Umrechnung aller Datenbestände auf eine einheitliche Sektorklassifikation. Die genauere Diskussion der für diese Probleme eingeschlagenen Lösungswege erfolgt in Abschnitt 4.1.

### *3.2.3 Berufe-Wirtschaftszweig-Matrizen*

Eine detaillierte Beschreibung der Verteilung der Beschäftigten sowohl nach Berufen als auch nach Sektoren geben sogenannte Berufe-Wirtschaftszweig-Matrizen. Für die Bundesrepublik Deutschland wurde die Berechnung solcher detaillierten Arbeitsmarktinformationen erstmals vom Institut für Arbeitsmarkt- und Berufsforschung (IAB) der Bundesanstalt für Arbeit durchgeführt.[20] Dort wurden Berufe-Wirtschaftszweig-Matrizen nach 111 Berufen und 51 Sektoren für die Jahre 1950, 1961 und 1970 berechnet. Aktuellere und voll vergleichbare Berufe-Wirtschaftszweig-Matrizen wurden vom DIW in Zusammenarbeit mit dem Heinrich-Hertz-Institut (HHI) für den Zeitraum 1976 bis 1984 berechnet.[21] Dabei handelt es sich um eine voll vergleichbare Zeitreihe von Matrizen, die

---

[20] Vgl. Karr, Leupold 1976.

[21] Vgl. dazu Filip-Köhn 1989.

eine Gliederungstiefe von 122 Berufen bzw. Berufsgruppen und 55 Wirtschaftszweigen besitzen.

Die Matrizen sind vollständig mit den sektoralen Erwerbstätigenzahlen der amtlichen volkswirtschaftlichen Gesamtrechnungen und dem sektoralen Gliederungskonzept der Input-Output-Tabellen des DIW abgestimmt. Das erforderte eine Umrechnung der zunächst eher funktionell abgegrenzten Beschäftigtendaten in institutionell gebildete Wirtschaftszweige, was unter Beachtung des sektoralen Umfangs der branchentypischen und branchenfremden Produktion geschah. Grundlage der Berufe-Wirtschaftszweig-Matrizen sind die Betriebsdaten aus der Beschäftigtenstatistik,[22] die zwar alle sozialversicherungspflichtig Beschäftigten erfaßt, aber um die Angaben über Beamte, Wehrpflichtige, Selbständige und mithelfende Familienangehörige aus dem Mikrozensus, einer einprozentigen Repräsentativerhebung über Bevölkerung und Arbeitsmarkt, ergänzt werden mußte.

Insgesamt bildet dieser Datenbestand von Berufe-Wirtschaftszweig-Matrizen eine gute Ausgangsbasis für die Berechnung der im Modell benötigten L-Matrizen.

---

[22] Vgl. zum Konzept der Beschäftigtenstatistik z.B. Wermter 1981 und Wermter, Cramer 1988. Zu den Problemen, die mit einer Auswertung der Beschäftigtenstatistik nach Betrieben verbunden sind, vgl. z.B. Cramer 1985.

## 4. Implementierung und Evaluierung eines dynamischen Input-Output-Modells für die Bundesrepublik Deutschland

In den vorigen Kapiteln sind zum einen die methodisch-theoretischen Grundlagen eines empirisch anwendbaren dynamischen Input-Output-Modells entwickelt worden und zum anderen die konkreten Datenerfordernisse sowie die wesentlichen in der Bundesrepublik Deutschland verfügbaren Datenbestände dargestellt worden. In diesem Kapitel wird darauf aufbauend zunächst der Prozeß der eigentlichen empirischen Implementation des Modells für die Bundesrepublik Deutschland beschrieben.[1] Dabei kann nur auf die wichtigsten Arbeitsschritte zur Aufbereitung und Abstimmung der verschiedenen Datenbestände zu einer integrierten Datenbasis eingegangen werden. Daran anschließend werden für den Zeitraum 1970 bis 1983, für den entsprechende Kontrollvariablen vorliegen, Ex-Post-Simulationen durchgeführt, um zu überprüfen, inwieweit das Modell in der Lage ist, die tatsächliche strukturelle Entwicklung in der Bundesrepublik Deutschland zu beschreiben. Die Evaluierungsphase wird genutzt, um unter Gesichtspunkten der Anpassungsgüte des Modells im Ex-post-Zeitraum noch Verbesserungen am Modellansatz vorzunehmen. Zum Schluß dieses Kapitels wird dann für den Zeitraum bis zum Jahr 1995 eine Ex-ante-Simulation durchgeführt. Sie dient zum einen der Überprüfung der langfristigen dynamischen Eigenschaften des Modells und bildet zum anderen das Referenzszenario für die weiteren Untersuchungen zur Wirkung der Einführung ausgewählter neuer Technologien.

### *4.1 Schritte zur Aufbereitung und Abstimmung der Datenbasis*

In den folgenden Ausführungen werden die wichtigsten Arbeitsschritte beschrieben, um die in Kapitel 3.2 vorgestellten verfügbaren Datenbestände zusammenzuführen und aus ihnen eine auf möglichst gleichen statistischen Konventionen

---

[1] Auf die EDV-technische Realisierung des Modells wird nicht eingegangen. Da für diesen Typ von Modellen keine Standardsoftware zur Verfügung steht, mußten umfangreiche Programmierarbeiten durchgeführt werden. Das dynamische Modell und die zugehörige Software zum Datenmanagement wurden in der Programmiersprache FORTRAN 77 implementiert. Das Programmpaket umfaßt etwa 50 Routinen und ermöglicht eine flexible Handhabung des dynamischen Input-Output-Modells.

und Klassifikationen beruhende "homogene" Datenbasis für das dynamische Input-Output-Modell zu erzeugen. Hierbei handelt es sich um einen arbeitsintensiven, mit vielen Detailproblemen verbundenen Arbeitsprozeß, in dessen Ablauf an manchen Stellen Kompromisse eingegangen werden mußten, um das Ziel eines tatsächlich anwendbaren, lauffähigen Modells auch wirklich zu erreichen.

Als erstes wurde aus pragmatischen Gründen entschieden, die gesamte Datenbasis nach dem institutionellen Prinzip zu gliedern.[2] Für diese Entscheidung war ausschlaggebend, daß der überwiegende Teil der zur Verfügung stehenden Datenbestände nach diesem Erhebungskonzept erstellt worden ist. Das gilt für die zugrunde liegenden Input-Output-Tabellen ebenso wie für die Berufe-Wirtschaftszweig-Matrizen. Lediglich die Datenbestände zur Investitions- und Kapitalverflechtung liegen in einer gemischten institutionell-funktionalen Abgrenzung vor. Für sie ist also in jedem Falle eine teilweise Umschlüsselung anzustreben, wobei die Schritte in Richtung einer institutionellen Gliederung mit weniger Aufwand verbunden sein dürften, da anstatt von über 50 investierenden Sektoren nur die 13 in funktioneller Gliederung vorliegenden Investitionsgütergruppen in Betracht gezogen werden müssen.

Die gesamte Datenbasis wurde entsprechend dem derzeitigen Stand der volkswirtschaftlichen Gesamtrechnung auf eine Preisbasis zu konstanten Preisen von 1980 gestellt. Sämtliche Daten sind an den neuesten Revisionsstand der volkswirtschaftlichen Gesamtrechnung (Stand 1985) angepaßt.

Da einerseits Input-Output-Tabellen und Berufe-Wirtschaftszweig-Matrizen (jeweils 55 Sektoren) und andererseits Investitionsdatenbestände (51 Sektoren) in unterschiedlicher sektoraler Gliederung vorliegen, wurde die gesamte Datenbasis auf eine gemeinsame Wirtschaftszweigsystematik von 51 Sektoren umgerechnet (vgl. hierzu Übersicht 4.1). Die gewählte Klassifikation von 122 Berufskategorien ist in Übersicht 4.2 wiedergegeben.

---

[2] Vgl. zum institutionellen Prinzip für Input-Output-Tabellen Stäglin 1968. Diese Frage wird sich in Zukunft eventuell anders darstellen, wenn für einen längeren Zeitraum vergleichbare Input-Output-Tabellen in funktionaler Gliederung vom Statistischen Bundesamt vorliegen.

**Übersicht 4.1**

**Systematik der Wirtschaftszweige**

| | | | |
|---|---|---|---|
| 1 | Land- und Forstwirtschaft | 26 | Musikinstrumente, Spielwaren |
| 2 | Elektrizitätsversorgung | 27 | Holzbearbeitung |
| 3 | Gasversorgung | 28 | Holzverarbeitung |
| 4 | Wasserversorgung | 29 | Zellstoff-, Pappeerzeugung |
| 5 | Bergbau | 30 | Papier-, Pappeverarbeitung |
| 6 | Chemische Industrie | 31 | Druckerei u. Vervielfältigung |
| 7 | Mineralölverarbeitung | 32 | Textilgewerbe |
| 8 | Kunststoffverarbeitung | 33 | Ledererzeugung u. -verarbeitung |
| 9 | Gummiverarbeitung | 34 | Bekleidungsgewerbe |
| 10 | Steine und Erden | 35 | Ernährungsgewerbe |
| 11 | Feinkeramik | 36 | Baugewerbe |
| 12 | Glas | 37 | Großhandel |
| 13 | Eisenschaffende Industrie | 38 | Einzelhandel |
| 14 | NE-Metalle | 39 | Eisenbahnen |
| 15 | Giessereien | 40 | Schiffahrt |
| 16 | Ziehereien, Kaltwalzwerke | 41 | Übriger Verkehr |
| 17 | Stahlbau, Schienenfzb. | 42 | Bundespost |
| 18 | Maschinenbau | 43 | Kreditinstitute |
| 19 | Büromaschinen, ADV | 44 | Versicherungsunternehmen |
| 20 | Straßenfahrzeugbau | 45 | Wohnungsvermietung |
| 21 | Schiffbau | 46 | Gastst. u. Beherbergungsgewerbe |
| 22 | Luft- u. Raumfahrzeugbau | 47 | Wissenschaft u. Publizistik |
| 23 | Elektrotechnik | 48 | Gesundheitswesen |
| 24 | Feinmechanik, Optik | 49 | Übrige Dienstleistungen |
| 25 | EBM-Waren | 50 | Staat |
| | | 51 | Private Haushalte |

Übersicht 4.2

**Systematik der Berufskategorien**

1 Landwirte, Landarbeitskräfte
2 Tierzüchter, -pfleger, Fischer
3 Gärtner, Gartengestalt., -verw.
4 Waldarbeiter, Förster, Jäger
5 Familieneig. Landarbeitskräfte
6 Bergleute, Mineralgew., Aufber.
7 Steinbearb., Baustoffherst.
8 Keramiker
9 Glasbearb., -veredler, Glasmacher
10 Metallerzeuger, Walzer
11 Chemie-Gummiarbeiter
12 Sägewerkep., Holzaufbaubereiter
13 Papier-, Zellstoffhersateller
14 Spuler, Zwirner, Spinner
15 Gerber, Lederzurichter
16 Brauer, Weinküfer, Getr.-Herst.
17 Molk.Fachl., S.Nahr.u.Gen.M.Her.
18 Bäcker, Konditoren
19 Fleischer, Fischverarbeiter
20 Köche, Obst-, Gemüsekonservier.
21 Weber, Webvorbereiter
22 Maschenwarenf., Textilverflecht.
23 Schneider, Hut- und Mützenmacher
24 Textilnäher, Sticker
25 Textilausrüster, -färber
26 Lederwarenherst., Schuhmacher
27 Kürschner, Pelznäher
28 Buchb.,Verp.-M.Herst., Papierver.
29 Schriftsetzer, Druckstocksetzer
30 Drucker, -Helfer, Vervielfältig.
31 Kunststoffverarbeiter
32 Holzwarenmacher, Schnitzer
33 Former, Gußputzer, Formgießer
34 Metallverformer (spanlos)
35 Metallverformer (spanend)
36 Galvaniseure, Metalloberf.Vered.
37 Schweißer, Löter, Nieter
38 Metallarbeiter o. n. Angabe
39 Schmiede, Behälterbauer
40 Intallat., Feinbl., Rohrnetzb.
41 Schlosser
42 Mechaniker
43 Werkzeugmacher
44 Zahnt., Augenopt., Edelmetallsch.
45 Elektroinst., Fernmeldemonteure
46 Elektromech., -masch.b., Funkmech.
47 Elektrogerätemont., So.Montier.
48 Maurer, Betonbauer
49 Zimmerer, Dach., Gerüstebauer
50 Straßen-, Tiefb., Sprengmeister
51 Bauhilfsarbeiter
52 Stukkat., Fliesenl., Isol, Glaser
53 Raumausstatter, Polsterer
54 Tischler, Modelltischler
55 Stellm., Böttcher, Holzger.-bau
56 Maler, Lackierer
57 Grenzschutz, Polizei, Soldaten
58 Berufsfeuerw., Schornsteinfeger
59 Rechtsfinder, -pfleger, -Vollstr.
60 Rechtsvertreter, -berater
61 Publizisten
62 Dolmetscher, Übersetzer
63 Bibliothek., Archiv., Museumsf.
64 Künstler, Artisten, Ber.-Sportl.
65 Dekorateure, Innenarchitekten
66 Fotografen
67 Ärzte, Zahnärzte, Tierärzte
68 Apotheker
69 Krankenschwester, Pfleger
70 Sprechst.Hi., MTA, Masseure u. ä.
71 Erzieher, Soz.Arb., Soz.Pädag.
72 Hochschullehrer
73 Lehrer
74 Sportlehrer
75 Wirtschafts-, Sozialwissenschaft
76 Geistes-, Naturwissenschaftler
77 Seelsorger, Seelsorgerhelfer
78 Friseure, Kosmetik., A.Körperpfl.
79 Gastwirte, Hoteliers
80 Kellner, Stewards, Gehilfen
81 Hauswirtschaftsverw., Gehilfen
82 Wäscher, Plätter, Textilreinig.
83 Raum-, Gebäude-, Straßenreinig.
84 Fahrz.-,Masch.-,Behältereinig.
85 Pförtner, Hauswarte, Wächter
86 Schaffner, Schienenfahrz.,Führerf.
87 Kraftfahrz.Führer, Straßenwart
88 Binnensch., Nautiker, Deckleute
89 Postverteiler, Telefonisten
90 Transportgeräteführer, Stauer
91 Groß-, Einzelhandelskaufleute
92 Verkäufer
93 Handelsvertreter, Reisende
94 Bank-, Versicherungskaufleute
95 Spedit.Kaufl., Reisefachl.
96 Vermieter, Makler, Geldeinnehmer
97 Werbefachleute
98 Unter., Geschäftsf., -Ber.Leit.
99 Unternehmensber., Organisatoren
100 Wirtschaftspr., Steuerberater
101 L.Verw.Fachl, Funkti., Abgeordnet.
102 Rechnungsfachleute, Kassierer
103 Datenverarbeitungsfachleute
104 Bürofachkräfte
105 Bürohilfskräfte
106 Sekret., Steno-, Phono-, Datentyp.
107 Maschinenbauing., -techniker
108 Elektroingenieure, -techniker
109 Bauingenieure, -techniker
110 Bergb.-, Hütten-, Gieß.Ing., Tech.
111 S.Ing., Techniker, Werksmeister
112 Laboranten
113 Technische Zeichner
114 Versandfertigm., Warenprüfer
115 Lager, Transportarb., Lagerverwa.
116 Hilfsarbeiter o. n. Tätigkeitsangab.
117 Energiemaschinisten
118 Kran-, Baumasch.Führer, Maschin.
119 Heizer, Maschinenwärter
120 Maschineneinrichter o. n. Angabe
121 Mith.Fam.Ang. außerh. d. Landw.
122 Arbeitskr.m.n.n.Beruf, o. n. Angab.
123 Summe aller Berufe

## Generierung einer Zeitreihe von A-Matrizen

Da eine komplette Zeitreihe von geeigneten Input-Output-Tabellen für die Bundesrepublik Deutschland nicht zur Verfügung steht, muß aus den voll vergleichbaren Tabellen für die Stichjahre 1970, 1976, 1980, 1982 und 1984 auf der Basis von formalen Verfahren eine Zeitreihe konstruiert werden. Hier bieten sich zunächst mathematische Verfahren zur Schätzung und Aktualisierung von Input-Output-Daten an,[3] insbesondere die sogenannte RAS-Methode[4] oder das damit verwandte MODOP-Verfahren.[5] Allerdings erfordern diese Verfahren für die Jahre, für die aktualisierten Input-Output-Tabellen modellmäßig geschätzt werden sollen, entsprechende zusätzliche empirische Daten. In erster Linie müssen für die jeweiligen Jahre die Randverteilungen der neu zu schätzenden Tabellen vorliegen. Da dieser Datenbedarf nicht befriedigt werden konnte, mußte auf einfachere Verfahren zur Generierung einer Zeitreihe zurückgegriffen werden. Hier wurde der Weg gewählt, die Input-Koeffizienten zwischen den Stichjahren linear zu interpolieren. In Schaubild 4.1 ist exemplarisch für zwei Input-Koeffizienten das Ergebnis dieser Vorgehensweise dokumentiert. Die gestrichelten senkrechten Linien geben die jeweiligen Stichjahre an, für die Originalwerte vorliegen. Obwohl es sich hierbei um ein relativ einfaches Verfahren handelt, erscheinen die Ergebnisse insbesondere deshalb akzeptabel, weil am aktuellen Rand der so generierten Zeitreihe nur zwischen Stichpunkten interpoliert werden muß, die jeweils zwei Jahre auseinanderliegen.

---

[3] Für einen Überblick vgl. z.B. Allen, Gossling 1975.

[4] Vgl. z.B. Bacharach 1970.

[5] Vgl. Stäglin 1972.

**Schaubild 4.1**

**Interpolation der Inputkoeffizienten 1970 - 1984**

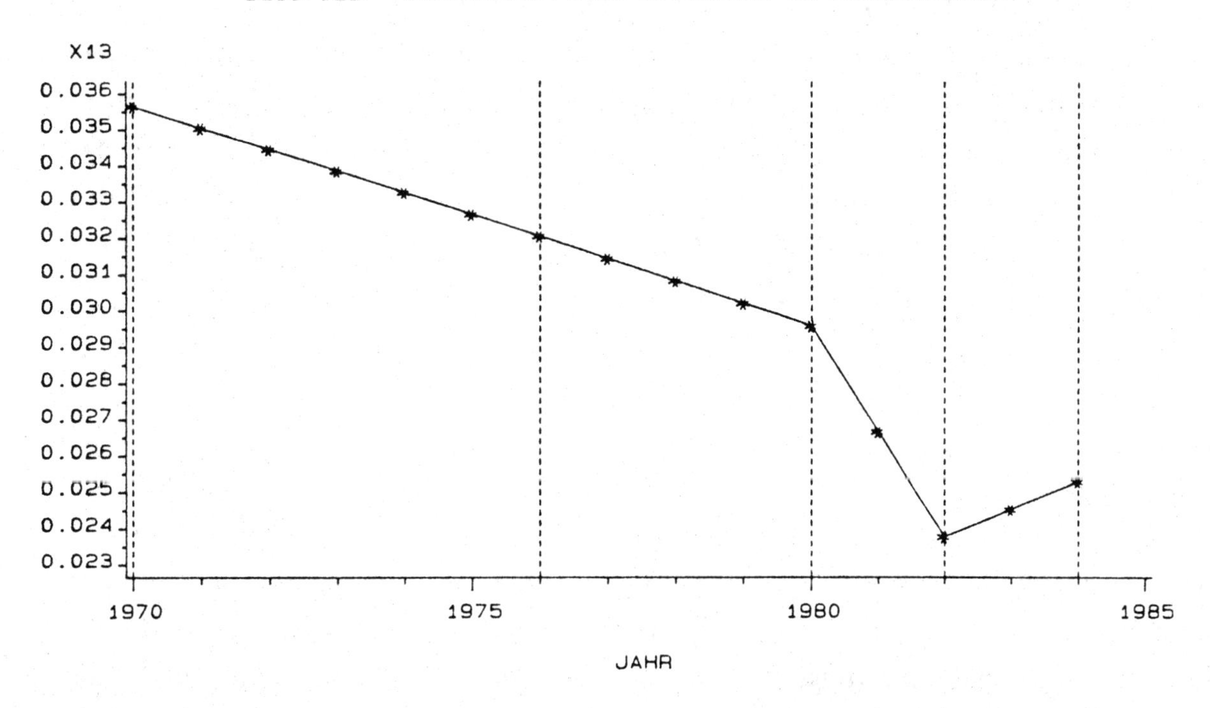


BEISPIEL: BUEROMASCHINEN, ADV AN MASCHINENBAU

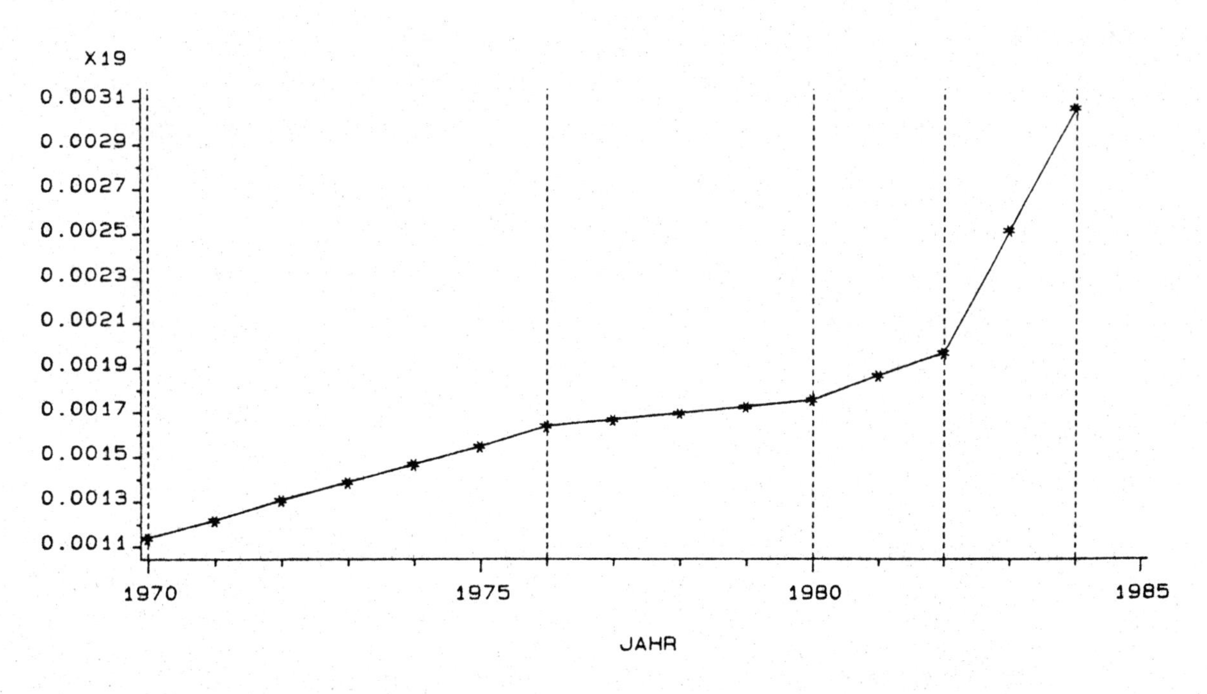


QUELLE: INPUT-OUTPUT-RECHNUNG DES DIW | DIW 1988

Bei der Integration der in Kapitel 3.2.2 beschriebenen Kapitalstock- und Ersatzinvestitionsmatrizen, die als Zeitreihe für die Jahre von 1970 bis 1984 (Kapitalstöcke) bzw. bis 1983 (Ersatzinvestitionen) vorliegen, sind im wesentlichen zwei Probleme zu lösen.[6] Da laut statistischer Konvention in der Anlagevermögensrechnung die gesamten im Inland installierten Kapitalgüter ausgewiesen sind, im dynamischen Input-Output-Modell jedoch nur die im Inland produzierten Kapitalgüter endogen erklärt werden,[7] müssen entsprechende Informationen über sektorale Importquoten in die Berechnungen einfließen.

Als Quelle hierfür dienen die im DIW seit langem berechneten, mit der Input-Output-Rechnung abgestimmten Importtabellen. Die Importtabellen liegen als Zeitreihe von 1970 bis 1982 vor.[8] Bei den Berechnungen wird unterstellt, daß die Importquote eines Investitionsgutes in jedem der dieses Gut investierenden Bereiche die gleiche ist. Allerdings können Kapitalstock- und Ersatzinvestitionsmatrizen nicht symmetrisch behandelt werden, da die Importquoten, die für Investitionsgüterlieferungen eines Jahres gelten (Stromgröße), nicht auf die Kaptialstöcke dieses Jahres angewandt werden dürfen. Während die sektoralen Importquoten also direkt zur Berechnung von Ersatzinvestitionskoeffizienten für im Inland produzierte Ersatzinvestitionen herangezogen werden, kann die Berechnung der im Inland produzierten Erweiterungsinvestitionen erst zur Simulationszeit erfolgen, indem - basierend auf den unkorrigierten B-Matrizen - entsprechende Importquoten auf die insgesamt benötigten Erweiterungsinvestitionen (Inlandsproduktion plus Importe) angewendet werden.

Bei der Integration der Kapitalbestandsdaten stellt sich bezüglich der Lieferbereiche das Problem der Überleitung von funktionaler Gliederung auf eine

---

[6] Auf statistische Detailprobleme wie die Behandlung des Saldos des Kaufs und Verkaufs von gebrauchten Anlagen, die Verbuchung von selbsterstellten Anlagen und Output-Vorratsveränderungen sei an dieser Stelle nur hingewiesen.

[7] Dies ist in den Input-Output-Tabellen schon berücksichtigt, da dort im I. Quadranten nur inländische Transaktionen verbucht werden, während die Importe als eine Zeile bei den primären Inputgrößen im III. Quadranten erfaßt werden.

[8] Vgl. z.B. Weiß 1981 zum Konzept dieser Tabellen.

- mit der übrigen Datenbasis kompatible - institutionelle Gliederung. Hierbei handelt es sich um ein statistisch komplexes Problem. Es wird dadurch erschwert, daß das Statistische Bundesamt, das die Überleitung selbst in tiefer sektoraler Disaggregation durchführt, nur in beschränktem Umfang entsprechende Überleitungstabellen veröffentlicht. Bisher wurden keine speziellen Überleitungsmatrizen für Investitionsgüter veröffentlicht, sondern nur Überleitungstabellen für Produktionswerte nach Gütergruppen und Wirtschaftszweigen,[9] also für eine Überleitung der Produktionswerte insgesamt.

Schaubild 4.2 gibt einen aus diesen Daten abgeleiteten Überblick über branchentypische und branchenfremde Produktion in ausgewählten Wirtschaftszweigen, die Investitionsgüter produzieren. Man erkennt, daß der Anteil der branchenfremden Produktion in der überwiegenden Zahl dieser Wirtschaftszweige etwa 5 vH ausmacht. Zumindest für die hier interessierenden Wirtschaftszweige ist also der Unterschied zwischen funktionellem und institutionellem Gliederungskonzept von geringem Gewicht. Dies kann allerdings nur als Richtgröße interpretiert werden, da dieses Ergebnis für die Produktionswerte insgesamt gilt, an dieser Stelle jedoch streng genommen nur die Investitionsgüterlieferungen von Bedeutung sind. Da zudem für eine Überleitung der Kapitalstöcke gemäß dem Konzept der "perpetual inventory"-Methode eigentlich eine Überleitung jedes einzelnen Investitionsjahrgangs bis weit zurück in die Vergangenheit erforderlich wäre, wofür gänzlich die Datengrundlage fehlt, mußte darauf mehr oder weniger verzichtet werden. Hier muß also in Zukunft, wenn die Datenlage sich günstiger gestaltet, sicher noch an einer Verbesserung und Homogenisierung der Datenbasis gearbeitet werden. Aus dem ungelösten Problem der Überleitung wurde jedoch insofern eine Konsequenz gezogen, als im Modell auf eine endogene Erklärung der Bauinvestitionen verzichtet wurde, weil eine Aufteilung der Gütergruppe Bauten auf ein institutionelles Konzept ebenfalls nicht geleistet werden konnte und in diesem Fall die branchenfremde Produktion ein erhebliches Gewicht hat.[10] Die Exogenisierung erscheint für

---

[9] Vgl. z.B. Statistisches Bundesamt 1988, Tabelle 4.2.

[10] Vgl. Baumgart 1983. Außerdem besteht bei den Bauinvestitionen noch das zusätzliche Problem, daß in den Daten des Ifo-Instituts die öffentlichen Tiefbauinvestitionen fehlen, so daß man nicht die Eckwerte der volkswirtschaftlichen Gesamtrechnung erreicht.

die hier angestrebte Untersuchung durchaus vertretbar, weil der Einfluß der zu untersuchenden neuen Technik auf die Baunachfrage sehr gering sein dürfte.

**Schaubild 4.2**

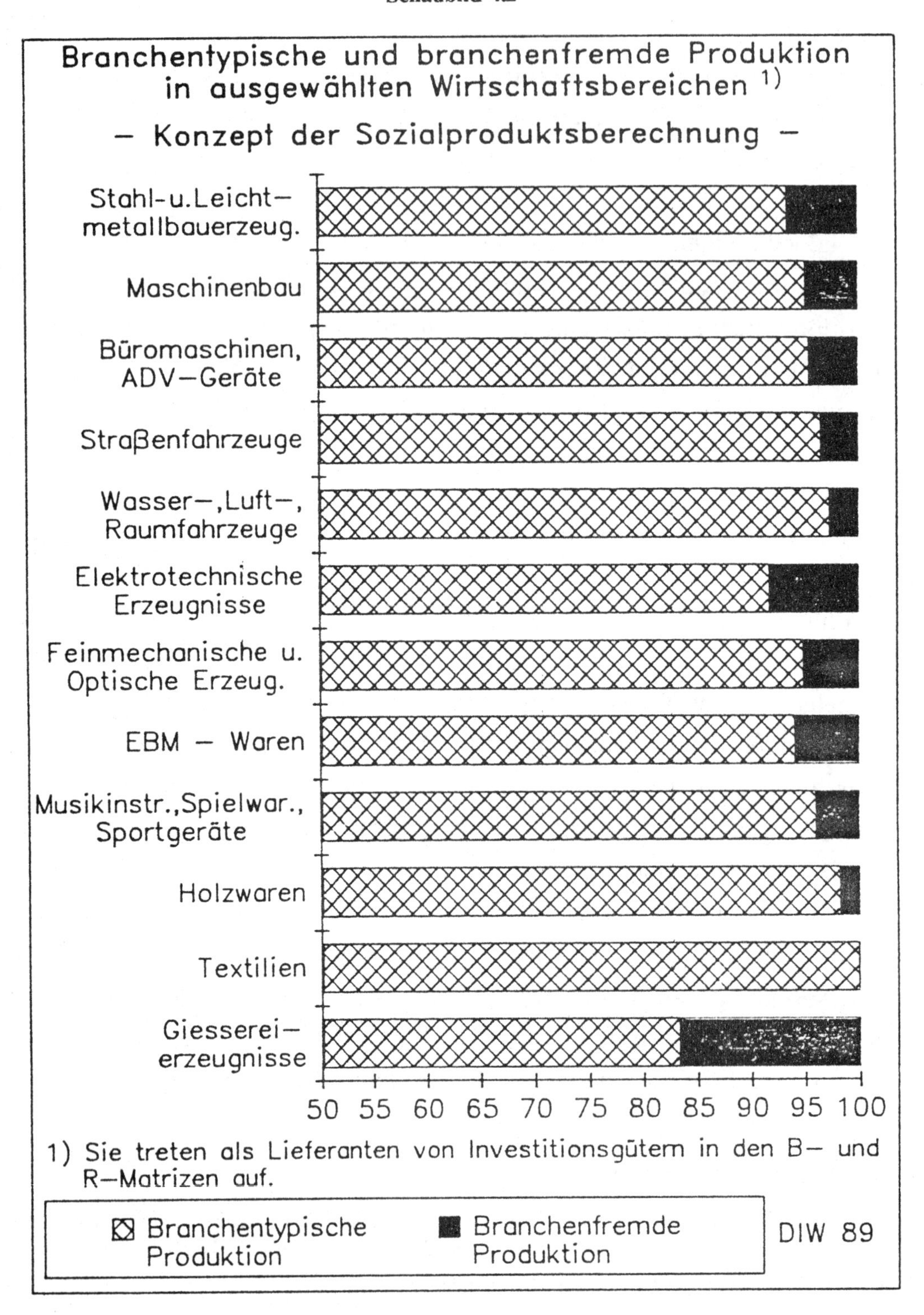

Der letzte Arbeitsschritt zur Berechnung der im Modell benötigten B- und R-Matrizen besteht darin, die entsprechenden Zeitreihen von Ausgangsmatrizen durch die Division mit einer Zeitreihe von sektoralen Produktionswerten in die im Modell benötigten Koeffizientenmatrizen umzurechnen. Die sich ergebenden Ersatzinvestitions- bzw. Erweiterungskapitalkoeffizienten sind exemplarisch in den Schaubildern 4.3 und 4.4 dargestellt. Sie machen deutlich, daß im investierenden Sektor Maschinenbau die Investitionsgüter, die aus den Sektoren Büromaschinen, ADV bzw. Elektrotechnik bezogen werden - sei es als Ersatz zur Aufrechterhaltung bestehender Kapazitäten oder zur Kapazitätserweiterung - im Zeitraum 1970 bis 1983 relativ stetig zugenommen haben.

Eine entsprechende Berechnung von Koeffizienten wird auch für die Berufe-Wirtschaftszweig-Matrizen durchgeführt, um zur Zeitreihe von L-Matrizen zu gelangen. Diese Zeitreihe steht für den Zeitraum 1976 bis 1984 zur Verfügung. Da die Berechnung der Beschäftigten nach Sektoren und Berufen modellogisch an die Entwicklung der Bruttoproduktion "angehängt" ist, bedeutet die Tatsache, daß die L-Matrizen nicht für den gesamten Implementationszeitraum vorliegen, kein prinzipielles Problem. Es wird jedoch die Möglichkeit der Evaluation des Modells in bezug auf die Beschreibung der Beschäftigungsentwicklung auf den Zeitraum 1976 bis 1984 eingeschränkt. Diese Einschränkung erscheint im Hinblick auf den erheblichen Zeitaufwand, der mit einer Verlängerung der Zeitreihe von L-Matrizen in die Periode vor 1976 verbunden wäre, akzeptabel.

**Schaubild 4.3**

# ERSATZINVESTITIONSKOEFFIZIENTEN 1970 – 1983

BEISPIEL: BUEROMASCHINEN, ADV AN MASCHINENBAU

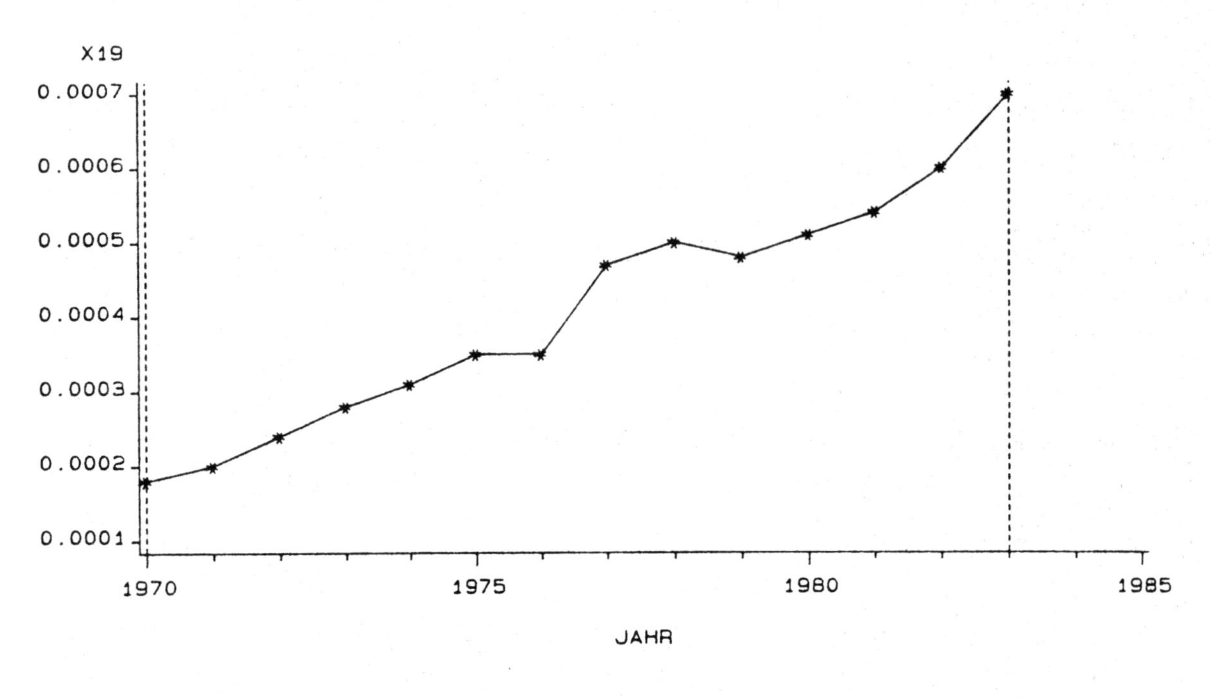


BEISPIEL: ELEKTROTECHNIK AN MASCHINENBAU

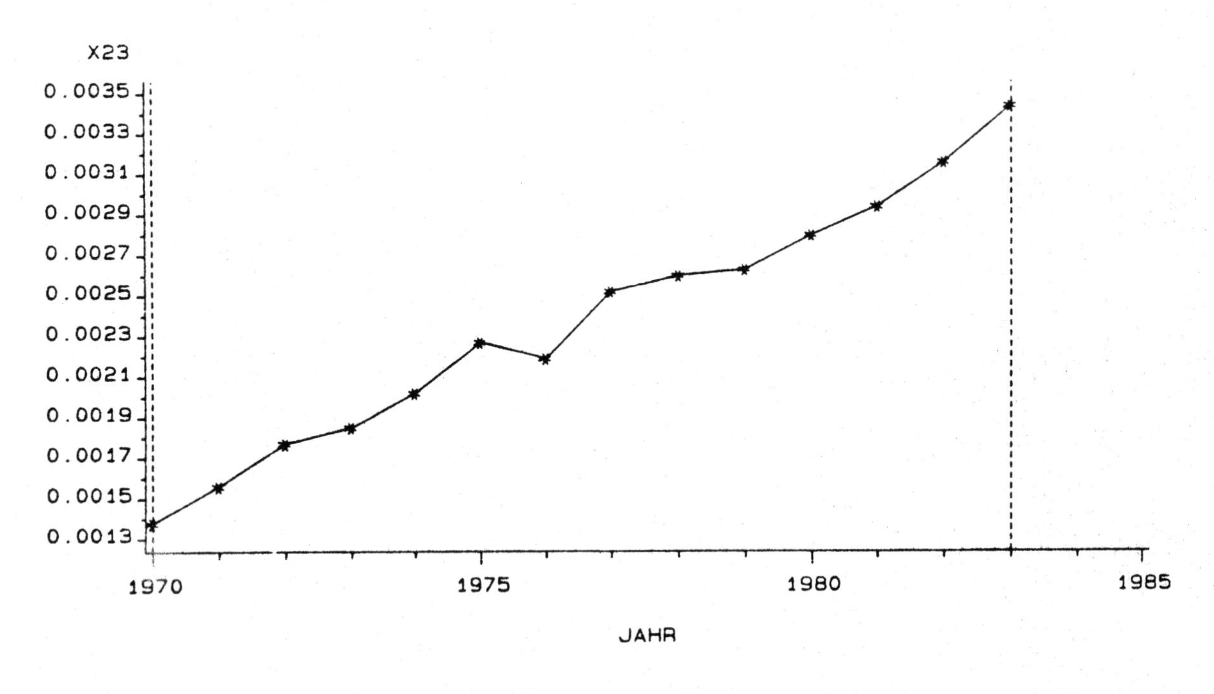


QUELLE: INPUT-OUTPUT-RECHNUNG DES DIW — DIW 1989

**Schaubild 4.4**

ERWEITERUNGSKAPITALKOEFFIZIENTEN 1970 – 1983

BEISPIEL: BUEROMASCHINEN, ADV AN MASCHINENBAU

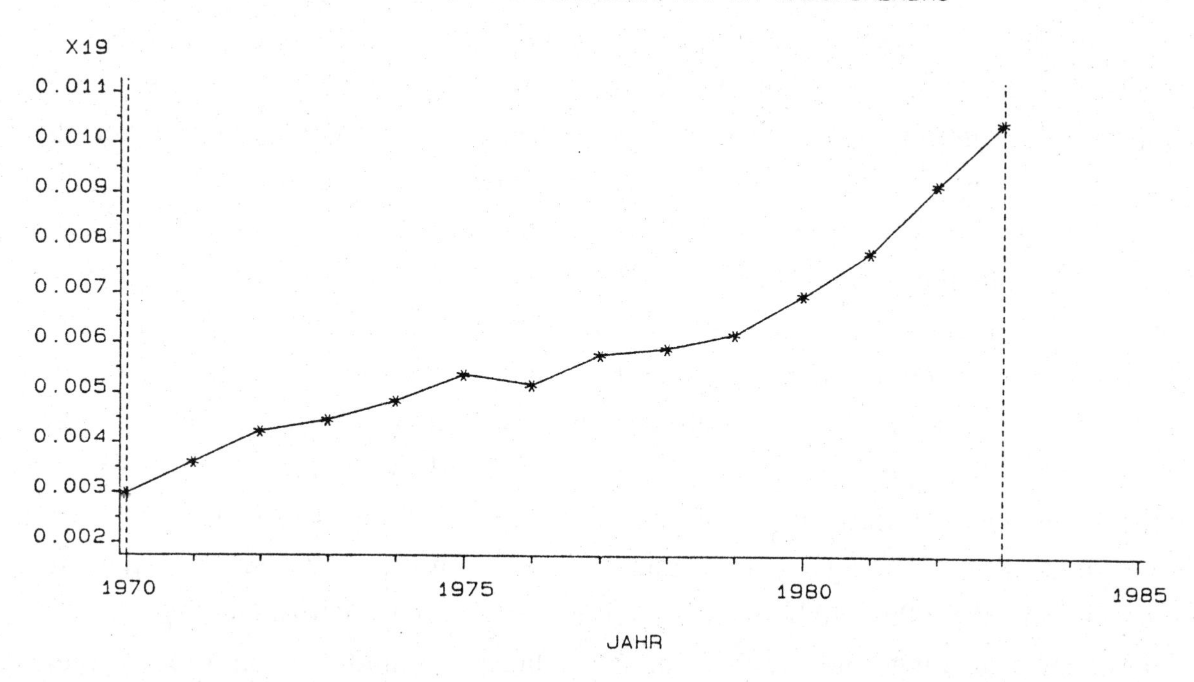


BEISPIEL: ELEKTROTECHNIK AN MASCHINENBAU

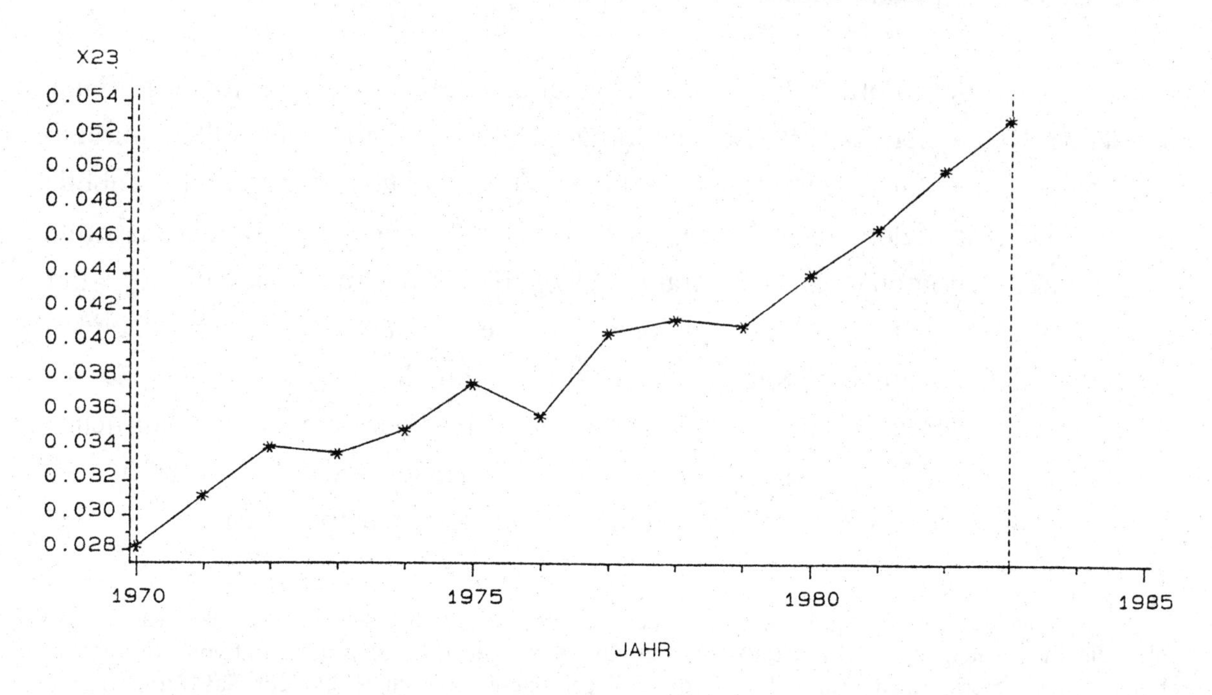


QUELLE: INPUT-OUTPUT-RECHNUNG DES DIW

DIW 1989

Die Bestimmung der Produktionskapazität (bei Vollauslastung) in der Startperiode $t_0$ ist modelltheoretisch von erheblicher Bedeutung, weil durch diese Anfangsbedingung das Niveau bestimmt wird, von dem aus im Modell die sektoralen Kapazitätserweiterungspläne determiniert werden. Wie schon erläutert, erfolgt die Bestimmung der Kapazitäten indirekt über die Kapazitätsauslastung im Jahr $t_0$. Empirische Grundlage für die sektoralen Kapazitätsauslastungsquoten bildet die Potentialrechnung des DIW.[11] Sie liefert in einer sektoralen Disaggregation, die mit der des dynamischen Input-Output-Modells nahezu identisch ist, Auslastungskoeffizienten des Produktionspotentials über einen langen Zeitraum. Der sich für den in der Potentialrechnung zusammengefaßten Bereich Energie- und Wasserversorgung ergebende Auslastungskoeffizient wurde für die im Modell aufgeteilten Bereiche Elektrizitäts- und Fernwärmeversorgung, Gasversorgung und Wasserversorgung unverändert übernommen. Für die Bereiche, für die es in der Potentialrechnung keine Auslastungskoeffizienten gibt, also Wohnungsvermietung, Staat sowie private Haushalte und Organisationen ohne Erwerbszweck, wurde eine Kapazitätsauslastung von 100 vH unterstellt. Die im Modell verwendeten Kapazitätsauslastungskoeffizienten im Startjahr 1970 sind in Tabelle 4.1 dokumentiert.

Ebenfalls aus der Potentialrechnung abgeleitet wurden die sektorspezifischen maximalen Raten der Kapazitätserweiterung $\sigma_i$. Diese Parameter sollen unrealistisch hohe Kapazitätserweiterungen in einer Zeitperiode verhindern. In Tabelle 4.2 sind die maximalen und die durchschnittlichen jährlichen Veränderungsraten des Produktionspotentials im Zeitraum 1970 bis 1986 ausgewiesen. Auf der Basis dieser empirischen Informationen wurden dann die entsprechenden Parameter der maximalen Kapazitätserweiterung im Modell festgesetzt. Dabei wurde unter anderem berücksichtigt, ob es sich bei den maximalen jährlichen Veränderungen um "Ausreißer" handelt, deren Übernahme als Parameter in das Modell nicht sinnvoll erschien. Zur Bedeutung dieser Parameter sei noch

[11] Vgl. hierzu z.B. Görzig 1985. Eine andere Quelle für die Messung der Kapazitätsauslastung stellen die Berechnungen des Ifo-Instituts dar, das die Kapazitätsauslastung aufgrund von Umfrageergebnissen bei Unternehmen ermittelt. Allerdings liegen diese Ergebnisse nur für das verarbeitende Gewerbe vor. Zum Vergleich beider Berechnungskonzepte vgl. Krupp, Edler 1983 und Görzig 1989.

## Tabelle 4.1
## Setzung der Anfangsbedingungen im dynamischen Input-Output-Modell
## - Kapazitätsauslastung im Jahr 1970 -

| | Wirtschaftszweige | Kapazitätsaus-lastung 1970 in vH |
|---|---|---|
| 1 | Land- und Forstwirtschaft,Fischerei | 95,7 |
| 2 | Elektrizitäts- u. Fernwärmevers. | 100,0 |
| 3 | Gasversorgung | 100,0 |
| 4 | Wasserversorgung | 100,0 |
| 5 | Bergbau | 100,0 |
| 6 | Chem. Ind., Spalt-, Brutstoffe | 94,1 |
| 7 | Mineralölverarbeitung | 90,3 |
| 8 | Kunststoffwaren | 90,0 |
| 9 | Gummiwaren | 93,5 |
| 10 | Steine, Erden | 95,6 |
| 11 | Feinkeramik | 91,8 |
| 12 | Glasgewerbe | 97,3 |
| 13 | Eisenschaffende Industrie | 100,0 |
| 14 | NE-Metallerzeugung und -bearb. | 94,4 |
| 15 | Gießereien | 100,0 |
| 16 | Ziehereien und Kaltwalzwerke | 95,9 |
| 17 | Stahl- und Leichtmetallbau | 80,2 |
| 18 | Maschinenbau | 100,0 |
| 19 | Büromaschinen, ADV | 88,9 |
| 20 | Straßenfahrzeugbau | 95,5 |
| 21 | Schiffbau | 78,0 |
| 22 | Luft- und Raumfahrzeugbau | 78,8 |
| 23 | Elektrotechnik | 99,5 |
| 24 | Feinmechanik, Optik | 95,6 |
| 25 | EBM-Waren | 94,5 |
| 26 | Musikinstrumente, Spielwaren | 91,3 |
| 27 | Holzbearbeitung | 100,0 |
| 28 | Holzverarbeitung | 86,9 |
| 29 | Zellstoff- und Papiererzeugung | 86,7 |
| 30 | Papierverarbeitung | 96,8 |
| 31 | Druckerei | 98,3 |
| 32 | Textilgewerbe | 96,8 |
| 33 | Ledergewerbe | 97,2 |
| 34 | Bekleidungsgewerbe | 96,7 |
| 35 | Ernährungsgewerbe | 96,0 |
| 36 | Baugewerbe | 92,0 |
| 37 | Großhandel, Handelsvermittlung | 97,7 |
| 38 | Einzelhandel | 97,9 |
| 39 | Eisenbahnen | 100,0 |
| 40 | Schiffahrt, Häfen | 91,8 |
| 41 | übriger Verkehr | 100,0 |
| 42 | Deutsche Bundespost | 89,2 |
| 43 | Kreditinstitute | 92,0 |
| 44 | Versicherungsunternehmen | 95,0 |
| 45 | Wohnungsvermietung | 100,0 |
| 46 | Gastgewerbe, Heime | 94,6 |
| 47 | Bildung, Wissensch., Kultur | 90,9 |
| 48 | Gesundheits- und Veterinärw. | 83,2 |
| 49 | übrige Dienstleistungen | 84,0 |
| 50 | Staat | 100,0 |
| 51 | Priv. HH., Org. o. Erwerb. | 100,0 |

Quelle: Potentialrechnung des DIW.

## Tabelle 4.2
## Entwicklung des Produktionspotentials und Setzung der maximalen Kapazitätsveränderungsrate im dynamischen Input-Output-Modell

| | Wirtschaftszweige | Entwicklung des Produktionspotentials: Maximale jährliche Veränderung 1970-1986 | Entwicklung des Produktionspotentials: Durchschn. jährliche Veränderung 1970-1986 | Setzung der maximalen Kapazitätsänderung im Modell |
|---|---|---|---|---|
| 1 | Land- und Forstwirtschaft,Fisch. | 4,19 | 1,98 | 5,00 |
| 2 | Elektrizitäts- u. Fernwärmevers. | 11,25 | 5,46 | 8,00 |
| 3 | Gasversorgung | 11,25 | 5,46 | 8,00 |
| 4 | Wasserversorgung | 11,25 | 5,46 | 8,00 |
| 5 | Bergbau | 1,18 | -1,66 | 5,00 |
| 6 | Chem. Ind., Spalt-, Brutstoffe | 14,23 | 5,08 | 10,00 |
| 7 | Mineralölverarbeitung | 15,08 | 1,40 | 5,00 |
| 8 | Kunststoffwaren | 14,65 | 6,72 | 12,00 |
| 9 | Gummiwaren | 17,95 | 2,28 | 8,00 |
| 10 | Steine, Erden | 5,61 | 1,14 | 5,00 |
| 11 | Feinkeramik | 4,56 | 1,11 | 5,00 |
| 12 | Glasgewerbe | 7,25 | 1,88 | 5,00 |
| 13 | Eisenschaffende Industrie | 9,31 | 0,49 | 5,00 |
| 14 | NE-Metallerzeugung und -bearb. | 13,50 | 5,45 | 8,00 |
| 15 | Gießereien | 5,04 | 0,34 | 5,00 |
| 16 | Ziehereien und Kaltwalzwerke | 5,79 | 2,11 | 5,00 |
| 17 | Stahl- und Leichtmetallbau | 3,16 | 0,89 | 5,00 |
| 18 | Maschinenbau | 5,23 | 1,67 | 5,00 |
| 19 | Büromaschinen, ADV | 19,10 | 9,91 | 20,00 |
| 20 | Straßenfahrzeugbau | 9,68 | 5,13 | 10,00 |
| 21 | Schiffbau | 9,87 | -1,36 | 5,00 |
| 22 | Luft- und Raumfahrzeugbau | 14,49 | 8,28 | 15,00 |
| 23 | Elektrotechnik | 9,97 | 5,43 | 10,00 |
| 24 | Feinmechanik, Optik | 8,15 | 4,78 | 8,00 |
| 25 | EBM-Waren | 7,44 | 1,47 | 5,00 |
| 26 | Musikinstrumente, Spielwaren | 3,19 | -0,17 | 5,00 |
| 27 | Holzbearbeitung | 7,23 | 1,10 | 5,00 |
| 28 | Holzverarbeitung | 3,73 | 0,03 | 5,00 |
| 29 | Zellstoff- und Papiererzeugung | 12,56 | 3,57 | 12,00 |
| 30 | Papierverarbeitung | 4,39 | 1,84 | 5,00 |
| 31 | Druckerei | 3,51 | 1,61 | 5,00 |
| 32 | Textilgewerbe | 3,54 | 0,40 | 5,00 |
| 33 | Ledergewerbe | -1,09 | -3,35 | 5,00 |
| 34 | Bekleidungsgewerbe | 1,55 | -0,93 | 5,00 |
| 35 | Ernährungsgewerbe | 5,34 | 2,55 | 5,00 |
| 36 | Baugewerbe | 5,30 | 0,05 | 5,00 |
| 37 | Großhandel, Handelsvermittlung | 5,80 | 3,21 | 5,00 |
| 38 | Einzelhandel | 6,44 | 3,55 | 5,00 |
| 39 | Eisenbahnen | 2,25 | -0,72 | 5,00 |
| 40 | Schiffahrt, Häfen | 7,09 | 0,19 | 5,00 |
| 41 | übriger Verkehr | 8,49 | 5,21 | 8,00 |
| 42 | Deutsche Bundespost | 12,31 | 7,02 | 10,00 |
| 43 | Kreditinstitute | 10,49 | 4,74 | 10,00 |
| 44 | Versicherungsunternehmen | 11,01 | 4,21 | 10,00 |
| 45 | Wohnungsvermietung | --,-- | --,-- | 5,00 |
| 46 | Gastgewerbe, Heime | 4,17 | 1,70 | 5,00 |
| 47 | Bildung, Wissensch., Kultur | 8,68 | 2,39 | 5,00 |
| 48 | Gesundheits- und Veterinärw. | 8,06 | 4,14 | 8,00 |
| 49 | übrige Dienstleistungen | 8,57 | 3,90 | 10,00 |
| 50 | Staat | --,-- | --,-- | 5,00 |
| 51 | Priv. HH., Org. o. Erwerb. | --,-- | --,-- | 5,00 |

--,-- : Wert nicht in Potentialrechnung enthalten.

Quellen: Potentialrechnung des DIW, eigene Schätzungen.

einmal darauf hingewiesen, daß sie zwar die maximale Höhe der Kapazitätserweiterungsinvestitionen, jedoch nicht die aktuelle Produktion eines Sektors beschränken, da modellmäßig eine Überauslastung der Produktionskapazitäten zugelassen wird.

Schwierig ist die Setzung der sektoralen Ausreifungszeiten für Investitionen $\tau_i$, da keine systematischen empirischen Untersuchungen vorliegen, die Auskunft darüber geben, welche Zeitspanne zwischen der Produktion und dem kapazitätswirksamen Effekt einzelner Investitionsgüterarten zu unterstellen ist. Deshalb stellen die in Tabelle 4.3 ausgewiesenen Werte sehr grobe Schätzungen dar, die zum Teil auf entsprechenden Angaben für die USA[12] und auf einfachen Plausibilitätsüberlegungen beruhen.

**Tabelle 4.3**
**Setzung der Modellparameter im dynamischen Input-Output-Modell**
**- Ausreifungszeit der Investitionsgüter nach produzierenden Sektoren -**

| | Wirtschaftszweige | Ausreifungszeit in Jahren |
|---|---|---|
| 15 | Gießereien | 1 |
| 16 | Ziehereien und Kaltwalzwerke | 1 |
| 17 | Stahl- und Leichtmetallbau | 1 |
| 18 | Maschinenbau | 2 |
| 19 | Büromaschinen, ADV | 1 |
| 20 | Straßenfahrzeugbau | 1 |
| 21 | Schiffbau | 2 |
| 22 | Luft- und Raumfahrzeugbau | 2 |
| 23 | Elektrotechnik | 1 |
| 24 | Feinmechanik, Optik | 1 |
| 25 | EBM-Waren | 1 |
| 26 | Musikinstrumente, Spielwaren | 1 |
| 27 | Holzbearbeitung | 1 |
| 28 | Holzverarbeitung | 1 |
| 32 | Textilgewerbe | 1 |

Quelle: Eigene Schätzungen.

---

12 Vgl. Leontief, Duchin 1986.

### 4.2 *Evaluierung des dynamischen Input-Output-Modells*

Nachdem bisher sowohl die methodisch-theoretischen Grundlagen als auch die Generierung einer geschlossenen Datenbasis für ein empirisch anwendbares dynamisches Input-Output-Modell dargestellt wurden, soll nunmehr die Evaluierung dieses Modells beschrieben werden. Die Evaluierungsphase stellt eine wichtige Brücke zwischen der eigentlichen Konstruktionsphase und dem Einsatz des entwickelten Modells für die zu untersuchende Fragestellung dar. Sie bietet die Möglichkeit, wichtige Erkenntnisse über die empirischen Eigenschaften des Modells zu erlangen und gegebenenfalls aufgrund dieser Ergebnisse noch Modifikationen und Verbesserungen am Modell vorzunehmen. Entsprechende Evaluierungstests sind praktisch für alle empirisch orientierten Modelle durchgeführt worden.[13] Die unterschiedlichen Verfahren und Kriterien, die zur Evaluierung von empirischen Modellen zur Verfügung stehen,[14] machen deutlich, daß die Beurteilung der Güte von Modellen immer nur vor dem Hintergrund der mit dem Modell beabsichtigten Analysen möglich ist. Die Evaluierungskriterien für ein reines Prognosemodell sind andere als die Kriterien für ein Modell, daß vorwiegend zur Politiksimulation eingesetzt werden soll.[15]

Bei der Evaluierung des dynamischen Input-Output-Modells wird die Evaluierung im Ex-post-Zeitraum 1970 bis 1983 im Vordergrund stehen. Für diesen Typ von Modellen liegen bisher keinerlei empirische Erfahrungen vor, ob dieser Modellansatz in der Lage ist, die Entwicklung wichtiger ökonomischer Variablen im Zeitablauf adäquat zu beschreiben. Die Evaluierungsphase wird auch genutzt, um durch Testen verschiedener Versionen des Modells, insbesondere im Hinblick auf den im Modell verwendeten Akzeleratoransatz, zu Verbesserungen gegenüber der ursprünglichen Modellversion zu gelangen.

---

[13] Vgl. für einen Überblick über die Evaluierung amerikanischer ökonometrischer Modelle z.B. Shapiro 1973 und Klein, Burmeister 1976. Den Prozeß der Modellevaluierung für ein aggregiertes ökonometrisches Modell der Bundesrepublik Deutschland beschreibt z.B. auch Blazejczak 1987, S. 129 ff.

[14] Für einen Überblick vgl. z.B. Dhrymes, Howrey 1972.

[15] Wird man im ersten Fall vorwiegend auf die Ex-ante-Prognoseleistung abstellen, sind im zweiten Fall eher die Multiplikatoreigenschaften von Bedeutung.

### *4.2.1 Ex-Post-Simulationen für den Zeitraum 1970 bis 1983*

Die Ex-post-Simulationen werden für den Zeitraum 1970 bis 1983 durchgeführt, weil für diese Zeitperiode die entsprechenden Kontrollvariablen, also die tatsächlich realisierten Werte für die Bruttoproduktion, Investitionen und Beschäftigte[16] vorliegen.

#### *4.2.1.1 Meßgrößen zur Beurteilung der Anpassungsgüte*

Zur Beurteilung der Anpassungsgüte zwischen tatsächlichen und vom Modell simulierten Werten stehen eine Reihe von Maßzahlen zur Verfügung, die im einzelnen unterschiedliche Aussagekraft und Eigenschaften besitzen. Zur Beurteilung der Simulationen im Ex-post-Zeitraum soll, damit eine Vergleichbarkeit der Fehlermaße für unterschiedliche ökonomische Größen in unterschiedlichen Sektoren gewährleistet ist, nur auf dimensionsunabhängige Fehlermaße zurückgegriffen werden.[17] Das einfachste dieser Maße ist sicher der

(4-1) MPE (Mean percentage error) = $\frac{1}{T} \sum_{t=1}^{T} \frac{S_t - A_t}{A_t}$ ,

wobei $S_t$, $t = 1, ..., T$ die simulierten Werte,
$A_t$, $t = 1, ..., T$ die tatsächlichen Ex-post-Werte
und $T$ die Länge der Simulationsperiode darstellen.

Der mittlere prozentuale Fehler MPE hat als Fehlermaß den Nachteil, daß positive und negative Fehler sich gegenseitig aufheben können, ein MPE-Wert in der Nähe von 0 also nicht unbedingt auf eine gute Anpassung hinweisen muß. Diese Schwäche vermeidet der sogenannte AMPE (Absolute mean percentage error), in dessen Berechnung die Absolutwerte der Abweichungen zwischen simulierten und tatsächlichen Werten eingehen.

---

[16] Für die Beschäftigten nach Sektoren und Berufen liegen die Werte, wie bereits erwähnt, jedoch erst ab dem Jahr 1976 vor.

[17] Vgl. für einen Überblick und für die Definition dieser Maße zum Beispiel Pindyck, Rubinfeld 1981, S. 360ff.

Gebräuchlicher ist allerdings der

(4-2) RMSPE (Root mean square percentage error)

$$= \sqrt{\frac{1}{T}\sum_{t=1}^{T}\left(\frac{S_t - A_t}{A_t}\right)^2},$$

der die quadrierten Abweichungen zwischen simulierten und tatsächlichen Werten zur Grundlage hat. Durch die Quadrierung werden große Abweichungen zusätzlich "bestraft".

Ein anderes übliches Maß zur Beurteilung der Anpassungsgüte eines Modells im Ex-post-Zeitraum ist der sogenannte Theil'sche Ungleichheitskoeffizient.[18]

(4-3) $$\text{THEIL'S U} = \frac{\sqrt{\frac{1}{T}\sum_{t=1}^{T}(S_t - A_t)^2}}{\sqrt{\frac{1}{T}\sum_{t=1}^{T}S_t^2} + \sqrt{\frac{1}{T}\sum_{t=1}^{T}A_t^2}}$$

Der Zähler entspricht dem Root mean square error, während der Nenner genau so gewählt wurde, daß U immer in das Intervall zwischen 0 und 1 fällt. Gerade für eine genauere Untersuchung der Anpassungsgüte ist von Bedeutung, daß für den Theil'schen Ungleichheitskoeffizienten folgende Fehlerzerlegung existiert

(4-4) $$1/T\sum_{t=1}^{T}(S_t-A_t)^2 = (\bar{S}-\bar{A})^2 + (\sigma_s-\sigma_a)^2 + 2(1-\rho)\sigma_s\sigma_a$$

mit $\bar{S}$ = Mittelwert von $S_t$
$\bar{A}$ = Mittelwert von $A_t$
$\sigma_s$ = Standardabweichung von $S_t$
$\sigma_a$ = Standardabweichung von $A_t$
$\rho$ = Korrelationskoeffizient von $A_t$ und $S_t$
jeweils für t = 1, ..., T.

---

[18] Vgl. hierzu Theil 1961 und Theil 1966.

Bei geeigneter Normierung mit $1/T\sum_{t=1}^{T}(S_t\text{-}A_t)^2$ gilt dann

$$(4\text{-}5) \qquad 1 = UM + US + UC,$$

wobei UM die systematische Verzerrung durch ungleiche Mittelwerte von aktuellen und simulierten Werten wiedergibt, US die systematische Verzerrung aufgrund unterschiedlicher Standardabweichungen ausdrückt, während UC als der Kovarianzanteil der Fehlerzerlegung interpretiert werden kann. Ein großer Wert für UM weist also auf einen Niveauunterschied zwischen tatsächlichen und simulierten Werten hin, wohingegen ein großes US darauf hindeutet, daß tatsächliche und simulierte Werte ein unterschiedliches Maß an Variabilität aufweisen.

Diese hier vorgestellten Maßgrößen werden im folgenden als Kriterien zur Evaluierung des Modells im Ex-post-Zeitraum herangezogen. Daneben wurden umfangreiche, insbesondere auch graphische Auswertungen der Modellergebnisse vorgenommen, über die hier nur an einzelnen Stellen berichtet werden kann.

#### *4.2.1.2 Ex-post-Simulationen mit der ursprünglichen Modellversion*

Die Evaluierungsphase begann mit einer Ex-post-Simulation für den Zeitraum 1970 bis 1983 mit der in Kapitel 2.4.2 ausführlich beschriebenen Version des dynamischen Input-Output-Modells. Selbst unter Verwendung der im vorigen Kapitel beschriebenen, informationsverdichtenden Fehlermaße ist es schwierig, eine kompakte Auswertung und Präsentation der Simulationsergebnisse zu liefern.[19] Deshalb werden zunächst nur die Fehlermaße der über die Sektoren aggregierten Werte für Bruttoproduktion, Beschäftigte und Bruttoinvestitionen ausgewiesen.

---

[19] Die ausführlichen Ergebnisse eines Simulationslaufs umfassen jeweils mehrere hundert Seiten Daten und Graphiken.

**Tabelle 4.4**

**Fehlermaße für Bruttoproduktion, Beschäftigung und Bruttoinvestitionen im Ex-post-Zeitraum**

| | Brutto-produktion | Beschäftigte* | Brutto-investitionen |
|---|---|---|---|
| RMSPE | 0.0054 | 0.0053 | 0.0815 |
| MPE | - 0.0014 | 0.0024 | 0.0268 |
| THEIL'S Ungleichheitsk. | 0.0096 | 0.0074 | 0.1465 |
| UM | 0.0057 | 0.0268 | 0.0053 |
| US | 0.0288 | 0.2488 | 0.6552 |
| UC | 0.9655 | 0.7244 | 0.3395 |

* Beschäftigte nur für den Zeitraum 1976 bis 1984
Quelle: Input-Output-Rechnung des DIW.

Diese Ergebnisse machen deutlich, daß die Anpassungsgüte des Modells im Ex-post-Zeitraum für Bruttoproduktion und Beschäftigung insgesamt als gut zu bezeichnen ist. Das belegen zum einen die niedrigen Werte des RMSPE und des MPE, aber auch die Zerlegung des Theil'schen Ungleichheitskoeffizienten. Insbesondere für die Bruttoproduktion ergibt sich ein hoher Anteil für die unsystematische Komponente UC.

Wesentlich schlechter sind die Ergebnisse in bezug auf die Erklärung der Bruttoinvestitionen. Dies überrascht aus zweierlei Gründen nicht: Zum einen ist die Anpassungsgüte für die Investitionszeitreihen in allen, auch aggregierten ökonometrischen Modellen deutlich schlechter als für andere ökonomische Aggregate. Dies ist - von den Schwierigkeiten der Modellierung der Investitionsentscheidung einmal abgesehen - allein schon darin begründet, daß die Investitionsentwicklung eine größere Volatilität als andere ökonomische Variablen aufweist. Zum anderen handelt es sich bei dem im dynamischen Input-Output-Modell zur Erklärung der Investitionsentwicklung verwendeten Akzeleratoransatz um einen relativ einfachen, inflexiblen Erklärungsansatz. Auch wenn das vorrangige Ziel des dynamischen Input-Output-Modells nicht in einer möglichst exakten Erklärung der Investitionsdynamik liegt, sondern andere Fragestellungen im Vordergrund stehen, soll doch der Versuch unternommen werden, die Anpassungsgüte des Modells in bezug auf die Investitionen zu verbessern. Ein Indiz dafür, daß über den gesamten Zeitraum betrachtet das durchschnittliche Niveau der Investitionen zwar einigermaßen getroffen wird, nicht jedoch die Dynamik der Entwicklung, gibt neben den Fehlermaßen auch Schaubild 4.5. Daß es in einzelnen Jahren zu unrealistisch hohen Schwankungen der Investitionen, insbesondere Abweichungen nach oben, kommt, liegt in erster Linie an der Formulierung des Akzeleratoransatzes. Bei einer prognostizierten Überauslastung der Produktionskapazitäten für zukünftige Perioden werden in vollem Umfang - ohne Verteilung auf mehrere Perioden - entsprechende Kapazitätserweiterungsinvestitionen induziert, die nur durch die maximalen sektoralen Kapazitätserweiterungsraten $\sigma_i$ nach oben begrenzt werden.[20]

Eine Dämpfung der Dynamik der Kapazitätserweiterungsinvestitionen durch Herabsetzung der maximalen sektoralen Kapazitätserweiterungsraten $\sigma_i$ ist zwar möglich, erscheint aber aus zwei Gründen nicht als optimale Vorgehensweise. Zum einen beruht die Setzung der Modellparameter $\sigma_i$ auf einer relativ zuverlässigen empirischen Basis, so daß sich eine Reduzierung einzelner Parameterwerte nur schwer inhaltlich begründen ließe. Zum anderen könnte eine solche Reduzierung der Kapazitätserweiterungsinvestitionen zu einer über einen längeren Zeitraum anhaltenden Kapazitätsüberauslastung in einzelnen Sektoren führen. Während eine vorübergehende Überauslastung der Kapazitäten in einzelnen Perioden als durchaus mit der Realität vereinbar angesehen werden kann, ist eine langandauernde Kapazitätsüberauslastung in einzelnen Sektoren, gegen die das Modell bei Erreichen der maximalen Kapazitätserweiterungsraten keine endogenen Mechanismen besitzt, als unbefriedigend anzusehen.

---

[20] Aus empirischen Studien mit ökonometrischen Modellen ist bekannt, daß ein unverzögerter Akzelerator empirisch zu keinen guten Ergebnissen führt. Vgl. z.B. Jorgensen 1971.

**Schaubild 4.5**

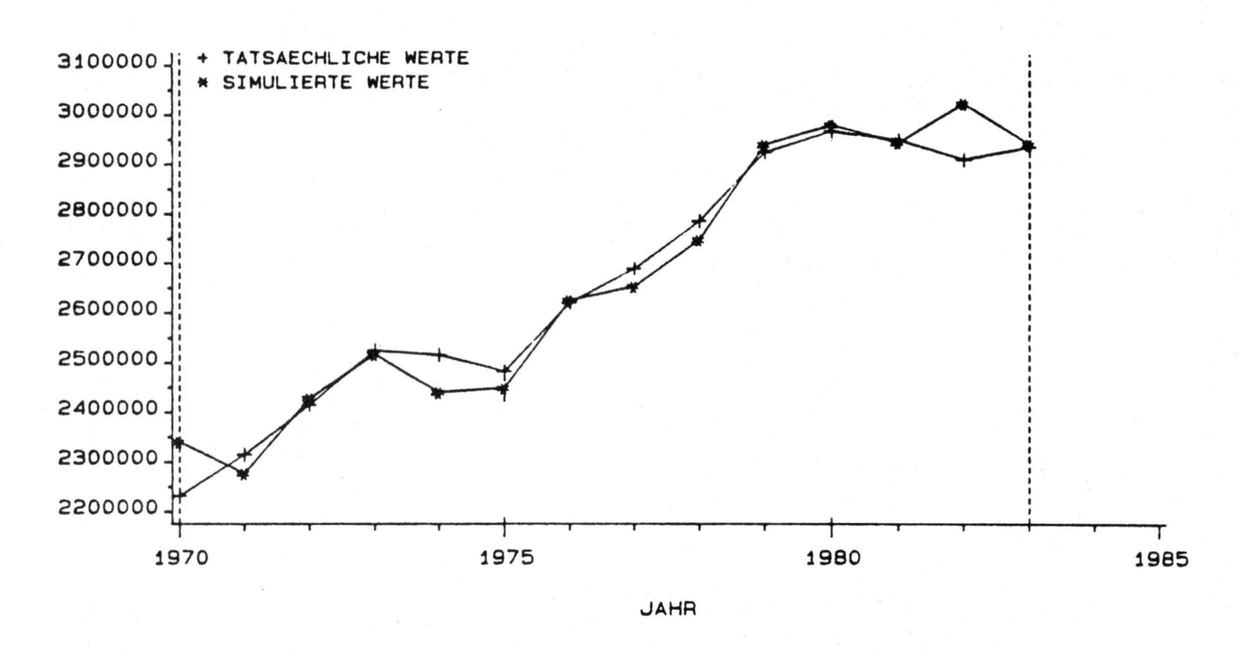


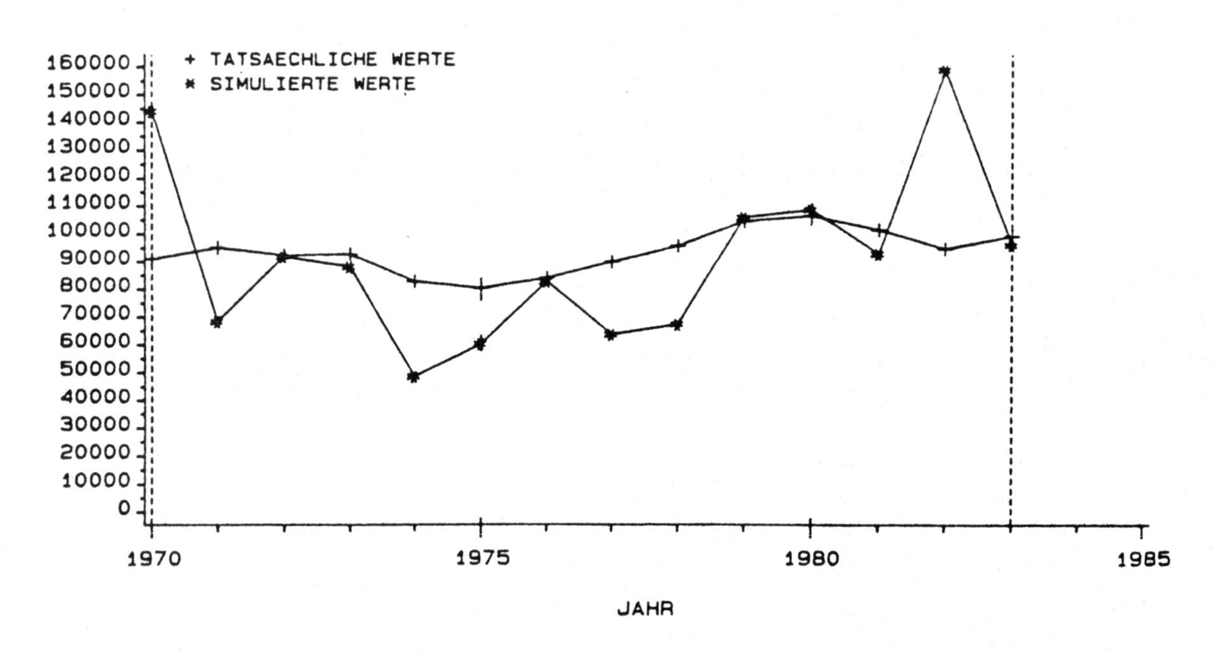


QUELLE: INPUT-OUTPUT-RECHNUNG DES DIW. DIW 1989.

### 4.2.1.3 *Ex-post-Simulationen für Modellversionen mit flexiblem Akzelerator*

Statt der aus den zuvor genannten Gründen verworfenen Reduzierung der maximalen sektoralen Kapazitätserweiterungsparameter soll der Versuch unternommen werden, durch eine Modifizierung des Modellansatzes zu einer Verbesserung der Anpassungsgüte für die Erklärung der Investitionsentwicklung zu gelangen. Den Ausgangspunkt der Überlegungen bildet eine Flexibilisierung des im Modell enthaltenen Akzeleratorprinzips zur Bestimmung der Kapazitätserweiterungsinvestitionen. Im bisherigen Modellansatz wird gemäß Gleichung (2-26), also

$$o_i(t+\tau) = \max\,[0, c_i^*(t+\tau) - c_i(t+\tau-1)] \qquad i = 1, \ldots, n$$

die tatsächliche Kapazität immer in einer Periode vollständig an die geplante Kapazität angepaßt.[21] Die Grundidee der Modellmodifikation besteht nun darin, statt eines starren Akzelerators durch die Formulierung eines flexiblen Ansatzes eine über mehrere Perioden verteilte Anpassung der tatsächlichen Kapazität an die gewünschte Kapazität zu modellieren.[22]

Sei $o_i(t+\tau)$ die in der Periode t gemäß Gleichung (2-26) für die Periode $t+\tau$ geplante Kapazitätserweiterung des Sektors i, so beschreibt

$$\text{(4-6)} \qquad o_i(t+\tau) = \sum_{k=0}^{m} p_{ik} \cdot o_i(t+\tau+k) \qquad i = 1, \ldots, n$$

$$\text{mit} \quad \sum_{k=0}^{m} p_{ik} = 1$$

eine über m Perioden verteilte, in der Summe jedoch vollständige Realisierung der geplanten Kapazitätserweiterung.[23] Hierbei beschreibt m die maximale Anzahl

---

[21] Bei der Bestimmung der geplanten Kapazität bilden die maximalen sektoralen Kapazitätserweiterungsparameter gemäß Gleichung (2-29) eine vorgeschaltete Obergrenze der Kapazitätserweiterung.

[22] Die Grundidee eines flexiblen Akzelerators zur Investitionserklärung wurde von Chenery 1952 und Koyck 1954 entwickelt.

[23] Auf die Möglichkeit, die sektoralen Kapazitätserweiterungspläne zu revidieren, wird im nächsten Abschnitt eingegangen.

der Zeitperioden, über die die berechnete Kapazitätsanpassung verteilt wird. Die Parameter $p_{ik}$ bestimmen, welcher Anteil der Kapazitätsanpassung für den Sektor i in der Periode $t+\tau+k$ realisiert wird.

Eine Instrumentalisierung dieses Ansatzes erfordert neben der Bestimmung des maximalen Anpassungszeitraums m auch die Quantifizierung der $n \cdot m$ Parameter $p_{ik}$. Da eine ökonometrische Schätzung dieser Parameter nicht unmittelbar möglich ist,[24] wurde durch vereinfachende Annahmen und verschiedene Simulationsexperimente im Ex-post-Zeitraum versucht, eine Parameterisierung zu finden, die die Anpassungsgüte des Modells, insbesondere im Hinblick auf die Investitionsentwicklung, verbessert. Um die Zahl der zu testenden Parameterkonstellationen überschaubar zu halten, wurde zunächst angenommen, daß die Parameter $p_{ik}$ je Periode für alle Sektoren gleich sind, also

$$(4\text{-}7) \qquad p_{ik} = p_k \qquad \text{für alle } i, k\,.$$

Sodann wurde nach hier nicht dokumentierten Testläufen mit längeren Zeitperioden von einem maximalen Verteilungszeitraum der Kapazitätserweiterungen von drei Jahren ausgegangen.

Der in Simulationsexperimenten getestete vereinfachte Ansatz des flexiblen Akzelerators lautet damit konkret

$$(4\text{-}8) \qquad o_i(t+\tau) = \sum_{k=0}^{2} p_k \cdot o_i(t+\tau+k) \qquad i = 1, \ldots, n$$

$$\text{mit} \quad \sum_{k=0}^{2} p_k = 1 \quad .$$

Da ein vollständiger Test aller denkbaren Parameterkonstellationen einen unvertretbar hohen Rechenaufwand erfordert hätte, wurden die Simulationsexperimente auf Parametersetzungen beschränkt, die dem Vorverständnis möglicher

---

[24] Deshalb mußte auch auf das Testen bestimmter Distributed-Lag-Modelle, wie z.B. Koyck-Lag und Almon-Lag verzichtet und mit einem pragmatischen, einfachen Modell gearbeitet werden. Vgl. zu den verschiedenen Lag-Modellen und deren ökonometrischer Schätzung z.B. Maddala 1977, S. 355ff.

Verzögerungsstrukturen der Kapazitätsanpassungen entsprechen. Von den insgesamt 25 getesteten Varianten werden die Ergebnisse für 13 Parameterkonstellationen in Schaubild 4.6 dargestellt.

Als Fehlermaße werden jeweils der Root mean square percentage error (RMSPE) und der mean percentage error (MPE) für Bruttoproduktion und Investitionen insgesamt herangezogen.[25] Auf der Abzisse werden die im Simulationsverlauf verwendeten Parameter $p_1$, $p_2$, $p_3$ abgetragen. Der Simulationsverlauf mit $p_1$, $p_2$, $p_3$ = (1.00, 0.00, 0.00) stellt also das ursprüngliche Modell mit vollständiger Anpassung in der ersten Periode dar, während der Lauf mit $p_1$, $p_2$, $p_3$ = (0.50, 0.30, 0.20) von einer Anpassung von 50 vH in der ersten, 30 vH in der zweiten und 20 vH in der dritten Periode ausgeht.

Die Analyse der Fehlermaße ergibt, daß durch die Einführung eines flexiblen Akzelerators eine deutliche Verbesserung der Anpassungsgüte des Modells im Ex-post-Zeitraum erreicht werden kann. Von allen hier ausgewiesenen Parameterkonstellationen zeigen sich für das ursprüngliche Modell mit vollständiger Kapazitätsanpassung in einer Periode die eindeutig schlechtesten Ergebnisse. Schon eine Verteilung der Kapazitätsanpassung auf zwei Perioden bewirkt ein spürbares Absinken der Fehlermaße (insbesondere für die Variante (0.80, 0.20, 0.00)). Unter allen getesteten Parameterkonstellationen wird die beste Anpassung im Ex-post-Zeitraum durch eine Verteilung der Kapazitätsanpassung auf drei Perioden mit den Parametern (0.50, 0.30, 0.20) erzielt.[26] Den Verlauf von tatsächlichen und simulierten Werten für Bruttoproduktion und Investitionen mit dieser Modellvariante zeigt Schaubild 4.7.

---

[25] Auf eine Darstellung der Fehlermaße für die Beschäftigten wurde verzichtet, da die Entwicklung der Beschäftigten an die Bruttoproduktion "angekoppelt" ist und die Ex-post-Werte nur für einen Teilbereich - 1976 bis 1983 - des Ex-post-Zeitraums vorliegen. Der Theil'sche Ungleichheitskoeffizient wurde nicht mit dargestellt, weil er sich nur im Niveau, aber nicht im Verlauf bei Parameteränderungen vom RMSPE unterscheidet. Er weist für dieselben Parameterwerte Minima auf wie der RMSPE.

[26] In der Umgebung dieser Parameterwerte wurden noch zusätzliche Simulationsläufe mit Veränderung von jeweils wenigen Prozent durchgeführt, ohne daß eine weitere Verbesserung erzielt werden konnte. Ein solches Vorgehen erscheint methodisch darüber hinaus fragwürdig, weil es im Sinne eines "data-mining" die Gefahr einer Überanpassung des Modells an die Bedingungen im Ex-post-Zeitraum in sich birgt.

**Schaubild 4.6**

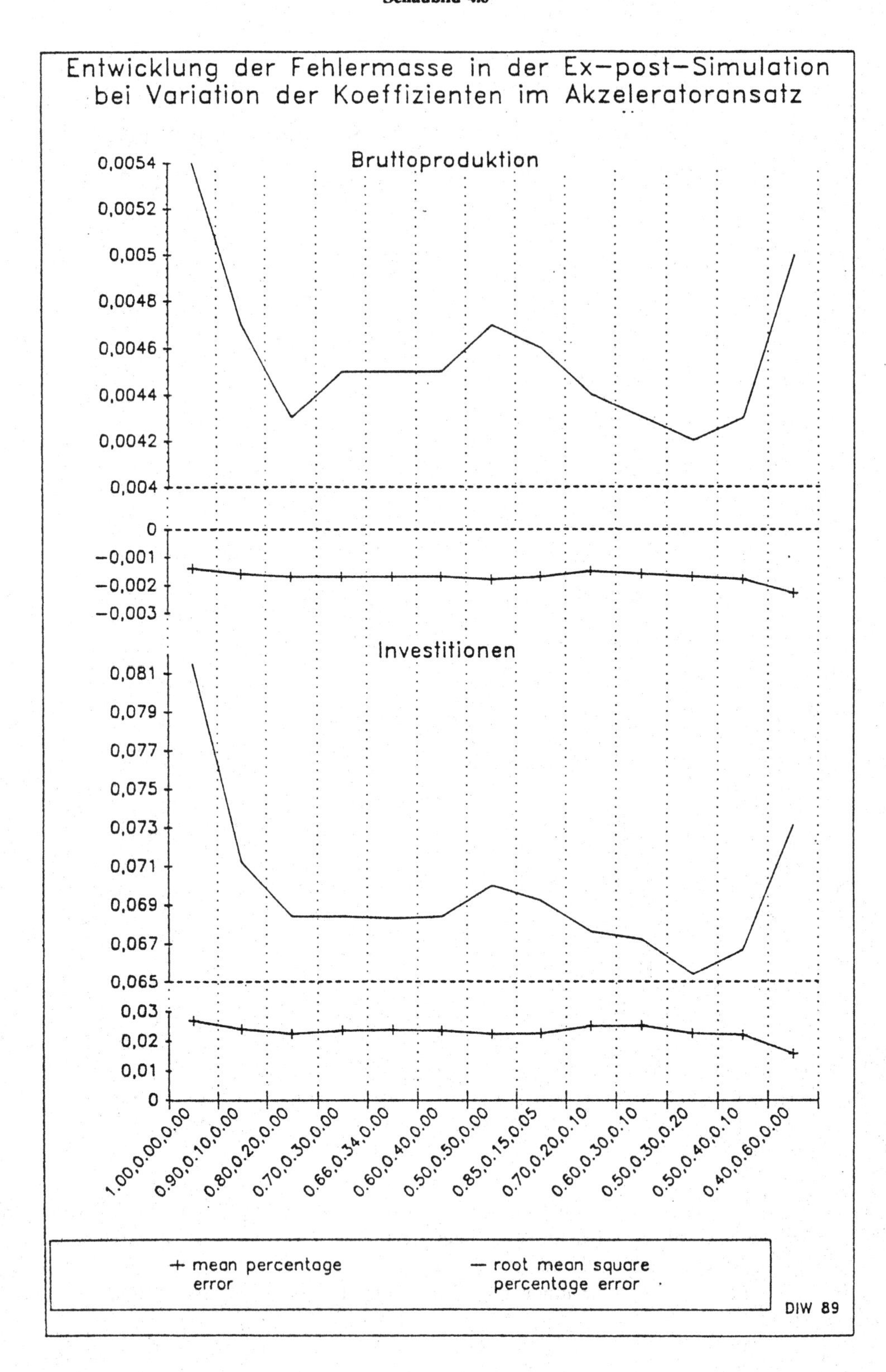

**Schaubild 4.7**

EX–POST–SIMULATION 1970 – 1983 MIT FLEXIBLEM AKZELERATOR
BRUTTOPRODUKTIONSWERTE
– INSGESAMT –

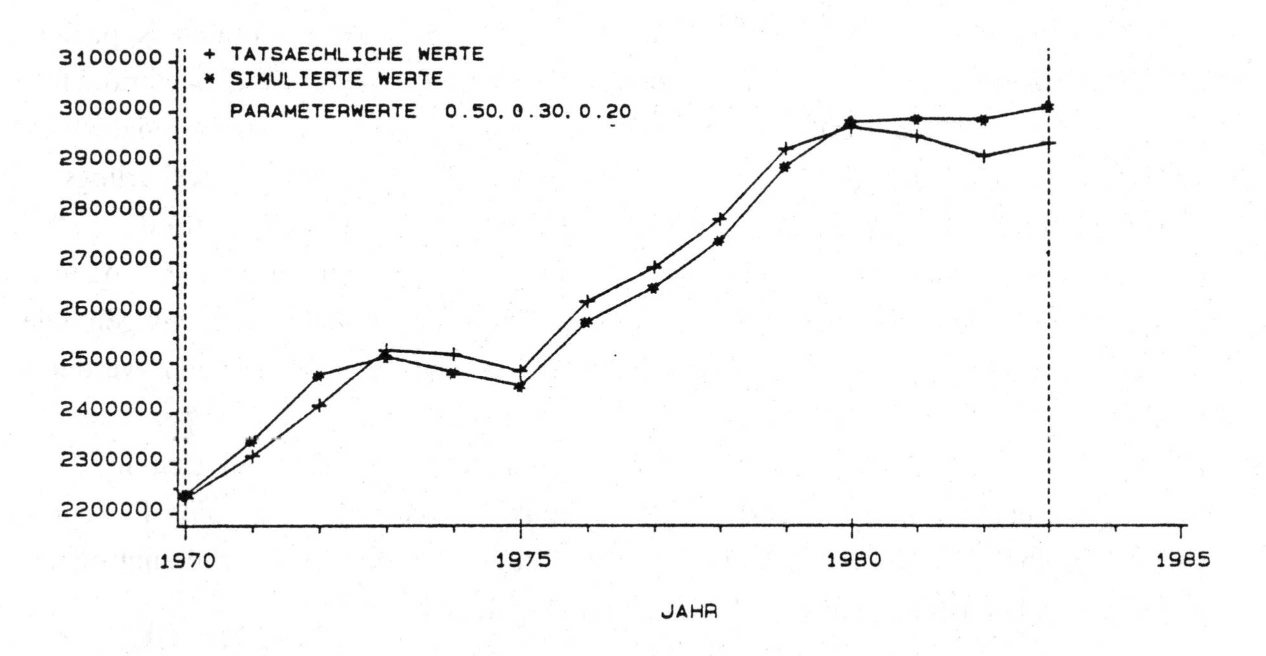


BRUTTOINVESTITIONEN
– INSGESAMT –

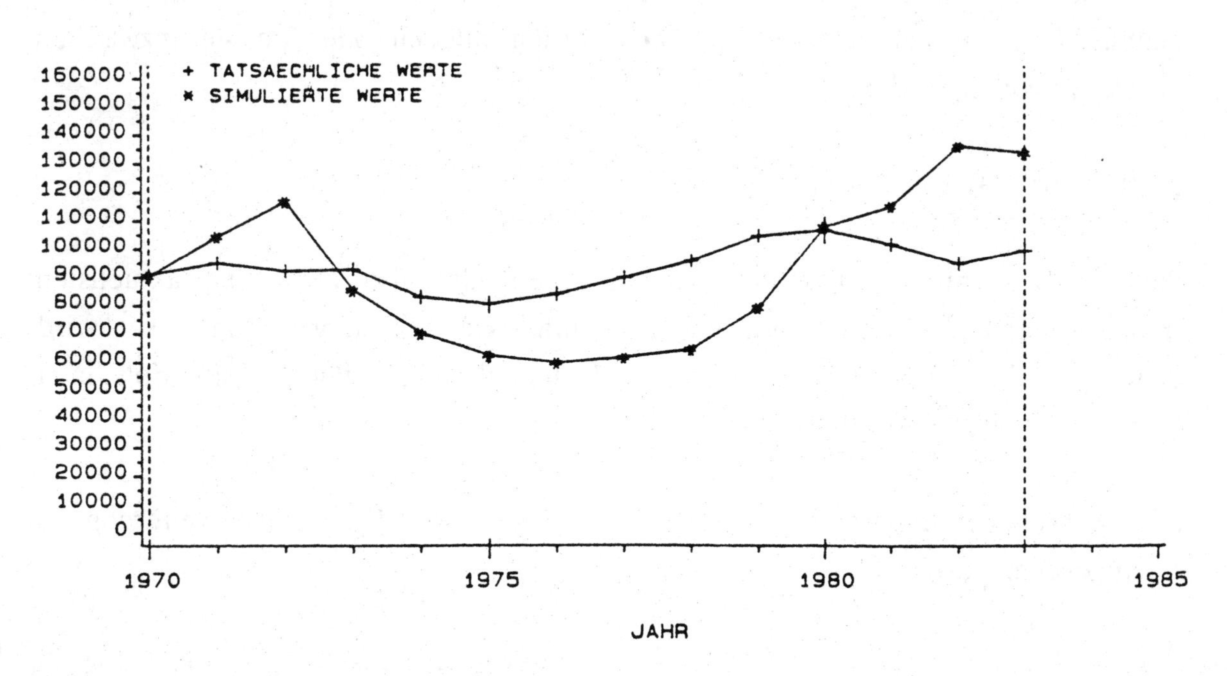


QUELLE: INPUT-OUTPUT-RECHNUNG DES DIW. DIW 1989.

#### *4.2.1.4 Ex-post-Simulationen für Modellversionen mit flexiblem Akzelerator und Revision der sektoralen Kapazitätserweiterungspläne*

Der Gedanke, eine für die Periode $t+\tau$ geplante Kapazitätsanpassung auf m Perioden zu verteilen, legt die Überlegung einer Revision der sektoralen Kapazitätserweiterungspläne, die in der Periode t geplant, aber erst in den Perioden $t+\tau$, ..., $t+\tau+m$ realisiert werden, nahe. Ausgangspunkt der Revisionsmöglichkeit der sektoralen Kapazitätserweiterungspläne ist die Tatsache, daß Erweiterungswünsche, die in der Periode t gemäß (2-32) und (2-33) für die Periode $t+\tau$ geplant werden und entsprechend dem flexiblen Akzelerator in den Perioden $t+\tau$, ..., $t+\tau+m$ realisiert werden, auf der Basis der Planungsbedingungen, die in der Periode $t+1$ herrschen, einer erneuten Überprüfung unterzogen werden können. Ergibt sich zum Beispiel im Sektor i zum Zeitpunkt t ein Kapazitätserhöhungswunsch für die Periode $t+\tau$, so ist durchaus denkbar, daß sich in der Planungsperiode $t+1$ eine gewünschte Produktionskapazität für die Periode $t+1+\tau$ ergibt, die eine vollständige Durchführung der Kapazitätserhöhungspläne gemäß dem Planungsstand aus der Periode t unnötig macht.

Dieser Grundgedanke der Revision der Kapazitätserweiterungspläne aus den Vorperioden wird so realisiert, daß in jeder Periode $t+\tau$ überprüft wird, ob die aus der Vergangenheit resultierenden Erweiterungspläne aufgrund der neuen Planungssituation noch realisiert werden müssen oder ob sie inzwischen obsolet geworden sind. Sei

(4-9) $\quad o_i^{alt}(t+\tau) \qquad i = 1, ..., n$

die sich aus früheren Planungsperioden ergebende, also nicht den aktuellsten Informationsstand berücksichtigende geplante Kapazitätserweiterung, so wird diese nur dann realisiert, falls aufgrund der aktuellen Planungssituation in t für $t+\tau$ noch eine Kapazitätserhöhung $\sigma_i^{neu}(t+\tau)$ gewünscht wird.

Die tatsächlich insgesamt in $t+\tau$ durchgeführte Kapazitätserweiterung ist somit gegeben durch

$$(4\text{-}10) \quad o_i^{insg}(t+\tau) = \begin{cases} o_i^{alt}(t+\tau) + o_i^{neu}(t+\tau), & \text{falls } o_i^{neu}(t+\tau) > 0 \\ 0 & \text{sonst}. \end{cases}$$

Mit diesem modifizierten Modell, das neben einem flexiblen Akzelerator nunmehr auch eine Revision der Kapazitätserweiterungspläne beinhaltet, wurden wiederum - wie im vorigen Kapitel - zahlreiche Simulationsläufe im Ex-post-Zeitraum unter Variation der Koeffizienten im Akzeleratoransatz durchgeführt.

Schaubild 4.8 zeigt die Entwicklung der Fehlermaße für Bruttoproduktion und Investitionen in vergleichbarer Darstellung zu Schaubild 4.6. Bei einer Verteilung der Kapazitätserweiterungsinvestitionen auf zwei Perioden werden nunmehr mit der Parameterkonstellation (0.60, 0.40, 0.00) die günstigsten Werte erreicht, während bei einer Verteilung auf drei Perioden die Variante (0.50, 0.40, 0.10) zu den besten Ergebnissen führt. Diese Parameterkonstellation weicht nur geringfügig von der im vorigen Kapitel ermittelten günstigsten Variante ab. Die Entwicklung der tatsächlichen und simulierten Verläufe von Bruttoproduktion und Investitionen sind in Schaubild 4.9 wiedergegeben.

Insgesamt liegt das Niveau der Fehlermaße in der Variante mit Revision der Kapazitätserweiterungspläne etwas höher als für die Version, in der nur der flexible Akzelerator ohne Planrevision berücksichtigt wird. Trotz der geringfügig schlechteren Anpassung im Ex-post-Zeitraum wird im weiteren Verlauf der Untersuchung mit der zuletzt vorgestellten Version des dynamischen Input-Output-Modells, also unter Berücksichtigung eines flexiblen Akzelerators mit den Parametern (0.50, 0.40, 0.10) und Möglichkeit der Revision der Kapazitätserweiterungspläne, weitergearbeitet.

**Schaubild 4.8**

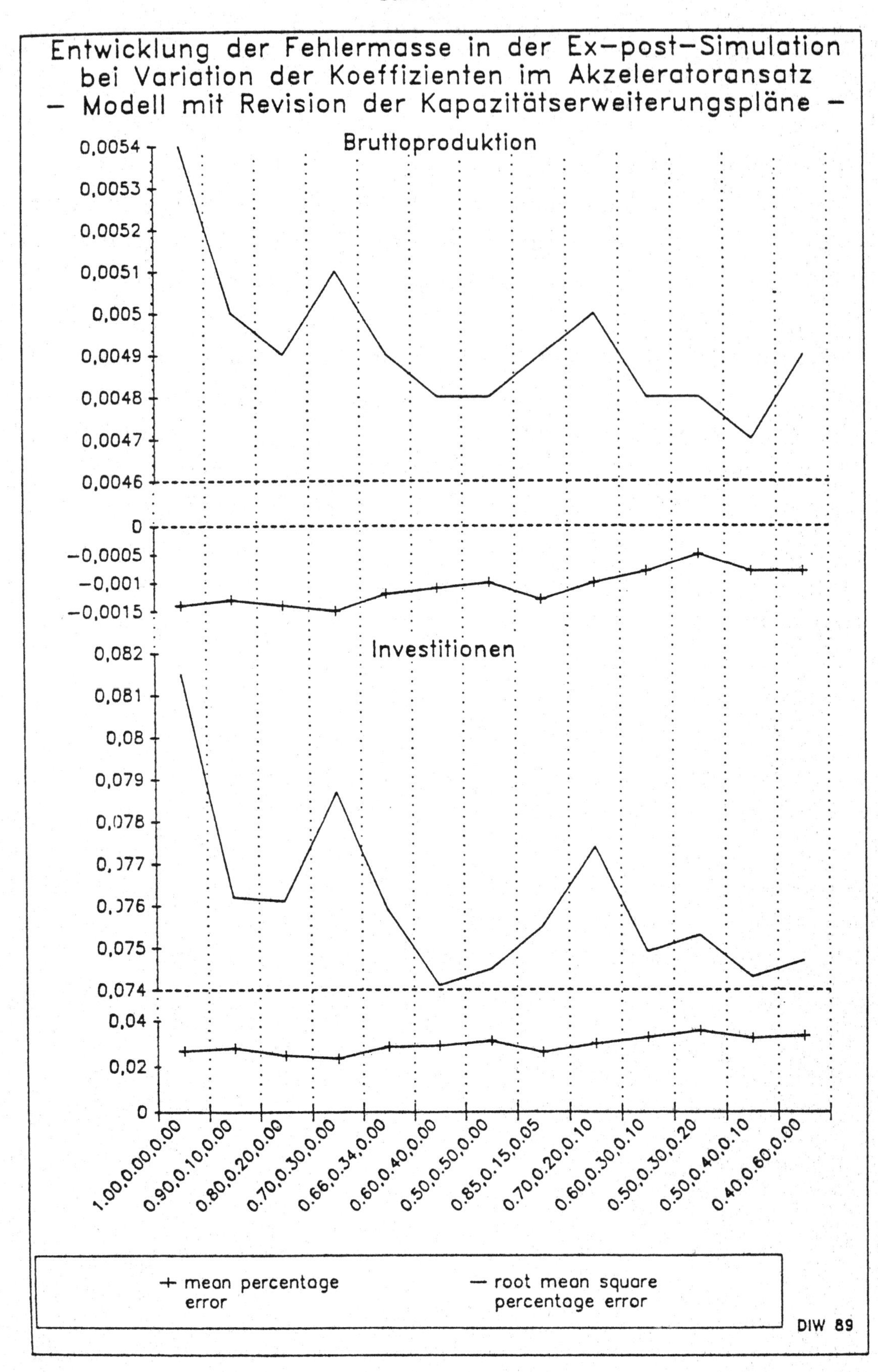

**Schaubild 4.9**

EX–POST–SIMULATION 1970 – 1983 MIT FLEXIBLEM AKZELERATOR
UND REVISION DER KAPAPZITAETSERWEITERUNGSPLAENE
- BRUTTOINVESTITIONEN INSGESAMT -

MILL. DM

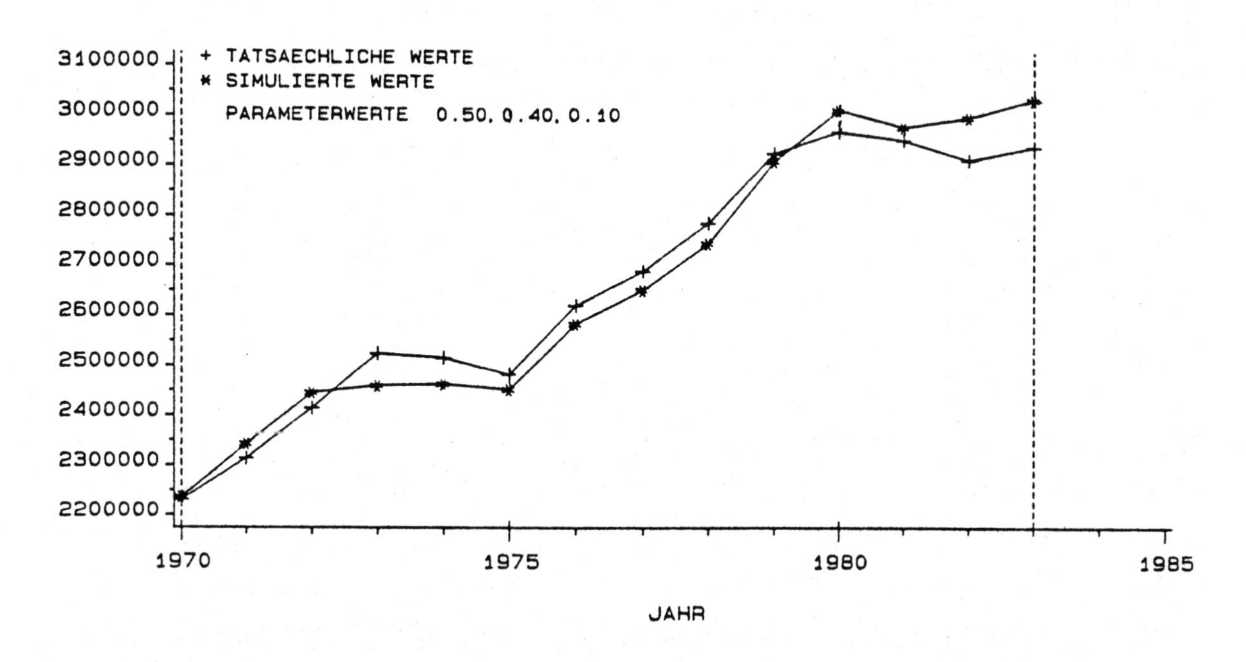


BRUTTOINVESTITIONEN
- INSGESAMT -

MILL. DM

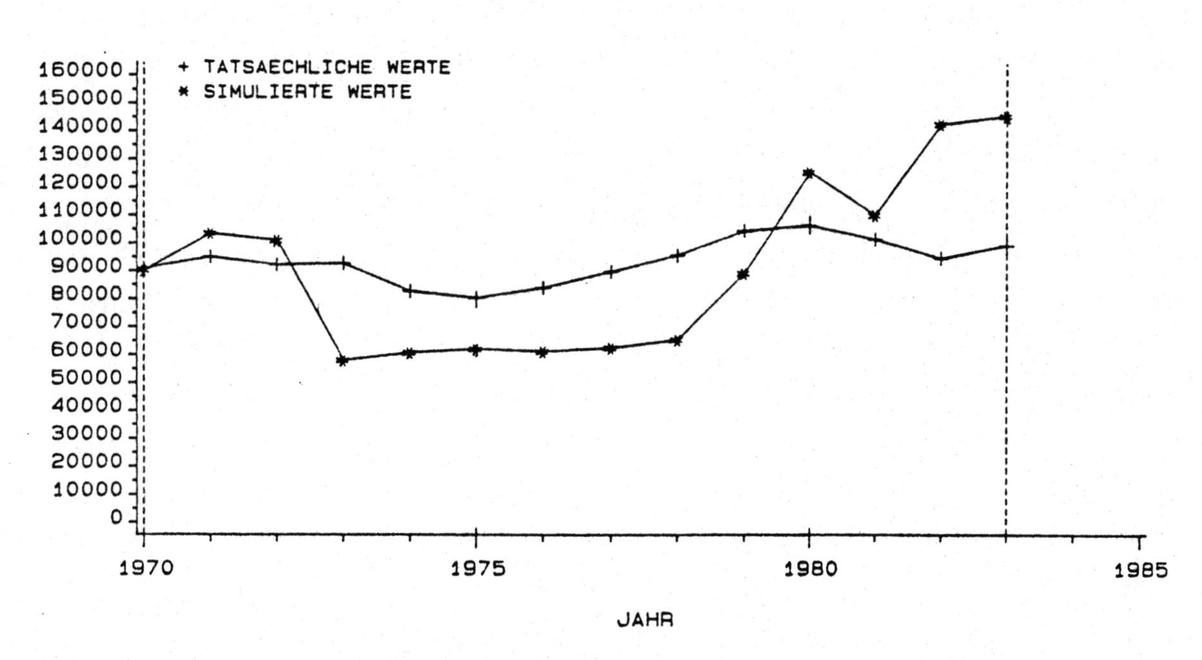


QUELLE: INPUT-OUTPUT-RECHNUNG DES DIW. DIW 1989.

Für diese Entscheidung sind im wesentlichen zwei Gründe ausschlaggebend. Zum einen darf bei der Bewertung der Fehlermaße nicht übersehen werden, daß diese von der Wahl der Ex-post-Periode und dem tatsächlichen Verlauf der ökonomischen Variablen in dieser Periode abhängig sind. Wenn in dieser Periode besondere ökonomische Entwicklungen zum Tragen kommen, kann eine "Überanpassung" des Modells an die Besonderheiten der Ex-post-Periode bei Simulationen außerhalb dieser Periode zu unerwünschten Eigenschaften des Modells führen. Da in den betrachteten Ex-post-Zeitraum zwei weltwirtschaftliche Schocks in Form von Ölpreiskrisen fielen, die in der Bundesrepublik Deutschland besonders im Zeitraum nach 1978 zu erheblichen Einbrüchen des wirtschaftlichen Wachstums führten, sollte deshalb eine Überbetonung der Anpassungsgüte im Ex-post-Zeitraum vermieden werden.

Zum anderen muß die Entscheidung über die im weiteren Verlauf der Arbeit benutzte Modellversion vor dem Hintergrund der mit dem Modell beabsichtigten Analysen getroffen werden. Der Hauptzweck des dynamischen Input-Output-Modells besteht nicht in einer Anwendung als Prognosemodell, sondern es soll für die Untersuchung der Arbeitsmarktwirkungen ausgewählter neuer Techniken eingesetzt werden. Diese Beschäftigungseffekte werden durch den Vergleich verschiedener Simulationen des Modells unter der Annahme der Diffusion der neuen Technik mit einer Referenzsimulation ohne Einführung dieser Technik ermittelt. Bei dieser Vorgehensweise sind die Prognoseeigenschaften des Modells nicht von so großer Bedeutung, da davon ausgegangen werden kann, daß der reine Prognosefehler des Modells in Referenzlauf und Techniksimulationen die gleiche Größenordnung haben dürfte. Analysiert man die Effekte der neuen Technik, indem man die Differenz zwischen Referenzsimulation und Techniksimulation betrachtet, kann man im allgemeinen davon ausgehen, daß sich der modellimmanente Prognosefehler in beiden Simulationen durch die Differenzbildung im wesentlichen aufhebt.[27]

Bei dieser Art des Einsatzes des dynamischen Modells als Simulationsmodell ist deshalb die plausible Abbildung von ökonomischen Verhaltensmustern von größerer Bedeutung als die reinen Prognoseeigenschaften des Modells. Da von

---

[27] Vgl. zu diesem Argument z.B. Blazejczak 1987.

den hier diskutierten Modellvarianten die Version mit flexiblem Akzelerator und Revision der Kapazitätserweiterungspläne die plausibelsten ökonomischen Mechanismen enthält, spricht auch diese Argumentation für eine Verwendung der ausgewählten Modellversion im weiteren Verlauf der Untersuchung.

## *4.3 Eine Referenzsimulation mit dem dynamischen Input-Output-Modell für den Zeitraum 1970 bis 1995*

Aus den zum Schluß des letzten Kapitels angestellten Überlegungen ist deutlich geworden, daß die Analyse der Arbeitsmarktwirkungen der Diffusion von neuen Techniken das Vorhandensein einer Referenzsimulation erfordert. Diese Referenzsimulation dient als Vergleichsbasis, an der dann die Simulationen mit Berücksichtigung des Diffusionsprozesses gemessen werden können.

Obwohl diese Referenzsimulation nicht den Anspruch einer gesicherten Prognose der tatsächlichen zukünftigen ökonomischen Entwicklung der Volkswirtschaft der Bundesrepublik Deutschland hat und dies auch für die hier durchgeführte Untersuchung nicht notwendig ist, soll doch der Versuch unternommen werden, für die exogenen Variablen realistische Größen vorzugeben

Als Prognosehorizont wird das Jahr 1995 gewählt, vor allem deshalb, weil bis zu diesem Zeitpunkt eine relativ zuverlässige Prognose des Diffusionsprozesses der zu untersuchenden neuen Technik möglich erscheint.[28] Notwendig für eine Simulation des dynamischen Input-Output-Modells bis zum Jahr 1995 ist die exogene Vorgabe einer sektoral differenzierten Prognose für die Endnachfrage bis zum Zieljahr. Die exogen vorzugebende Endnachfrage umfaßt definitionsgemäß nur den nicht-investiven Teil, also den privaten Verbrauch, die Exporte und die Vorratsveränderungen, da die Investitionsentwicklung modellendogen erklärt wird. Hierfür kann auf eine vom DIW in Zusammenarbeit mit Branchenexperten erarbeitete, voll auf die Input-Output-Systematik abgestellte Prognose

[28] Hierauf wird in Kapitel 7 noch näher eingegangen.

für den privaten Verbrauch und die Exporte zurückgegriffen werden.[29] Diese sektoralen Prognosen sind in ihren Eckwerten mit gesamtwirtschaftlichen, auf der Grundlage eines ökonometrischen Langfristmodells erarbeiteten Prognosen abgestimmt.[30] Sie liegen als jahresdurchschnittliche Veränderungsraten über einen längeren Zeitraum vor, sind also gemäß ihrer Intention von konjunkturellen Einflüssen bereinigt. Damit geben sie ein "glatteres" Wachstumsprofil für die Endnachfrage vor, als es in der Realität zu erwarten ist. Tabelle 4.5 enthält die jahresdurchschnittlichen Veränderungsraten der exogen vorgegebenen Endnachfrage für den Prognosezeitraum sowie zum Vergleich die durchschnittlichen Werte für den Ex-post-Zeitraum.

Da keine Informationen über die zukünftige Entwicklung der Parameter der A-, B-, R- und L-Matrizen vorliegen, werden diese im Referenzlauf ab 1984 konstant gelassen. Das bedeutet, daß die Volkswirtschaft im Referenzlauf bezüglich der strukturellen und technologischen Verflechtung auf dem Stand von 1984 "eingefroren" wird. Dieses methodische Vorgehen bedeutet, daß die Ergebnisse des Referenzlaufs nicht dem Anspruch gerecht werden können, eine "realistische" oder "wahrscheinliche" Entwicklung der zukünftigen Struktur der Volkswirtschaft zu beschreiben. In der Weise, in der der Referenzlauf in dieser Arbeit benutzt wird, ist dieser Anspruch jedoch nicht notwendig, da nur die Differenzen zwischen Referenzlauf (ohne Diffussion der neuen Technik) und Simulationslauf (mit Diffusion der neuen Technik) analysiert werden.

Um dennoch einen Eindruck von den langfristigen dynamischen Eigenschaften des Modells im Ex-ante-Zeitraum 1984 bis 1995 zu gewinnen, ist in Schaubild 4.10 die Entwicklung von Bruttoproduktion und Bruttoinvestitionen insgesamt graphisch dargestellt. Man erkennt zum einen, daß das dynamische Input-Output-Modell bei der exogenen Vorgabe eines "glatten" Wachstumsprozesses für die Endnachfrage modellogisch ein relativ stetiges Wachstum von Bruttoinvestitionen und Bruttoproduktion erzeugt, modellendogen also keine - in einer langfristigen Betrachtung unerwünschten - zyklischen Schwankungen, zumindest

---

[29] Vgl. zu den Methoden der Prognose von ökonomischen Daten unter den Konsistenzbedingungen der Input-Output-Analyse Weiß 1976.

[30] Vgl. Blazejczak 1987 und Blazejczak 1989.

Tabelle 4.5
Durchschnittliche jährliche Veränderungsraten der Endnachfrage im dynamischen Input-Output-Modell im Referenzlauf

| | Wirtschaftsbereiche | Ex-post | Ex-ante |
|---|---|---|---|
| | | Zeitraum | |
| | | 1970/83 | 1984/95 |
| 1 | Land- und Forstwirtschaft, Fisch. | 3,04 | 0,50 |
| 2 | Elektrizitäts- u. Fernwärmevers. | 4,71 | 1,97 |
| 3 | Gasversorgung | 7,65 | 3,98 |
| 4 | Wasserversorgung | -0,96 | 2,25 |
| 5 | Bergbau | -4,22 | -2,08 |
| 6 | Chem. Ind., Spalt-, Brutstoffe | 6,79 | 3,45 |
| 7 | Mineralölverarbeitung | 0,23 | -4,76 |
| 8 | Kunststoffwaren | 9,16 | 6,28 |
| 9 | Gummiwaren | 5,96 | 2,15 |
| 10 | Steine, Erden | 2,53 | 1,60 |
| 11 | Feinkeramik | 0,85 | 0,61 |
| 12 | Glasgewerbe | 3,83 | 3,77 |
| 13 | Eisenschaffende Industrie | 2,79 | -1,48 |
| 14 | NE-Metallerzeugung und -bearb. | 9,20 | 1,33 |
| 15 | Gießereien | 2,33 | 3,94 |
| 16 | Ziehereien und Kaltwalzwerke | 3,06 | 1,32 |
| 17 | Stahl- und Leichtmetallbau | 2,46 | 0,95 |
| 18 | Maschinenbau | 1,40 | 3,74 |
| 19 | Büromaschinen, ADV | 24,68 | 15,22 |
| 20 | Straßenfahrzeugbau | 3,85 | 4,28 |
| 21 | Schiffbau | -0,72 | -3,16 |
| 22 | Luft- und Raumfahrzeugbau | 16,21 | 7,29 |
| 23 | Elektrotechnik | 7,27 | 3,73 |
| 24 | Feinmechanik, Optik | 4,98 | 3,33 |
| 25 | EBM-Waren | 1,66 | 1,84 |
| 26 | Musikinstrumente, Spielwaren | -1,16 | -0,83 |
| 27 | Holzbearbeitung | 2,04 | 0,71 |
| 28 | Holzverarbeitung | 1,27 | 2,56 |
| 29 | Zellstoff- und Papiererzeugung | 11,95 | 3,72 |
| 30 | Papierverarbeitung | 3,85 | 2,62 |
| 31 | Druckerei | 3,44 | 2,40 |
| 32 | Textilgewerbe | 1,62 | 1,25 |
| 33 | Ledergewerbe | -1,52 | -2,37 |
| 34 | Bekleidungsgewerbe | -0,77 | -1,23 |
| 35 | Ernährungsgewerbe | 2,52 | 2,10 |
| 36 | Baugewerbe | -0,01 | 0,42 |
| 37 | Großhandel, Handelsvermittlung | 4,26 | 1,42 |
| 38 | Einzelhandel | 3,30 | 1,86 |
| 39 | Eisenbahnen | 2,31 | 2,67 |
| 40 | Schiffahrt, Häfen | 3,45 | 2,71 |
| 41 | übriger Verkehr | 3,12 | 2,22 |
| 42 | Deutsche Bundespost | 7,53 | 3,59 |
| 43 | Kreditinstitute | 12,56 | 16,42 |
| 44 | Versicherungsunternehmen | 6,89 | 5,08 |
| 45 | Wohnungsvermietung | 5,37 | 2,80 |
| 46 | Gastgewerbe, Heime | 1,38 | 2,28 |
| 47 | Bildung, Wissensch., Kultur | 4,34 | 4,18 |
| 48 | Gesundheits- und Veterinärw. | 4,76 | 1,11 |
| 49 | übrige Dienstleistungen | 2,25 | 1,98 |
| 50 | Staat | 3,21 | 1,49 |
| 51 | Priv. HH., Org. o. Erwerb. | 1,70 | 2,98 |
| | Alle Wirtschaftsbereiche | 2,92 | 2,14 |

Quelle: Schätzungen des DIW.

**Schaubild 4.10**

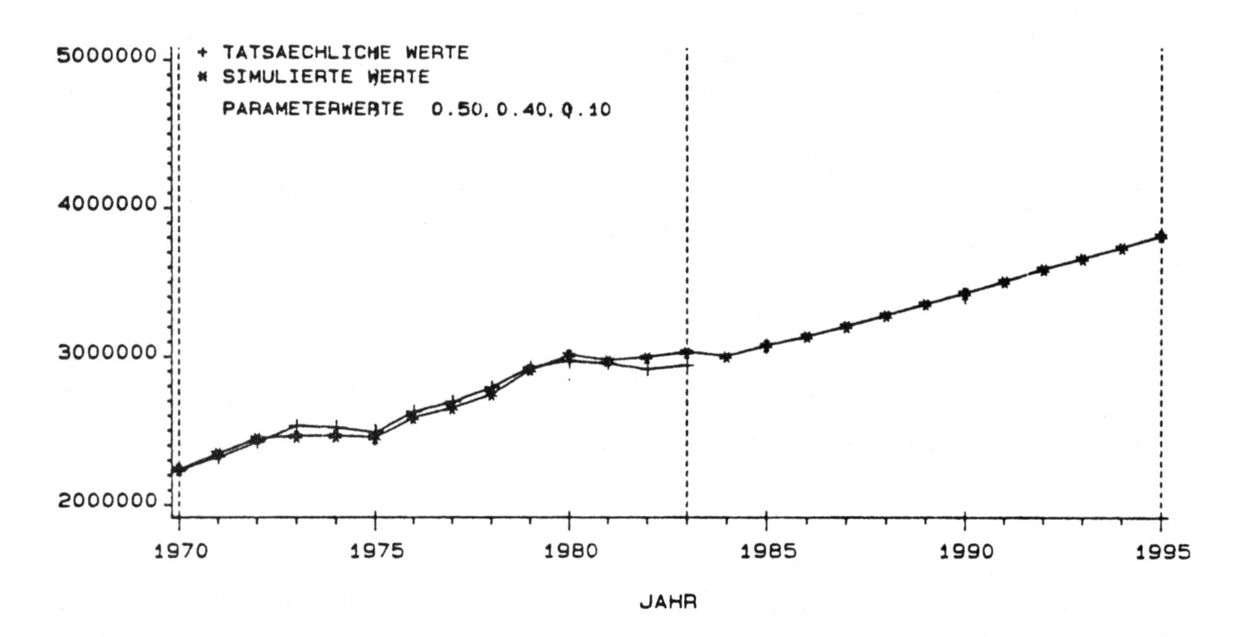


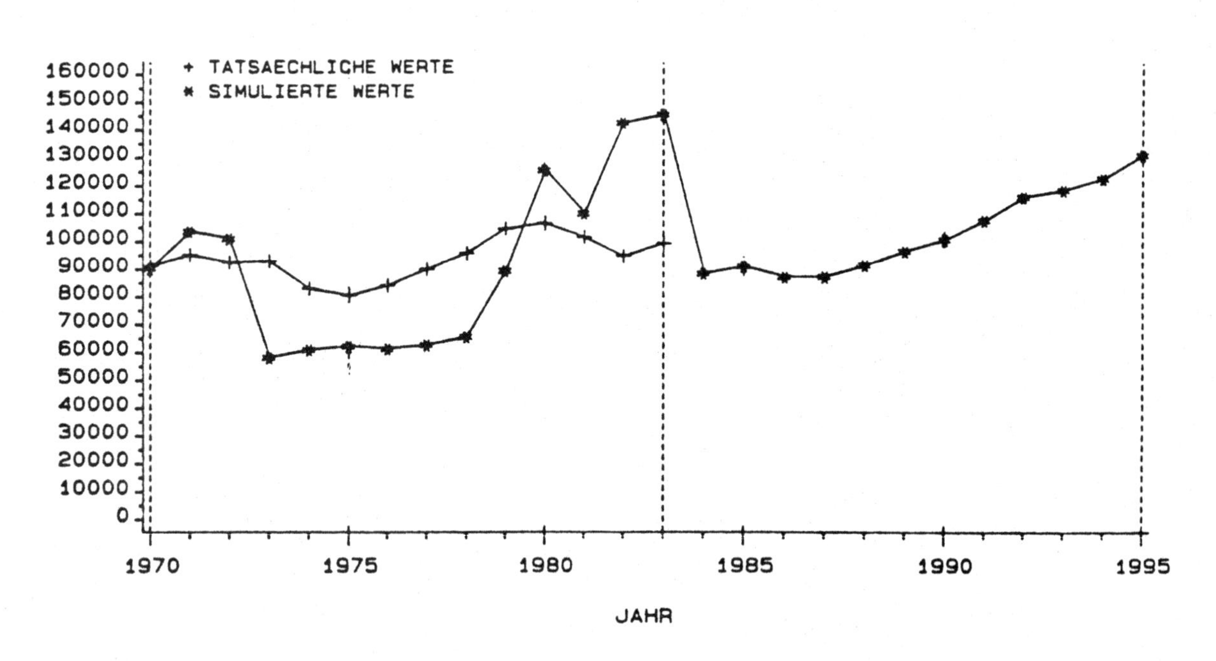


QUELLE: INPUT-OUTPUT-RECHNUNG DES DIW. DIW 1989.

für die Aggregate, produziert werden. Diese Aussage kann natürlich nur für den hier unterstellten Verlauf der Endnachfrage getroffen werden und läßt sich nicht ohne weitere Untersuchungen verallgemeinern. Die Entwicklung der Investitionen deutet darauf hin, daß das Modell zum Ende des Ex-post-Zeitraums einen Aufbau von Produktionskapazitäten prognostiziert, der die Notwendigkeiten, die sich aus der Prognose für die Endnachfrage ergeben, überschreitet. Daraus resultiert zu Anfang des Ex-ante-Zeitraums eine relativ schwache Investitionsentwicklung.

Auch wenn im Referenzlauf, wie oben beschrieben, die technologische Struktur der Volkswirtschaft auf dem Stand des Jahres 1984 eingefroren bleibt, verschieben sich dennoch im Zeitverlauf die Strukturen von Bruttoproduktion, Investitionen und Beschäftigung. Dies ist darin begründet, daß sich die sektoralen Wachstumsraten der Endnachfrage unterscheiden und so über die modellendogenen direkten und indirekten Struktureffekte der Vorleistungs- und Investitionsverflechtung zu unterschiedlichen sektoralen Wachstumspfaden führen. Dies wird deutlich aus den Ergebnissen der Tabelle 4.6, in der die sektoralen durchschnittlichen jährlichen Wachstumsraten für Bruttoproduktion und Beschäftigung im Ex-post- bzw. Ex-ante-Zeitraum einander gegenübergestellt werden. Obwohl über alle Wirtschaftsbereiche gerechnet die durchschnittlichen jährlichen Wachstumsraten der Bruttoproduktion sich in Ex-post-Zeitraum (2,36 vH) und im Ex-ante-Zeitraum (2,20 vH) nur wenig unterscheiden, gibt es bei sektoraler Betrachtungsweise erhebliche Abweichungen. Dies gilt sowohl, wenn man in einem der beiden Zeiträume die Spannweite der sektoralen Wachstumsraten betrachtet, als auch wenn man die Unterschiede für einzelne Sektoren in beiden Analyse-Zeiträumen in Betracht zieht. Wenn auch die Validität einzelner sektoraler Entwicklungen hier nicht diskutiert werden kann, zeigt sich für die Bruttoproduktion doch insgesamt und in sektoraler Dimension ein plausibler Verlauf.

Dies ist für die Entwicklung der Beschäftigung offensichtlich nicht der Fall. Ergibt sich im Zeitraum 1976 bis 1983 gesamtwirtschaftlich ein Rückgang von jährlich 2,3 vH, prognostiziert das Modell für den Ex-ante-Zeitraum einen Zuwachs der Beschäftigung von jährlich 2,3 vH. Dies ist vor dem Hintergrund, daß das jährliche Wachstum der Bruttoproduktion in beiden

Tabelle 4.6

**Vergleich der Entwicklung von Bruttoproduktion und Beschäftigung im Ex-post-Zeitraum (tatsächliche Werte) und im Ex-ante-Zeitraum (simulierte Werte)**

**- durchschnittliche jährliche Veränderungsraten in vH -**

| | | Bruttoproduktionswerte | | | Beschäftigte | |
|---|---|---|---|---|---|---|
| | | Ex-post | | Ex-ante | Ex-post | Ex-ante |
| | | Zeitraum | | | Zeitraum | |
| | Wirtschaftsbereiche | 1970/83 | 1976/83 | 1984/95 | 1976/83 | 1984/95 |
| 1 | Land- und Forstwirtschaft,Fisch. | 1,49 | 2,15 | 1,73 | -2,47 | 1,89 |
| 2 | Elektrizitäts- u. Fernwärmevers. | 4,79 | 3,68 | 2,01 | 0,55 | 2,22 |
| 3 | Gasversorgung | 7,26 | 5,58 | 2,57 | 2,68 | 2,93 |
| 4 | Wasserversorgung | 1,90 | 1,12 | 2,30 | -1,75 | 2,59 |
| 5 | Bergbau | -2,36 | -0,82 | 0,94 | -1,21 | 0,98 |
| 6 | Chem. Ind., Spalt-, Brutstoffe | 3,46 | 1,64 | 2,65 | -0,67 | 3,02 |
| 7 | Mineralölverarbeitung | 0,76 | 0,92 | -0,59 | 0,38 | -0,57 |
| 8 | Kunststoffwaren | 5,89 | 5,57 | 3,30 | 2,01 | 3,90 |
| 9 | Gummiwaren | 0,26 | 1,93 | 2,46 | -1,51 | 2,79 |
| 10 | Steine, Erden | 0,32 | -1,74 | 1,12 | -2,25 | 1,18 |
| 11 | Feinkeramik | 0,07 | 0,22 | 1,06 | -1,79 | 1,12 |
| 12 | Glasgewerbe | 1,23 | 2,27 | 2,57 | -1,43 | 2,93 |
| 13 | Eisenschaffende Industrie | -0,61 | -1,21 | 0,97 | -3,23 | 1,02 |
| 14 | NE-Metallerzeugung und -bearb. | 2,98 | 1,28 | 2,01 | -2,42 | 2,22 |
| 15 | Gießereien | -0,28 | 2,57 | 2,84 | -1,66 | 3,28 |
| 16 | Ziehereien und Kaltwalzwerke | 0,52 | 0,84 | 2,33 | -1,25 | 2,62 |
| 17 | Stahl- und Leichtmetallbau | 2,75 | 4,61 | 1,66 | -0,53 | 1,81 |
| 18 | Maschinenbau | 1,81 | 3,20 | 3,22 | -1,54 | 3,79 |
| 19 | Büromaschinen, ADV | 10,76 | 13,97 | 5,73 | -0,32 | 7,69 |
| 20 | Straßenfahrzeugbau | 3,05 | 3,45 | 3,40 | 1,54 | 4,04 |
| 21 | Schiffbau | -0,34 | -4,96 | -2,56 | -3,27 | -2,26 |
| 22 | Luft- und Raumfahrzeugbau | 10,37 | 8,77 | 2,88 | 4,29 | 3,33 |
| 23 | Elektrotechnik | 4,05 | 5,28 | 3,20 | -1,33 | 3,76 |
| 24 | Feinmechanik, Optik | 3,18 | 1,49 | 2,74 | -1,09 | 3,15 |
| 25 | EBM-Waren | 0,68 | 2,13 | 2,36 | -1,39 | 2,65 |
| 26 | Musikinstrumente, Spielwaren | -1,04 | -1,91 | -0,75 | -0,96 | -0,73 |
| 27 | Holzbearbeitung | 0,01 | -0,25 | 1,50 | -2,34 | 1,62 |
| 28 | Holzverarbeitung | 1,39 | 0,55 | 2,58 | -1,11 | 2,94 |
| 29 | Zellstoff- und Papiererzeugung | 2,35 | 3,93 | 2,72 | -1,24 | 3,12 |
| 30 | Papierverarbeitung | 0,72 | 2,31 | 2,26 | -1,02 | 2,53 |
| 31 | Druckerei | 0,75 | 0,62 | 2,73 | -2,46 | 3,13 |
| 32 | Textilgewerbe | -1,24 | -1,47 | 1,21 | -4,06 | 1,29 |
| 33 | Ledergewerbe | -3,05 | -2,97 | -2,01 | -3,43 | -1,82 |
| 34 | Bekleidungsgewerbe | -1,68 | -2,47 | -1,22 | -3,89 | -1,15 |
| 35 | Ernährungsgewerbe | 1,40 | 0,93 | 1,98 | -0,74 | 2,19 |
| 36 | Baugewerbe | 0,35 | 0,30 | 0,62 | -0,57 | 0,63 |
| 37 | Großhandel, Handelsvermittlung | 1,69 | 1,11 | 1,83 | -0,15 | 2,01 |
| 38 | Einzelhandel | 2,36 | 1,74 | 1,72 | -0,21 | 1,87 |
| 39 | Eisenbahnen | -0,48 | 0,02 | 2,15 | -2,66 | 2,40 |
| 40 | Schiffahrt, Häfen | -0,61 | -1,88 | 2,03 | -2,19 | 2,25 |
| 41 | übriger Verkehr | 3,32 | 3,36 | 1,88 | -12,78 | 2,07 |
| 42 | Deutsche Bundespost | 5,16 | 5,07 | 2,81 | 1,23 | 3,24 |
| 43 | Kreditinstitute | 4,81 | 4,58 | 6,05 | 1,92 | 8,26 |
| 44 | Versicherungsunternehmen | 5,59 | 5,08 | 3,35 | 0,54 | 3,97 |
| 45 | Wohnungsvermietung | 4,15 | 3,80 | 2,40 | 0,00 | 0,00 |
| 46 | Gastgewerbe, Heime | 0,96 | 0,77 | 2,11 | 1,00 | 2,35 |
| 47 | Bildung, Wissensch., Kultur | 4,31 | 4,68 | 3,03 | 1,60 | 3,53 |
| 48 | Gesundheits- und Veterinärw. | 3,74 | 0,99 | 1,08 | 3,46 | 1,14 |
| 49 | übrige Dienstleistungen | 5,32 | 6,59 | 2,29 | 2,15 | 2,58 |
| 50 | Staat | 2,91 | 1,80 | 1,43 | 1,53 | 1,54 |
| 51 | Priv. HH., Org. o. Erwerb. | 1,55 | 1,61 | 2,55 | 2,52 | 2,89 |
| | Alle Wirtschaftsbereiche | 2,36 | 2,30 | 2,20 | -2,29 | 2,34 |

Quelle: Input-Output-Rechnung des DIW.

Perioden nahezu gleich ist, natürlich unplausibel. Ursache hierfür ist, daß im Ex-ante-Zeitraum die Koeffizienten der L-Matrix unverändert auf dem Niveau des Jahres 1984 bleiben, was implizit der Annahme entspricht, daß die Arbeitsproduktivität für den Zeitraum 1984 bis 1995 nicht mehr steigt.

Für die geplante Untersuchung ist diese Tatsache insofern von Bedeutung, als aus diesem Grund die mit der Herstellung der Güter der neuen Technologie verbundenen direkten und indirekten Effekte etwas überhöht sein dürften. Dies würde allerdings dann ausgeglichen, wenn die mit der Anwendung der neuen Technologie verbundenen Freisetzungseffekte den zu erwartenden Produktivitätsanstieg ebenfalls nicht antizipieren würden, so daß auch sie um eine entsprechende marginale Differenz überhöht wären. Wegen der Art der Datengewinnung, die auf entsprechenden Erhebungen zum jetzigen Zeitpunkt beruht, ist zu erwarten, daß die zukünftigen Produktivitätseffekte nicht mit antizipiert werden, so daß es von daher zu einem Ausgleich kommen dürfte. Die Beschäftigungswirkungen der Diffusion der untersuchten neuen Technik werden also im Vergleich zu einer Volkswirtschaft gemessen, in der es nach dem Jahr 1984 keine anderen technischen und strukturellen Veränderungen als die modellimmanent aufgrund der exogenen Verschiebung der Endnachfrage sich ergebenden Veränderungen gibt.

## 5. Überblick über empirische Untersuchungen zu den Arbeitsmarktwirkungen des technischen Wandels

In den letzten Kapiteln ist ausführlich die theoretische Entwicklung und die empirische Implementierung eines dynamischen Input-Output-Modells für die Bundesrepublik Deutschland dargestellt worden. Im folgenden steht die Anwendung dieses Modells für die Analyse der Beschäftigungswirkungen ausgewählter neuer Techniken im Vordergrund. In diesem Kapitel wird der Versuch unternommen, unter methodischen Gesichtspunkten einen Überblick über bisher durchgeführte empirische Untersuchungen zu den Beschäftigungswirkungen neuer Technologien zu geben. Dieser Überblick kann in keiner Weise den Anspruch der Vollständigkeit erheben, sondern muß - um nicht den Rahmen dieser Arbeit zu sprengen - in mehreren Aspekten selektiv sein.[1] In räumlicher Dimension sollen vorwiegend Studien vorgestellt werden, die sich auf die Bundesrepublik Deutschland beziehen. Auf internationale Untersuchungen wird nur eingegangen, wenn sie entweder aufgrund ihrer Methode oder ihres Forschungsgegenstandes von besonderem Interesse sind. Aus der großen Zahl mikroökonomisch orientierter Studien können nur wenige der Arbeiten dargestellt werden, die zum einen repräsentativ für den gewählten Analyseansatz (Fallstudie, Unternehmensbefragung etc.) oder zum anderen mit ähnlichen Techniken befaßt sind.

Versucht man die vorliegenden Studien zu systematisieren, kann dies unter verschiedenen Gesichtspunkten geschehen (vgl. Übersicht 5.1). Eine Möglichkeit ist eine Systematisierung nach der vorherrschenden Analyseebene. Hier sind als Gegenpole die einzelwirtschaftlich orientierten Ansätze (Mikroebene) und die vorwiegend gesamtwirtschaftlich orientierten Ansätze (Makroebene) zu nennen. Zur Makroebene können auch sektoral disaggregierte Studien gezählt werden, soweit sie einen vorwiegend gesamtwirtschaftlich orientierten Ansatz verfolgen, also insbesondere nicht auf der mikroökonomischen Analyseebene verharren.

---

[1] Einen ausgezeichneten, ausführlichen Überblick über ein breites Spektrum empirischer Studien zum Thema Arbeitsmarktwirkungen moderner Technologien geben Friedrich, Ronning 1985a, 1985b und 1985c. Sie geben eine systematische Übersicht über insgesamt 17 Studien, wobei sie vorwiegend deutsche Untersuchungen vorstellen.

**Übersicht 5.1**

Kriterien zur Systematisierung von empirischen Untersuchungen zu den Arbeitsmarktwirkungen des technischen Wandels

| Kriterien | Merkmale |
| --- | --- |
| Analyseebene | Mikro-<br>Makro/sektoral |
| Abbildung des technischen Wandels | technikspezifisch<br>technikunspezifisch |
| Analysemethode | Fallstudie<br>Expertenbefragung<br>Unternehmensbefragung<br>analytische (nicht-formale) Verfahren<br>gesamtwirtschaftliche/sektorale formale Modelle |

Andere denkbare Gliederungsprinzipien sind die Unterscheidung zwischen technikspezifischen bzw. -unspezifischen Forschungsansätzen, wobei sich allerdings eine enge Korrespondenz mit der Gliederung nach der Analyseebene ergibt, da mikroökonomische Untersuchungen in der Regel technikspezifisch sind, während bei makroökonomischen Ansätzen die technikunspezifische Vorgehensweise dominiert. Von technikspezifischen Ansätzen soll gesprochen werden, wenn in den Studien genau identifizierte Technologien und nicht abstrakte Konzepte wie z.B. "Technischer Fortschritt" untersucht werden. Daß diese Unterscheidung nicht in allen Fällen trennscharf ist, läßt sich am Beispiel der Studien, die die Auswirkungen der "Mikroelektronik" untersuchen, belegen. Sie werden im folgenden als technikunspezifisch klassifiziert, wenn die verschiedenen Technologien, die mit dem Oberbegriff Mikroelektronik verbunden sind, nicht einzeln abgebildet werden. Auch eine Unterscheidung nach der vorwiegend verwendeten Analysemethode, also z.B. Fallstudie, Unternehmensbefragung oder gesamtwirtschaftliches formales Modell ist denkbar und im Ergebnis in manchen Aspekten mit einer Differenzierung nach der Analysebene vergleichbar.

## 5.1 *Vorwiegend gesamtwirtschaftlich ausgerichtete Studien*

In der wirschaftspolitischen Diskussion um die Arbeitsmarktwirkungen moderner Technologien haben in der Bundesrepublik Deutschland die Ende der 70er Jahre unter dem Stichwort "Kabinettstudien" bekannt gewordenen Untersuchungen der Projektgemeinschaften Ifo/ISI/Infratest[2] und Prognos/Mackintosh[3] eine prominente Rolle gespielt. Beide Studien zielen im Kern auf Analyse und Prognose der gesamtwirtschaftlichen Konsequenzen des technischen Wandels auf den Arbeitsmarkt bis zum Jahr 1990. Neben gesamtwirtschaftlichen Ergebnissen wird auch versucht, die sektorale und berufsmäßige Dimension des technischen Wandels zu berücksichtigen. Das Ifo-Institut hat nach eigenen Angaben ein breites Spektrum von Methoden - unter anderen ökonometrische Modellsimulationen und Input-Output-Analysen - angewendet, ohne daß jedoch im Detail quantitative Angaben über Annahmen und Ergebnisse dieser Modellrechnungen gemacht werden. Die Autoren der Prognos-Studie bezeichnen die von ihnen gewählte Methode als iteratives, sich gegenseitig kontrollierendes Schätzverfahren, wobei damit jedoch kein formal-mathematisches, sondern ein analytisches Interpretations- und Schätzverfahren gemeint ist. Diese Vorgehensweise hat den Nachteil, daß das Zustandekommen der Ergebnisse nicht im einzelnen nachvollziehbar ist. Obwohl beide Untersuchungen die Auswirkungen der Mikroelektronik in den Vordergrund ihrer Argumentationen stellen, handelt es sich im Kern um technikunspezifische Untersuchungen (vgl. Übersicht 5.2).

Eine vorwiegend auf Simulationen mit einem aggregierten ökonometrischen Modell basierende Untersuchung der Wirkungen eines forcierten oder unterlassenen technischen Wandels bis zum Jahr 2000 gibt Blazejczak.[4] Dabei handelt es sich um eine technikunspezifische Vorgehensweise auf aggregierter Ebene, die sich durch die umfassende Berücksichtigung der in einer Volkswirtschaft wirksam werdenden Kreislaufzusammenhänge auszeichnet. Durch die Benutzung eines formalen Modells und der quantitativen Dokumentation der Annahmen

---

[2] Vgl. Ifo-Institut für Wirtschaftsforschung 1980.

[3] Vgl. Prognos/Mackintosh 1980. In bestimmter Hinsicht eine Aktualisierung dieser Arbeiten findet sich in Rothkirch, Weidig 1985.

[4] Vgl. Blazejczak 1989.

wird eine Nachvollziehbarkeit der Ergebnisse und der wesentlichen Wirkungszusammenhänge möglich. Allerdings fehlt bei dieser Art von Untersuchungen die sektorale Dimension des technischen Wandels, sowohl in bezug auf die sektoralen Wirkungszusammenhänge als auch in bezug auf die Ergebnisse.

**Übersicht 5.2**

Überblick über vorwiegend gesamtwirtschaftlich ausgerichtete Studien zu den Arbeitsmarktwirkungen des technischen Wandels

| Studie[1] | Analyse-ebene | Abbildung des technischen Wandels | Analyse-methode |
|---|---|---|---|
| Ifo-ISI-Infratest | Mikro-Makro | überwiegend technikunspezifisch | Methodenmix unter Einschluß von ökonometrischen Analysen, Input-Output-Analyse |
| Prognos-Mackintosh | Makro-(sektoral) | überwiegend technikunspezifisch | Analytisches Interpretations- und Abstimmungsverfahren |
| Blazejczak | Makro | technikunspezifisch | Makroökonometrisches Modell |
| MDM-MGM | Makro (sektoral) | technikunspezifisch | Makroökonometrisches Modell mit I-O-Teil |
| METRIC-PROPAGE | Makro (sektoral) | technikunspezifisch | Makroökonometrisches Modell mit I-O-Teil |
| Österreich-Studie | Mikro-Makro | überwiegend technikunspezifisch | statisches I-O-Modell mit Kopplung an verschiedene Submodelle |
| Wittig | Makro (sektoral) | technikunspezifisch | statisches I-O-Modell mit linearer Programmierung |
| Leontief-Duchin | Mikro-Makro | technikspezifisch | dynamisches I-O-Modell |

[1] Die genaue Bezeichnung und die Literaturangaben finden sich im Text.

Aus diesem Grund werden in einigen internationalen Studien für die Analyse der Beschäftigungswirkungen des technischen Wandels ökonometrische Modelle eingesetzt, die - entweder interdependent oder rekursiv - mit einfachen Ansätzen der Input-Output-Analyse gekoppelt werden. In Großbritannien ist für diese Art von Untersuchungen das Cambridge Multisectoral Dynamic Model (MDM)[5] und eine Weiterentwicklung dieses Modells[6] eingesetzt worden. In Frankreich sind Studien mit den Modellen METRIC und PROPAGE[7] zu diesem Untersuchungsgegenstand durchgeführt worden. Auch hier bilden gesamtwirtschaftliche ökonometrische Modelle, die um ein Input-Output-Submodell erweitert wurden, den methodischen Rahmen der Untersuchung. Eine Diskussion der Methoden und wichtigsten Ergebnisse der Untersuchungen für Großbritannien und Frankreich findet sich bei Blattner.[8]

Eine weitere bekannte Studie ist die sogenannte "Österreich-Studie",[9] die die Auswirkungen verschiedener Diffusionspfade der Mikroelektronik auf den Arbeitsmarkt in Österreich zum Gegenstand hat. Im Gegensatz zu den zuvor genannten Arbeiten wird als zentrales Modellelement ein statisches Input-Output-Modell mit 26 Sektoren benutzt, das mit einem ökonometrischen Nachfragemodell, einem Arbeitsmarktmodell und einem Demographie- und Bildungsmodell verknüpft wird. Aufgrund der Verwendung eines statischen Input-Output-Modells werden die Investitionen nicht endogen erklärt, sondern gehen als exogene Größe in das ökonometrische Nachfragemodell ein.

Ein verallgemeinertes statisches Input-Output-Modell[10] in Kombination mit einem Ansatz der Linearen Programmierung, der auf Carter[11] zurückgeht,

---

[5] Vgl. Barker 1981.

[6] Vgl. z.B. Whitley, Wilson 1982 und Whitley, Wilson 1985.

[7] Vgl. INSEE 1981 und INSEE 1982. Eine Anwendung für neue Techniken im Bereich Telekommunikation findet sich in Meunier, Volle 1985.

[8] Vgl. Blattner 1986.

[9] Vgl. Österreichisches Institut für Wirtschaftsforschung 1981.

[10] Vgl. zu verallgemeinerten Input-Output-Modellen z.B. Bomsdorf 1977. Dieser Typ von Input-Output-Modellen ist vorwiegend theoretisch von Bedeutung, während die empirische Anwendung dieser Modelltypen wegen der unzureichenden Datenlage bisher kaum gelungen ist.

[11] Vgl. Carter 1970.

verwendet Wittig,[12] um die Beschäftigungseffekte des technischen Wandels zu messen. In einer technikunspezifischen Vorgehensweise wird der Versuch unternommen, einer alten Technologiestruktur einer Volkswirtschaft ($\alpha$-Technologie) eine neue Technologiestruktur ($\beta$-Technologie) gegenüberzustellen und daraus mit Verfahren der Linearen Programmierung eine optimale Technologiemischung abzuleiten. Wegen der ungelösten Probleme der empirischen Bestimmung der $\beta$-Technologie kommt diesem Ansatz vorwiegend eine methodische Bedeutung zu, während den Ergebnissen - auch aufgrund der veralteten statistischen Basis und der geringen sektoralen Disaggregation - eine geringe empirische Relevanz zugemessen werden kann.

Die derzeit im Hinblick auf die Anwendung der Input-Output-Analyse methodisch fortschrittlichste Studie ist von Leontief, Duchin u.a. für die USA durchgeführt worden.[13] Sie benutzen ein tief disaggregiertes dynamisches Input-Output-Modell mit variablen Koeffizienten, um in einem technikspezifischen Ansatz die Arbeitsmarktwirkungen eines relativ breiten Spektrums neuer Technologien zu untersuchen. Detailliert untersucht werden u.a. die Auswirkungen der Diffusion von Automatisierungstechniken, insbesondere Industrierobotern und CNC-Werkzeugmaschinen, der Büroautomatisierung und der Einführung neuer Techniken in der Ausbildung und im Gesundheitswesen. Diese Studie ist in vielen Aspekten ein Vorbild für die in dieser Arbeit durchgeführten Analysen. Da an verschiedenen Stellen, insbesondere in der Entwicklung des dynamischen Input-Output-Modells auf sie Bezug genommen wird, erübrigt sich an dieser Stelle ein ausführlicheres Eingehen auf diesen Ansatz.

Einen vergleichbaren Forschungsansatz verfolgt die Forschungsgruppe "Technologischer Wandel und Beschäftigung" an der Universität Bremen. Im Kern der Bemühungen dieser Gruppe steht die Untersuchung der Auswirkungen der Mikroelektronik auf die Beschäftigung in der Bundesrepublik Deutschland.[14] Methodisch soll auf dem dynamischen Input-Output-Modell von Leontief, Duchin

---

[12] Vgl. Wittig 1982.

[13] Vgl. Leontief, Duchin 1986.

[14] Vgl. Kalmbach 1986.

aufgebaut werden, wobei eine Reihe von Modellveränderungen angestrebt wird.[15] Es wird nicht die Abbildung einzelner Technologien, sondern die Formulierung einer sogenannten "Best-practice-Technologie" ( $\beta$ -Technologie) unter Einschluß der Mikroelektronik angestrebt, auf die sich die Volkswirtschaft von der derzeitigen Technologie ($\alpha$-Technologie) ausgehend hinbewegt.

## 5.2 *Vorwiegend einzelwirtschaftlich ausgerichtete Studien*

Aus der großen Menge der einzelwirtschaftlich ausgerichteten Studien zu den Arbeitsmarktwirkungen des technischen Wandels kann hier nur eine kleine Auswahl dargestellt werden. Die Auswahl beschränkt sich auf Arbeiten, die eine enge Beziehung zum untersuchten Technikbereich haben oder die in der Diskussion in der Bundesrepublik Deutschland als Vertreter einer bestimmten Vorgehensweise eine Rolle gespielt haben. Als methodische Vorgehensweise kommen im wesentlichen (industriesoziologisch geprägte) Fallstudien, Expertenbefragungen sowie schriftliche und mündliche Unternehmensbefragungen in Betracht.

Aus der Vielzahl der Untersuchungen, die mit einem Forschungsansatz arbeiten, den man am ehesten mit dem Begriff "industriesoziologisches Fallstudienkonzept" charakterisieren kann, sind insbesondere die Studien von Kern/Schumann zu nennen. In der aktuellen Untersuchung von Kern/Schumann[16] werden rund 25 Fallstudien vorwiegend in den Bereichen Straßenfahrzeugbau, Maschinenbau und chemische (Groß-)Industrie durchgeführt, wobei allerdings nur für den Straßenfahrzeugbau mit 11 Fallstudien eine gewisse Repräsentativität erreicht wird. Die Stärke dieser Studie - dies gilt wohl generell für diesen Typ von Untersuchungen - liegt in der detaillierten Analyse der qualifikatorischen und arbeitsorganisatorischen Veränderungen, die mit der Einführung neuer Techniken verbunden sind. Diese Methode erlaubt also in erster Linie die Gewinnung von qualitativen Ergebnissen, die durchaus wichtige Aspekte der Auswirkungen des technischen Wandels beleuchten. Mit Vorsicht zu bewerten sind jedoch

---

[15] Vgl. z.B. Kattermann 1986a, Kattermann 1986b und Franke, Kattermann 1988.

[16] Vgl. Kern, Schumann 1977 und Kern, Schumann 1984b.

die in dieser Studie ebenfalls enthaltenen Aussagen über die quantitativen Auswirkungen auf die Beschäftigung. Dies gilt zum einen wegen der nicht-repräsentativen Datenbasis, aber noch mehr wegen des prinzipiellen Defizits dieses Forschungsansatzes, der zwar die Erfassung des primären Freisetzungseffekts ermöglicht, die wirksam werdenden Kompensationseffekte jedoch weitestgehend ausblendet.

Bezogen auf die in dieser Arbeit untersuchte Technik Industrieroboter wurde das Fallstudienkonzept in der Bundesrepublik Deutschland z.B. vom Soziologischen Forschungsinstitut (SOFI), Göttingen[17] und von Wobbe-Ohlenburg[18] angewendet. Beide Untersuchungen beschränken sich auf Fallstudien in einem Unternehmen (Volkswagenwerk) und untersuchen die Technologie in einem sehr frühen Stadium des Diffusionsprozesses.[19] Die in der SOFI-Studie angestellten Freisetzungsrechnungen sind wiederum wegen der mangelnden Berücksichtigung von Kompensationswirkungen als problematisch anzusehen. Nicht ganz in dieses Raster paßt die sogenannte "Montagestudie",[20] die sich mit den Einsatzmöglichkeiten von flexibel automatisierten Montagesystemen beschäftigt. Obwohl auch hier das Fallstudienkonzept zum Tragen kommt, stehen anstelle industriesoziologischer Fragen stärker technikorientierte Fragestellungen im Vordergrund. Dafür zeichnet sich diese Studie durch eine sehr differenzierte Behandlung und eine empirisch gut abgesicherte Analyse eines abgegrenzten Teilbereichs der Automatisierungstechnik aus. Quantitative Überlegungen über die Beschäftigungswirkungen werden nicht angestellt.

In den vorwiegend einzelwirtschaftlich ausgerichteten Studien wird neben den fallstudienorientierten Ansätzen die Methode der Unternehmensbefragung angewandt. Während Fallstudien tendenziell detaillierte Untersuchungen in einer beschränkten Zahl von Unternehmen ermöglichen, bieten (schriftliche)

---

[17] Vgl. Soziologisches Forschungsinstitut Göttingen (SOFI) u.a. 1981.

[18] Vgl. Wobbe-Ohlenburg 1982.

[19] Dies gilt auch für eine Untersuchung des Battelle-Instituts über soziale Implikationen von Industrierobotern im Fertigungsbereich, vgl. Battelle 1978.

[20] Vgl. Abele u.a. 1984.

Unternehmensbefragungen - bei beschränktem Umfang der zu erfassenden Tatbestände - prinzipiell die Möglichkeit einer repräsentativen und damit auf eine Grundgesamtheit hochrechenbaren Informationsgewinnung. Eine frühe Studie für die Bundesrepublik Deutschland, die mit Hilfe einer Unternehmensbefragung die Auswirkungen des technischen Wandels auf die Beschäftigung untersuchte, wurde vom Institut für Arbeitsmarkt- und Berufsforschung Anfang der 70er Jahre durchgeführt.[21] Zunächst beschränkt auf eine Branche, die Kunststoffverarbeitende Industrie, wurde eine repräsentative Stichprobe von Unternehmen zu technischen Änderungen und zu deren Auswirkungen auf die Beschäftigung befragt. Von Dostal, Köstner[22] wurde mit einem vergleichbaren Befragungskonzept eine Studie zu den Beschäftigungswirkungen des Einsatzes von numerisch-gesteuerten Werkzeugmaschinen vorgelegt. Mehr auf die qualifikatorischen Aspekte und die damit verbundenen Herausforderungen an die Weiterbildung stellt eine Studie von Behringer, Brasche[23] ab, die Unternehmen in verschiedenen Zweigen des verarbeitenden Gewerbes repräsentativ im Hinblick auf die Anwendung der Mikroelektronik befragt. In jüngster Zeit sind im Rahmen der sogenannten META-Studie umfangreiche Unternehmensbefragungen zu den Auswirkungen neuer Technologien auf die Beschäftigung durchgeführt worden. Dabei hat zum einen das Institut für Stadtforschung und Strukturpolitik (IfS),[24] Berlin, eine Erhebung im verarbeitenden Gewerbe und Infratest Sozialforschung,[25] München, eine Erhebung im Dienstleistungsbereich vorgenommen. Ergebnisse dieser Studien konnten zu einem Teil auch für die empirische Untersuchung in dieser Arbeit eingesetzt werden.

Allen hier vorgestellten vorwiegend einzelwirtschaftlich ausgerichteten Studien ist gemein, daß sie in der Regel auf die primären Effekte moderner Technologien abstellen, während die Berücksichtigung sekundärer (Kompensations-)Effekte

---

[21] Vgl. Ulrich, Lahner, Köstner 1972 und Institut für Arbeitsmarkt- und Berufsforschung 1977.

[22] Vgl. Dostal, Köstner 1982.

[23] Vgl. Behringer, Brasche 1986.

[24] Vgl. Ewers, Becker, Fritsch 1989.

[25] Vgl. Höflich-Häberlein, Häbler 1989.

nicht im Zentrum des Interesses liegt. Werden in diesen Studien dennoch Aussagen über die quantitativen Beschäftigungswirkungen neuer Technologien gemacht, sind diese wegen der grundsätzlichen methodischen Einschränkungen als problematisch anzusehen. Dagegen ermöglichen diese Ansätze im Vergleich zu vorwiegend gesamtwirtschaftlich orientierten Untersuchungen eine wesentlich differenziertere Analyse von arbeitsorganisatorischen Veränderungen und von Qualifizierungs- bzw. Dequalifizierungsprozessen im Zusammenhang mit der Einführung neuer Technologien. Auch können sie, wenn das Untersuchungskonzept mit den Bedürfnissen vorwiegend makroökonomisch ausgerichteter Studien abgestimmt ist, eine wesentliche Informations- und Datenquelle für diese Studien darstellen.

## 6. Die formale Abbildung einer neuen Technik im Rahmen des dynamischen Input-Output-Modells

Die Einführung und Diffusion einer sich neu entwickelnden Technik in das intersektorale Geflecht einer Volkswirtschaft kann im Rahmen der Input-Output-Analyse prinzipiell auf zweierlei Weise abgebildet werden. Zum einen geht man davon aus, daß die Güter der neuen Technik in einem schon bestehenden Produktionssektor hergestellt werden, der im Verlauf der Diffusion seinen angebotenen Produktmix ändert. Die Koeffizienten, die im dynamischen Input-Output-Modell, wie weiter unten noch ausführlicher beschrieben, die neue Technik repräsentieren, müssen bei dieser Vorgehensweise jeweils in Relation zum Gewicht der übrigen in diesem Sektor produzierten Güter berechnet werden, so daß die Annahmen über die neue Technik, weil im Produktmix des Sektors "verborgen", weniger offensichtlich sind. Dieser Ansatz verstößt außerdem gegen die in der Theorie der Input-Output-Analyse bedeutsame Annahme, daß in jedem Sektor nur ein homogenes Gut bzw. ein konstanter Gütermix produziert wird.[1]

In dieser Arbeit wird - als zweite denkbare Vorgehensweise - von der Hypothese ausgegangen, daß die Güter der neuen Technik in einem zusätzlichen, das alte Sektorschema erweiternden Produktionsektor erstellt werden. Dies erhöht die Anschaulichkeit und Flexibilität der Modellierung einer neuen Technik im Rahmen dieses Modells. Der Ansatz der Einführung eines neuen Sektors zur Abbildung einer neuen Technik wurde in der Vergangenheit bei Input-Output-Analysen verschiedentlich angewandt, allerdings überwiegend für komparativ-statische Analysen mit dem offenen statischen Input-Output-Modell.[2]

Die Parametersätze, die zur konsistenten Beschreibung einer neuen Technik im Kontext eines dynamischen Input-Output-Modells notwendig sind, werden im

---

[1] Vgl. hierzu Kapitel 2.1. In empirisch ermittelten Input-Output-Tabellen wird diese theoretische Annahme jedoch in der Regel nicht erfüllt sein.

[2] Vgl. zum Beispiel Wessels 1976, Petersen 1979 und Hohmeyer, Rahner 1980, die diese Methode im Rahmen der statischen Input-Output-Analyse einsetzen. Für dynamische Input-Output-Modelle wurde diese Methode bisher nur von Leontief, Duchin 1986 angewandt.

folgenden erläutert. Formal bedeutet dies, daß zusätzliche Spalten und Zeilen für die verschiedenen Koeffizientenmatrizen abgeleitet werden müssen.

Die Struktur der Herstellerbranche der neuen Technik wird auf der Kostenseite dadurch bestimmt, in welchem Umfang Vorleistungen und Kapitalgüter von den übrigen Sektoren in Anspruch genommen und wieviel Personen der unterschiedlichen Berufskategorien im Produktionsprozeß eingesetzt werden. Übersicht 6.1 verdeutlicht diesen Datenbedarf schematisch.

Die zusätzlichen Spalten in $A_t$, $B_t$, $R_t$ und in $L_t$ bilden also die Input- bzw. Kostenstruktur des neuen Sektors im Jahr t ab. Der Koeffizient $[a^t_{1,n+1}]$ beschreibt beispielsweise die Vorleistungslieferungen von Sektor 1 an den neuen Sektor n+1, die notwendig sind, um eine Einheit des neuen Produkts zu erzeugen. Der Koeffizient $[l^t_{1,n+1}]$ gibt an, wieviel Personen der Berufskategorie 1 zur Erstellung einer Einheit von Gütern dieses neuen Sektors eingesetzt werden.

Die zusätzlichen Zeilen in $A_t$, $B_t$ und $R_t$ geben an, in welchem Umfang der neue Sektor Vorleistungen und Kapitalgüter an die anderen Branchen der Volkswirtschaft liefert, sie beschreiben also seine Output- bzw. Absatzstruktur. Der Koeffizient $[r^t_{n+1,1}]$ zeigt den Wert der Lieferungen von Ersatz- bzw. Modernisierungsinvestitionen des neuen Sektors an Sektor 1, der notwendig ist, um im Sektor 1 eine Einheit zu produzieren. Die Zeilenparameter sind also für die Beschreibung des Diffusionsverlaufs der neuen Technik von großer Bedeutung. Außer den Vorleistungs- und Investitonsgüterlieferungen an die übrigen Sektoren der Volkswirtschaft gibt es noch Güter, die an die Endnachfrage geliefert werden, insbesondere an den privaten Verbrauch und ins Ausland (Exporte). Diese Lieferungen sind in Übersicht 6.1 durch das Element $[y_{n+1}]$ im Endnachfragevektor repräsentiert.

**Übersicht 6.1**

**Schematische Darstellung der Einführung eines neuen Sektors in das dynamische Input-Output-Modell**

$A_t$

Input-Koeffizienten

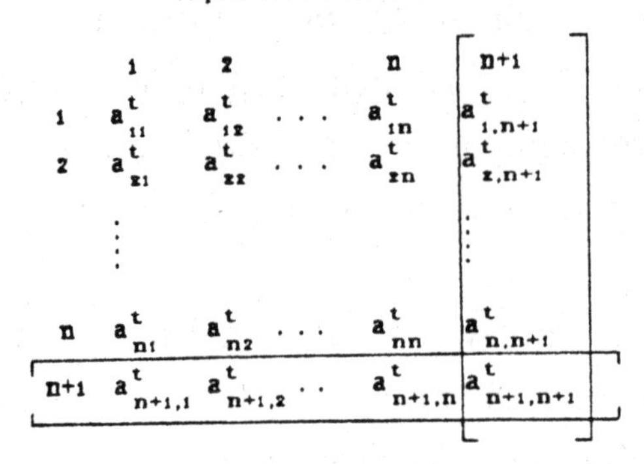

$B_t$

Kapitalkoeffizienten für Kapazitätserweiterung

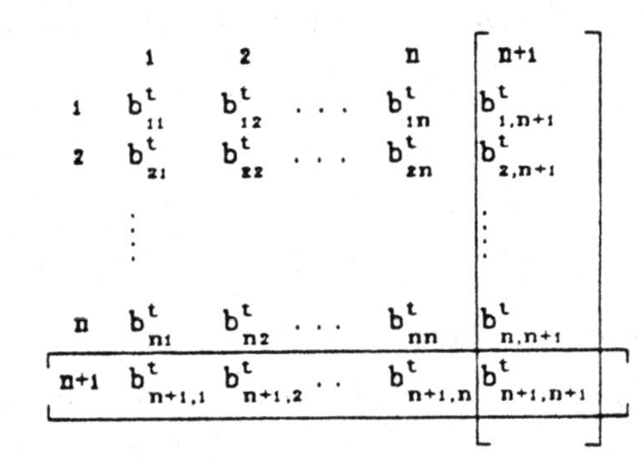

$R_t$

Kapitalkoeffizienten für Modernisierung/Ersatz

$$
\begin{array}{c|cccc|c|}
 & 1 & 2 & & n & n+1 \\
1 & r^t_{11} & r^t_{12} & \cdots & r^t_{1n} & r^t_{1,n+1} \\
2 & r^t_{21} & r^t_{22} & \cdots & r^t_{2n} & r^t_{2,n+1} \\
\vdots & & & & & \vdots \\
n & r^t_{n1} & r^t_{n2} & \cdots & r^t_{nn} & r^t_{n,n+1} \\
\hline
n+1 & r^t_{n+1,1} & r^t_{n+1,2} & \cdots & r^t_{n+1,n} & r^t_{n+1,n+1} \\
\hline
\end{array}
$$

$L_t$

Arbeitskoeffizienten

$$
\begin{array}{c|cccc|c|}
 & 1 & 2 & & n & n+1 \\
1 & l^t_{11} & l^t_{12} & \cdots & l^t_{1n} & l^t_{1,n+1} \\
2 & l^t_{21} & l^t_{22} & \cdots & l^t_{2n} & l^t_{2,n+1} \\
\vdots & & & & & \vdots \\
m & l^t_{m1} & l^t_{m2} & \cdots & l^t_{mn} & l^t_{m,n+1} \\
\end{array}
$$

$y_t$

Endnachfrage

$$
\begin{array}{cc}
1 & y^t_1 \\
2 & y^t_2 \\
3 & y^t_3 \\
 & \vdots \\
n & y^t_n \\
\hline
n+1 & y^t_{n+1} \\
\hline
\end{array}
$$

Die bisher aufgeführten Parameter zur Beschreibung einer neuen Technik in ihrer Kosten- und Absatzstruktur schaffen im Ergebnis ein wieder formal konsistentes Datengerüst für ein um einen Sektor erweitertes dynamisches Input-Output-Modell. Bei der im Modell gewählten Disaggregationstiefe von 52 Sektoren (inklusive des neuen Sektors) und 122 Berufskategorien müssen damit in jedem Jahr des Untersuchungszeitraums rund 430 Parameter spezifiziert werden, um das Modell wieder formal zu schließen.

Zur Abbildung der von dieser neuen Technik ausgehenden Effekte, insbesondere beim Anwender, sind indes weitere empirische Informationen und zusätzliche Modellmodifikationen notwendig. Die neue Technik verändert den Produktionsprozeß in der Anwenderbranche, wobei das Ausmaß der Veränderung vom jeweiligen Verbreitungsgrad der neuen Technik in der Branche abhängt. Je nachdem, in welchem Umfang die neue Technik im Zeitablauf in der entsprechenden Branche Anwendung findet, resultieren hieraus Veränderungen in den Vorleistungsbezügen und im Niveau und der Zusammensetzung des Arbeitseinsatzes. Auch Niveau und Struktur des Kapitalstocks ändern sich im Zuge des Diffusionsprozesses zum einen durch Investitionen in die neue Technik, zum anderen durch ausbleibende Reinvestitionen für die alte, substituierte Technik. An Übersicht 6.1 verdeutlicht heißt das, daß in den entsprechenden Spalten der $A_t$, $B_t$, $R_t$ und $L_t$ für jede der Anwenderbranchen Parameteränderungen zu modellieren sind, die über die Zeitachse je nach sektorspezifischer Adoptionsrate variieren.[3]

Über die hier beschriebenen und im Anwendungsbeispiel "Industrieroboter" auch implementierten Anpassungsmechanismen hinaus sind in der Realität noch eine Reihe weiterer vorwiegend kompensatorisch wirkender Effekte von Bedeutung, die beim jetzigen Entwicklungsstand des dynamischen Input-Output-Modells und beim derzeitigen empirischen Wissensstand nicht modellendogen abgebildet werden können. In Kapitel 1 ist die theoretische Diskussion über diese Effekte ausführlich dargestellt worden. Bei der Durchführung der Modellrechnung in Kapitel 8 wird darauf einzugehen sein, wie diesen derzeit modellimmanent nicht abbildbaren Mechanismen dennoch ansatzweise Rechnung getragen werden kann.

---

[3] Es wird unterstellt, daß die Outputstruktur der Anwenderbranchen unverändert bleibt.

## 7. Die Abbildung einer neuen Technik im Rahmen des dynamischen Input-Output-Modells am Beispiel der Einführung und Diffusion von Industrierobotern im Zeitraum 1980 bis 1995

### *7.1 Überblick über die ausgewählte Technik*

Industrieroboter sind ein Teilbereich moderner Fertigungs- und Automatisierungstechniken. Gemessen an ihrem Verbreitungsgrad haben sie auch heute noch im Vergleich zu anderen Automatisierungstechniken ein eher bescheidenes Gewicht, obwohl sie in der Öffentlichkeit geradezu als Synonym für diese Techniken verwandt werden.[1] Zur Abgrenzung von Geräten mit teilweise ähnlicher Funktion, wie Einlegegeräten und Teleoperatoren, dient in der Bundesrepublik Deutschland die VDI-Richtlinie 2860:[2]

> "Industrieroboter sind universell einsetzbare Bewegungsautomaten mit mehreren Achsen, deren Bewegungen hinsichtlich Bewegungsfolge und Wegen bzw. Winkeln frei programmierbar (d.h. ohne mechanischen Eingriff veränderbar) und gegebenenfalls sensorgeführt sind. Sie sind mit Greifern, Werkzeugen oder anderen Fertigungsmitteln ausrüstbar und können Handhabungs- und/oder Fertigungsaufgaben ausführen."

Ein Industrieroboter besteht aus den wichtigen Teilsystemen[3]

- Kinematik (Achsen, Führung, Gelenke)
- Antrieb (Motoren, Getriebe)
- Steuerung (Hardware, Software)
- Meßsystem (Lage und Geschwindigkeit der Achsen im Raum).

Hinzu kommt bei bestimmten Robotertypen neuerer Bauart noch die Sensorik,

---

[1] Einen Überblick über die Bedeutung von Industrierobotern in verschiedenen Ländern gibt z.B. OECD 1983. Umfangreiche Länderstudien zur heutigen und zukünftigen Bedeutung von Industrierobotern sind z.B. für die USA die Arbeit von Office of Technology Assessment 1984 und Smith, Heytler 1985, für Japan Yano Research Institute 1985 und für Großbritannien Northcott 1986.

[2] Zitiert nach Schraft u.a. 1984, S. 16

[3] Vgl. ausführlicher z.B. Schraft u.a. 1984, S. 16 ff; Kämpfer 1984, der auch auf die internationalen Unterschiede bei der Definition von Industrierobotern eingeht.

die in Zukunft bei der Erschließung neuer Einsatzgebiete an Bedeutung gewinnen wird.

Die Unterteilung von Industrierobotern ist unter technischen Gesichtspunkten nach verschiedenen Kriterien, wie z.B. Zahl der Freiheitsgrade, Geometriesystem, Handhabungsmasse oder Wiederholgenauigkeit möglich.[4] Im Verlauf dieser Arbeit werden Industrieroboter nicht nach diesen technischen Kriterien unterschieden, sondern nach ihren Einsatzgebieten, weil dies für ihre Auswirkungen auf die Beschäftigung relevanter ist. Grundsätzlich wird zwischen der Werkzeughandhabung, bei der ein Industrieroboter mit Hilfe eines Werkzeugs ein Werkstück bearbeitet, und der Werkstückhandhabung, bei der ein Industrieroboter ein Werkstück zwischen zwei Orten bewegt, unterschieden.

Insgesamt lassen sich in Anlehnung an die Statistiken des Fraunhofer Instituts für Produktionstechnik und Automatisierung (IPA), Stuttgart, folgende Einsatzgebiete unterscheiden:

**Übersicht 7.1**

**Einsatzgebiete von Industrierobotern**

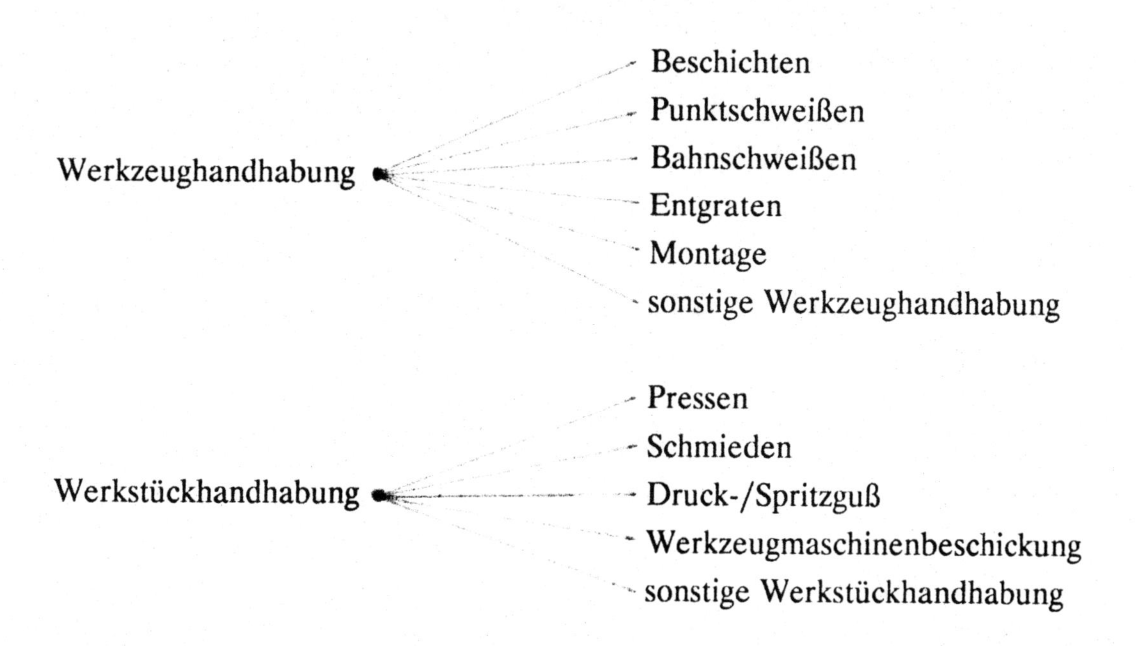


---

[4] Einen Überblick über die angebotenen Industrieroboter mit Angaben über diese technischen Daten gibt der jährlich publizierte Industrieroboter-Katalog. Vgl. z.B. Warnecke, Schraft 1986.

Die bisherige Bedeutung der Einsatzgebiete wird in Kapitel 7.2.2.1 diskutiert. Auf die mit den Einsatzgebieten verbundenen technischen Einzelheiten und speziellen Probleme sowie die konfigurativen Unterschiede der Robotertypen in bezug auf bestimmte Anwendungsfälle kann hier nicht eingangen werden.[5]

Es muß noch einmal darauf hingewiesen werden, daß die Industrieroboter hier als isolierte Technik untersucht werden, während sich in der Praxis die Einführung von Industrierobotern oft im Kontext mit anderen Automatisierungs- und Fertigungstechniken vollzieht. So wird z.B. die Einführung von Robotern zur Werkzeugmaschinenbeschickung i.d.R. mit der Einführung moderner CNC-Werkzeugmaschinen bzw. in Zukunft verstärkt mit der Einführung Flexibler Fertigungssysteme einhergehen. Das konnte in dieser Arbeit, auch weil es sich um die erste Anwendung dieser Methode für die Bundesrepublik Deutschland handelt, noch nicht berücksichtigt werden und muß zukünftigen Untersuchungen mit einer breiteren Informationsbasis vorbehalten bleiben, zumal die Synergieeffekte moderner Fertigungs- und Automatisierungstechniken in der Zukunft (Stichwort CIM)[6] sicher noch an Bedeutung gewinnen werden. Prinzipiell sind mit dem hier vorgestellten methodischer Ansatz auch die Wirkungen zu ermitteln, die sich aus dem Zusammenspiel verschiedener moderner Techniken ergeben. Allerdings werden in einem solchen Fall auch die Datenerfordernisse erheblich steigen. Für die hier angestellte Untersuchung, in der die Demonstration der Methode im Vordergrund steht, wird deshalb eine Beschränkung auf diese isolierte Technik vorgenommen.

## *7.2 Die Modellierung der Herstellung und Anwendung von Industrierobotern im dynamischen Input- Output-Modell*

Die in Kapitel 6 zunächst formal beschriebene Methode zur Abbildung einer neuen Technik im Rahmen eines dynamischen Input-Output-Modells hat schon

---

[5] Vgl. hierzu z.B. Bartenschlager u.a. 1982 und Schraft u.a. 1984. Kämpfer 1984 gibt eine Reihe von anschaulichen Beispielen unterschiedlicher Anwendungsfälle.

[6] Vgl. für einen Überblick über Stand und Perspektiven von Computer Integrated Manufacturing z.B. Ranta 1989.

deutlich werden lassen, in welchem Umfang ökonomische und in ökonomische Kategorien transformierte Ingenieur- und Technikinformationen notwendig sind, um ein möglichst realitätsnahes Bild der neuen Technik und ihrer ökonomisch-technischen Auswirkungen zu zeichnen. Auch im Idealfall einer spezifisch auf die Erfordernisse der Input-Output-Analyse und des dynamischen Modells zugeschnittenen breiten Erhebung von allen relevanten ökonomisch-technischen Daten wird es schwierig sein, sämtliche Aspekte und Wirkungen einer komplexen Technik abzubilden. Dennoch würde eine solche Erhebung wesentlich detailliertere und fundiertere Informationen für das dynamische Input-Output-Modell liefern als die Informationsquellen, die im Rahmen dieser Arbeit genutzt werden konnten.

Die im folgenden detailliert erläuterten Parametersetzungen basieren auf Ergebnissen von Erhebungen und Befragungen, die im Rahmen einer vom Bundesministerium für Forschung und Technologie (BMFT) finanzierten Studie über "Arbeitsmarktwirkungen moderner Technologien" (META-Studie) durchgeführt wurden.[7] Daneben beruhen die Informationen, die in die Bestimmung der Parameter eingeflossen sind, zu einem erheblichen Teil auf Expertengesprächen und der Auswertung der zur Verfügung stehenden Fachliteratur. An den Stellen, an denen es an gesicherten empirischen Erkenntnissen fehlte, mußte auf plausible Annahmen und Setzungen zurückgegriffen werden. Obwohl sich diese Annahmen auf die Zuverlässigkeit der Ergebnisse in unterschiedlichem Umfang auswirken, können die Ergebnisse insgesamt als empirisch gestützte Modellrechnungen interpretiert werden.

Mit der Anwendung des dynamischen Input-Output-Modells für diese Art von Fragestellung wurde in der Bundesrepublik Deutschland methodisches Neuland betreten. Im Verlauf dieser Arbeit wurden demzufolge wichtige zusätzliche Erkenntnisse und Erfahrungen im Hinblick auf die für einen derartigen Forschungsansatz benötigten Daten gewonnen, die erst bei zukünftigen Anwendungen dieser Methode auf andere neue Technikgebiete voll genutzt werden können.

---

[7] Vgl. hierzu z.B. Meyer-Krahmer 1989.

### *7.2.1 Die Herstellung von Industrierobotern*

Die Parameter zur Kostenstruktur der Herstellung von Industrierobotern bezüglich Vorleistungen, eingesetzten Kapitalgütern und eingesetzten Arbeitskräften nach Berufen beruhen im wesentlichen auf Expertengesprächen und Literaturrecherchen.

**Vorleistungskoeffizienten**

Ausgangspunkt für die Schätzung der Vorleistungsstruktur bei der Herstellung von Industrierobotern ist zunächst der Sektor Maschinenbau. Ein Grund hierfür ist, daß die für die Roboterfertigung notwendige Vorleistungsstruktur Ähnlichkeit mit der Vorleistungsstruktur eines typischen Maschinenbauprodukts hat und ein erheblicher Anteil der deutschen Roboteranbieter Maschinenbauunternehmen sind bzw. aus solchen hervorgegangen sind. Diese Ausgangsstruktur wurde in wesentlichen Elementen aufgrund der Kenntnisse über den funktionellen Aufbau von Industrierobotern modifiziert.

Eine bedeutende Komponente jedes Roboters ist die Steuerung, die rund 25-30 vH des Wertes eines "nackten" Roboters (also ohne Peripheriegeräte) ausmacht. Es wird unterstellt, daß 90 vH dieser Steuerungen aus dem Inland und zwar aus dem Sektor Elektrotechnik bezogen werden. Für spezielle Manipulatoren und Sensorik wurden inländische Lieferungen von 5 vH am Systempreis angenommen, die zu 3 vH aus dem Sektor Feinmechanik und Optik und zu je 1 vH aus den Sektoren Elektrotechnik und Büromaschinen, ADV kommen. Der Wertanteil der inländischen Eisen- und Stahllieferungen wurde gegenüber dem Sektor Maschinenbau um rund ein Viertel reduziert. Der Softwareanteil wurde auf ca. 10 vH des Systempreises veranschlagt, wobei davon ausgegangen wird, daß rund zwei Drittel dieser Leistungen bei den Roboterherstellern selbst erbracht werden, was bei der Veränderung der Arbeitskoeffizienten berücksichtigt wird, während rund ein Drittel von Softwarehäusern, also aus dem Bereich übrige Dienstleistungen, bezogen wird. Intrasektorale Lieferungen, also Lieferungen der Hersteller von Robotern untereinander, werden nicht angenommen.

Mit diesen Änderungen steigt der Wert der Vorleistungen am Produktionswert um ungefähr 20 vH. Die übrigen Vorleistungskoeffizienten werden proportional um diesen Prozentsatz gekürzt, weil unterstellt wird, daß der Anteil der Vorleistungen am Produktionswert auf demselben Niveau liegt wie im Sektor Maschinenbau. Tabelle 7.1 zeigt die resultierende Vorleistungsstruktur des Sektors Roboter im Jahr 1980. Wichtigster Vorleistungslieferant ist der Sektor Elektrotechnik, mit deutlichem Abstand folgen die Sektoren Maschinenbau, Feinmechanik und Optik sowie die Eisenschaffende Industrie.

#### Kapitalkoeffizienten

Die Kapitalkoeffizienten des Robotersektors determinieren, in welchem Umfang im Produktionsprozeß Investitionen aus den verschiedenen Investitiongüter herstellenden Sektoren eingesetzt werden. Es wird angenommen, daß die Güterstruktur von Investitionslieferungen sowohl für Kapazitätserweiterungen wie für Ersatzinvestitionen mit der des Sektors Maschinenbau bis auf jeweils eine Ausnahme identisch ist. Nur für die Bezüge von Investitionsgütern aus dem Bereich Büromaschinen, ADV wird jeweils der entsprechende Koeffizient des Sektors Elektrotechnik unterstellt, der in etwa doppelt so groß wie der entsprechende Koeffizient des Sektors Maschinenbau ist. Hintergrund ist die Annahme, daß im Prozeß der Roboterproduktion wesentlich mehr Computer eingesetzt werden als im traditionellen Maschinenbau, unter anderem wegen des unterstellten Anteils von selbsterstellter Anwender- und Steuerungssoftware und der vermutlich höheren Adoption moderner CAD/CAM-Techniken. Die entsprechenden Kapitalkoeffizienten für Kapazitätserweiterung bzw. Modernisierung/Ersatz für das Jahr 1980 sind ebenfalls der Tabelle 7.1 zu entnehmen.

**Tabelle 7.1**

**Die Herstellung von Industrierobotern**
**- Vorleistungs- und Kapitalkoeffizienten im Jahr 1980 -**

| | Vorleistungs-koeffizienten | Kapitalkoeffizienten | |
|---|---|---|---|
| | | Kapazitäts-erweiterung | Ersatz-/ Modernisierung |
| 1 LAND- UND FORSTW. | 0.000259 | 0.000000 | 0.000000 |
| 2 ELEKTRIZITAETSV. | 0.004775 | 0.000000 | 0.000000 |
| 3 GASVERSORGUNG | 0.000965 | 0.000000 | 0.000000 |
| 4 WASSERVERSORGUNG | 0.000366 | 0.000000 | 0.000000 |
| 5 BERGBAU | 0.000196 | 0.000000 | 0.000000 |
| 6 CHEMISCHE IND. | 0.006834 | 0.000000 | 0.000000 |
| 7 MINERALOELVERARB. | 0.005280 | 0.000000 | 0.000000 |
| 8 KUNSTSTOFFVERARB. | 0.004895 | 0.000000 | 0.000000 |
| 9 GUMMIVERARBEITUNG | 0.004052 | 0.000000 | 0.000000 |
| 10 STEINE U. ERDEN | 0.000639 | 0.000000 | 0.000000 |
| 11 FEINKERAMIK | 0.000232 | 0.000000 | 0.000000 |
| 12 GLAS | 0.000398 | 0.000000 | 0.000000 |
| 13 EISENSCH. IND. | 0.012215 | 0.000000 | 0.000000 |
| 14 NE-METALLE | 0.004851 | 0.000000 | 0.000000 |
| 15 GIESSEREIEN | 0.008324 | 0.010045 | 0.000647 |
| 16 ZIEHEREIEN,KALTWW. | 0.007636 | 0.000000 | 0.000000 |
| 17 STAHLBAU, SCHFZB. | 0.005003 | 0.008364 | 0.000531 |
| 18 MASCHINENBAU | 0.099071 | 0.216467 | 0.011442 |
| 19 BUEROMASCH., ADV | 0.001027 | 0.015041 | 0.001867 |
| 20 STRASSENFAHRZEUGB. | 0.002850 | 0.021737 | 0.001899 |
| 21 SCHIFFBAU | 0.000313 | 0.000000 | 0.000000 |
| 22 LUFT- U. RAUMFZB. | 0.000067 | 0.000120 | 0.000009 |
| 23 ELEKTROTECHNIK | 0.163593 | 0.043724 | 0.002827 |
| 24 FEINMECHANIK, OPT. | 0.032412 | 0.000373 | 0.000021 |
| 25 EBM-WAREN | 0.001309 | 0.009635 | 0.000574 |
| 26 MUSIKINSTR., SPW. | 0.000018 | 0.000000 | 0.000000 |
| 27 HOLZBEARBEITUNG | 0.000969 | 0.000000 | 0.000000 |
| 28 HOLZVERARBEITUNG | 0.001331 | 0.014746 | 0.000668 |
| 29 ZELLSTOFF-,PPERZ. | 0.000420 | 0.000000 | 0.000000 |
| 30 PAPIER-, PAPPEVER. | 0.000438 | 0.000000 | 0.000000 |
| 31 DRUCKEREI U. VERV. | 0.002211 | 0.000000 | 0.000000 |
| 32 TEXTILGEWERBE | 0.000192 | 0.001852 | 0.000047 |
| 33 LEDERERZ. U. -VER. | 0.000447 | 0.000000 | 0.000000 |
| 34 BEKLEIDUNGSGEWERBE | 0.000031 | 0.000000 | 0.000000 |
| 35 ERNAEHRUNGSGEWERBE | 0.002399 | 0.000000 | 0.000000 |
| 36 BAUGEWERBE | 0.003368 | 0.000000 | 0.000000 |
| 37 GROSSHANDEL | 0.019578 | 0.000000 | 0.000000 |
| 38 EINZELHANDEL | 0.000911 | 0.000000 | 0.000000 |
| 39 EISENBAHNEN | 0.000706 | 0.000000 | 0.000000 |
| 40 SCHIFFAHRT | 0.000161 | 0.000000 | 0.000000 |
| 41 UEBRIG. VERKEHR | 0.003296 | 0.000000 | 0.000000 |
| 42 BUNDESPOST | 0.002970 | 0.000000 | 0.000000 |
| 43 KREDITINSTITUTE | 0.000411 | 0.000000 | 0.000000 |
| 44 VERSICHERUNGSUNT. | 0.001385 | 0.000000 | 0.000000 |
| 45 WOHNUNGSVERMIETUNG | 0.000000 | 0.000000 | 0.000000 |
| 46 GASTST.- U. BEHERB. | 0.001643 | 0.000000 | 0.000000 |
| 47 WISSENSCH. U. PUBL. | 0.002229 | 0.000000 | 0.000000 |
| 48 GESUNDHEITSWESEN | 0.000089 | 0.000000 | 0.000000 |
| 49 UEBR. DIENSTLEIST. | 0.050690 | 0.000000 | 0.000000 |
| 50 STAAT | 0.003475 | 0.000000 | 0.000000 |
| 51 PRIVATE HAUSHALTE | 0.000000 | 0.000000 | 0.000000 |
| 52 ROBOTER | 0.000000 | 0.000000 | 0.000000 |
| SUMME | 0.466932 | 0.342104 | 0.020532 |

Quelle: Input-Output-Rechnung des DIW

### Arbeitskoeffizienten

Die Arbeitskoeffizienten geben an, wieviel Personen aus jeder der 122 Berufskategorien eingesetzt werden, um Güter der Branche im Wert von einer Million DM zu produzieren. Es wird angenommen, daß gegenüber dem Maschinenbau erheblich mehr EDV-Fachkräfte und Ingenieure eingesetzt werden. In Expertengesprächen wurden teilweise hohe Quoten von Beschäftigten mit Engineering- und Datenverarbeitungsaufgaben genannt. Konkret wurde unterstellt, daß im Vergleich zum traditionellen Maschinenbau 20 vH mehr Beschäftigte dieser Berufe eingesetzt werden. Dieser Zuwachs wurde verteilt auf Datenverarbeitungsfachleute (10 vH), Maschinenbauingenieure, Techniker (6 vH) und Elektroningenieure, Techniker (4 vH). Die übrigen Arbeitskoeffizienten wurden proportional so gekürzt, daß der Gesamteinsatz von Beschäftigten pro 1 Mill. DM in der Roboterherstellung auf dem Niveau des Sektors Maschinenbau liegt.

**Tabelle 7.2**
**Die Herstellung von Industrierobotern**
**- Wichtige Arbeitskoeffizienten im Jahr 1980 -**

| Beruf | Koeffizient | Beruf | Koeffizient |
|---|---|---|---|
| 33 Former, Gußp., Formg. | 0,06767 | 103 Datenverarb. Fachl. | 1,03054 |
| 34 Metallverf., spanlos | 0,07419 | 104 Bürofachkräfte | 0,54474 |
| 35 Metallverf., spanend | 0,75582 | 105 Bürohilfskräfte | 0,05005 |
| 36 Galvaniseure | 0,05643 | 106 Sekret., -Typist. | 0,13320 |
| 37 Schweißer, Löter | 0,14202 | 107 Masch.Bing., -Techn. | 0,93699 |
| 38 Metallarb. o.n. Ang. | 0,32760 | 108 Elektroing., -Techn. | 0,46716 |
| 39 Schmiede, Beh.Bauer | 0,04115 | 111 S.Ing., Techn., Werkm. | 0,36033 |
| 40 Install., Feinblechn. | 0,06743 | 112 Laboranten | 0,01310 |
| 41 Schlosser | 1,18217 | 113 Technische Zeichner | 0,14301 |
| 42 Mechaniker | 0,17686 | 114 Versandf.M., W.Prüf. | 0,15942 |
| 43 Werkzeugmacher | 0,20869 | 115 Lager-, Transp.Arb. | 0,19962 |
| 45 Elektroinst., Fernmm. | 0,13755 | 116 Hilfsarb. o.n. Ang. | 0,03493 |
| 46 Elektromm.Bauer | 0,06032 | 118 Kran-, Baum. Führer | 0,03062 |
| 47 Elek.G.Mont., S.Mont. | 0,09197 | 120 Masch.Einr. o.n. Ang. | 0,01372 |

Quelle: Input-Output-Rechnung des DIW.

### *7.2.2 Die Anwendung von Industrierobotern*

Informationen über die Anwendung von Industrierobotern in der Bundesrepublik Deutschland konnten aus Erhebungen in einzelnen Anwenderbranchen[8] sowie aus Expertengesprächen und Literaturanalysen gewonnen werden. Eine wichtige Informationsquelle waren auch die Statistiken über installierte Industrieroboter in der Bundesrepublik Deutschland, die vom Fraunhofer-Institut für Produktionstechnik und Automatisierung (IPA), Stuttgart, herausgegeben werden und Branchendaten, die von der Fachgemeinschaft Montage-Handhabung-Industrieroboter (MHI) im VDMA, Frankfurt, veröffentlicht werden.

#### *7.2.2.1 Der bisherige und zukünftige Einsatz von Industrierobotern in den Anwenderbranchen*

Ziel der hier beschriebenen Vorgehensweise ist die Modellierung der Einführung und Diffusion von Industrierobotern in den Anwenderbranchen im Zeitablauf. Im Rahmen des dynamischen Input-Output-Modells geschieht das, indem die Investitionsgüterlieferungen des Sektors Roboter an die verschiedenen Anwenderbranchen modelliert und parametrisiert werden. In der Terminologie von Kapitel 6 ausgedrückt bedeutet dies, daß die Koeffizienten der Zeilen des neuen Sektors Roboter in den Matrizen, die die Kapazitätserweiterungs- und die Modernisierungs-/Ersatzinvestitionen determinieren ($B_t$, $R_t$), zu bestimmen sind. Sie geben dann an, in welchem Umfang in der entsprechenden Anwenderbranche Investitionen für Industrieroboter induziert werden, um dort eine Einheit des Gutes der Anwenderbranche herzustellen. Da sowohl die adoptionsspezifischen Vorleistungsänderungen wie insbesondere auch die direkten Beschäftigungseffekte sich je nach Einsatzgebiet (Funktion) eines Industrieroboters stark unterscheiden, werden die in der jeweiligen Anwenderbranche getätigten Roboterinvestitionen nochmals nach elf Einsatzgebieten aufgeteilt.

In den Modellrechnungen wird davon ausgegangen, daß die Einführung von Industrierobotern in den Anwenderbranchen im Jahr 1980 beginnt. Zwar gab

---

[8] Vgl. dazu Wessels 1989.

es die ersten Installationen in Deutschland - vorwiegend im Straßenfahrzeugbau - schon Mitte bis Ende der 70er Jahre, doch verlief die Diffusion bis 1980 sehr zögernd.[9] Der gewählte Zeitpunkt markiert somit wahrscheinlich den Beginn des industrieweiten Diffusionsprozesses von Industrierobotern recht genau.

Ausgangspunkt der Berechnungen sind die Statistiken des IPA über installierte Industrieroboter nach Einsatzgebieten in der Bundesrepublik Deutschland in den Jahren 1980 bis 1988. Die in Tabelle 7.3 ausgewiesenen Zahlen stellen die zuverlässigste und detaillierteste Quelle über den bisherigen Diffusionverlauf von Industrierobotern dar. Für die Prognose der installierten Roboter nach Einsatzgebieten bis zum Jahr 1995 wurde auf Literaturangaben[10] und Informationen aus Expertengesprächen zurückgegriffen. Insbesondere die Prognosen von Schünemann/Bruns erwiesen sich als sehr hilfreich. Zum einen liefern sie Prognosen der Diffusion von Industrierobotern in einer Unterteilung nach Einsatzgebieten, die der Abgrenzung des IPA, die auch in dieser Arbeit zugrunde gelegt wurde, recht nahe kommt. Zum anderen treffen sie für die meisten Einsatzgebiete die Entwicklung des Diffusionsprozesses bis zum Jahre 1987 gut. Zusammen mit Korrekturen aufgrund von Expertengesprächen waren sie die Grundlage der eigenen Schätzungen zum Diffusionsprozeß von Industrierobotern nach elf Einsatzgebieten bis zum Jahr 1995.

---

[9] Vgl. z.B. Hansmann, Roggon 1984 und Schünemann, Bruns 1986.

[10] Vgl. u.a. GEWIPLAN 1981, Volkholz 1982, Hansmann, Roggon 1984 und Schünemann, Bruns 1986.

Tabelle 7.3
**Installierte Industrieroboter in der Bundesrepublik Deutschland nach Einsatzgebieten in Stück**

<table>
<tr><th>Anwendungsgebiet</th><th>1980</th><th>1981</th><th>1982</th><th>1983</th><th>1984</th><th>1985</th><th>1986</th><th>1987</th><th>1988</th></tr>
<tr><td><u>Werkzeughandhabung</u></td><td></td><td></td><td></td><td></td><td></td><td></td><td></td><td></td><td></td></tr>
<tr><td>Beschichten</td><td>155</td><td>231</td><td>397</td><td>586</td><td>727</td><td>775</td><td>1082</td><td>1186</td><td>1325</td></tr>
<tr><td>Punktschweißen</td><td>339</td><td>771</td><td>1331</td><td>1560</td><td>1894</td><td>2548</td><td>3152</td><td>3413</td><td>3717</td></tr>
<tr><td>Bahnschweißen</td><td>138</td><td>227</td><td>585</td><td>856</td><td>1334</td><td>1781</td><td>2322</td><td>2710</td><td>3255</td></tr>
<tr><td>Entgraten</td><td>5</td><td>10</td><td>20</td><td>22</td><td>22</td><td>25</td><td>52</td><td>69</td><td>76</td></tr>
<tr><td>Montage</td><td>52</td><td>101</td><td>122</td><td>248</td><td>452</td><td>753</td><td>1658</td><td>2341</td><td>3370</td></tr>
<tr><td>Sonstige</td><td>34</td><td>59</td><td>84</td><td>100</td><td>271</td><td>293</td><td>360</td><td>461</td><td>539</td></tr>
<tr><td>Insgesamt</td><td>723</td><td>1399</td><td>2539</td><td>3372</td><td>4700</td><td>6175</td><td>8626</td><td>10180</td><td>12282</td></tr>
<tr><td><u>Werkstückhandhabung</u></td><td></td><td></td><td></td><td></td><td></td><td></td><td></td><td></td><td></td></tr>
<tr><td>Pressen</td><td>28</td><td>25</td><td>70</td><td>121</td><td>135</td><td>173</td><td>193</td><td>222</td><td>290</td></tr>
<tr><td>Schmieden</td><td>34</td><td>29</td><td>52</td><td>73</td><td>75</td><td>84</td><td>113</td><td>147</td><td>188</td></tr>
<tr><td>Druck-/Spritzguß</td><td>56</td><td>113</td><td>120</td><td>132</td><td>147</td><td>174</td><td>194</td><td>218</td><td>262</td></tr>
<tr><td>Werkzeugmaschinen</td><td rowspan="2">392</td><td rowspan="2">713</td><td>193</td><td>320</td><td>466</td><td>805</td><td>1156</td><td>1427</td><td>1565</td></tr>
<tr><td>Sonst. Werkstückh.</td><td>468</td><td>702</td><td>920</td><td>1179</td><td>1781</td><td>2301</td><td>2672</td></tr>
<tr><td>Insgesamt</td><td>510</td><td>880</td><td>903</td><td>1348</td><td>1743</td><td>2415</td><td>3437</td><td>4315</td><td>4977</td></tr>
<tr><td>Forschung und Test</td><td>17</td><td>22</td><td>58</td><td>80</td><td>157</td><td>210</td><td>337</td><td>405</td><td>441</td></tr>
<tr><td>Industrieroboter insgesamt</td><td>1250</td><td>2301</td><td>3500</td><td>4800</td><td>6600</td><td>8800</td><td>12400</td><td>14900</td><td>17700</td></tr>
</table>

Quelle: IPA, Stuttgart.

Als nächster Schritt wird die Aufteilung der Industrieroboter nach Einsatzgebieten auf die Anwenderbranchen vorgenommen. Bei der Aufteilung wird von einem Einsatz von Industrierobotern in insgesamt elf Branchen des Verarbeitenden Gewerbes der Bundesrepublik Deutschland ausgegangen (vgl. Übersicht 7.2):

**Übersicht 7.2**

**Anwenderbranchen von Industrierobotern im Verarbeitenden Gewerbe**

08 Kunststoffverarbeitung
13 Eisenschaffende Industrie
15 Gießereien
16 Ziehereien, Kaltwalzwerke
17 Stahlbau, Schienenfahrzeugbau
18 Maschinenbau
19 Büromaschinen, ADV
20 Straßenfahrzeugbau
23 Elektrotechnik
24 Feinmechanik, Optik
25 EBM-Waren

Aufgrund der vorliegenden Informationen kann man davon ausgehen, daß diese Sektoren im Analysezeitraum bis zum Jahr 1995 die wesentlichen Anwenderbranchen von Industrierobotern sein werden, auch wenn es außerhalb dieser Branchen einzelne Anwendungen gibt bzw. geben wird. Zu denken ist hier an Anwendungsfälle z.B. in der Holzverarbeitung und im Textilgewerbe. Diese werden aber bis zum Jahr 1995 insgesamt nur ein bescheidenes Gewicht haben, so daß sie hier vernachlässigt werden können, ohne daß man nach dem jetzigen Wissensstand einen Fehler relevanter Größenordnung begeht.

Die Aufteilung auf Anwenderbranchen ist für einzelne Robotertypen mit recht großer Sicherheit möglich, z.B. für Punkt- und Bahnschweißroboter, für andere dagegen mit erheblicher Unsicherheit belastet.[11] Aus Tabelle 7.4 ist die Aufteilung auf Anwenderbranchen im einzelnen zu ersehen.

---

[11] Der Versuch einer Aufteilung von Robotern verschiedener Einsatzgebiete auf Anwenderbranchen findet sich auch in Volkholz 1982, S. 183.

## Tabelle 7.4
## Verteilung der Industrieroboter nach Einsatzgebieten auf Anwenderbranchen
## - Struktur in vH -

- Werkzeughandhabung -

| | Beschichten | Punkt-schweißen | Bahn-schweißen | Entgraten | Montage | Sonstige |
|---|---|---|---|---|---|---|
| 08 Kunststoffverarbeitung | 0 | 0 | 0 | 30 | 7 | 3 |
| 13 Eisensch. Industrie | 0 | 0 | 0 | 0 | 0 | 0 |
| 15 Gießereien | 0 | 0 | 0 | 30 | 0 | 0 |
| 16 Ziehereien, Kaltwalzw. | 0 | 0 | 0 | 0 | 0 | 0 |
| 17 Stahlbau, Schfzb. | 0 | 0 | 4 | 0 | 0 | 0 |
| 18 Maschinenbau | 5 | 3 | 11 | 10 | 11 | 15 |
| 19 Büromaschinen, ADV | 0 | 0 | 0 | 0 | 10 | 10 |
| 20 Straßenfahrzeugbau | 83 | 97 | 77 | 15 | 20 | 15 |
| 23 Elektrotechnik | 10 | 0 | 5 | 0 | 47 | 47 |
| 24 Feinmechanik, Optik | 0 | 0 | 0 | 0 | 4 | 5 |
| 25 EBM-Waren | 2 | 0 | 3 | 15 | 1 | 5 |
| Insgesamt | 100 | 100 | 100 | 100 | 100 | 100 |

- Werkstückhandhabung -

| | Pressen | Schmieden | Druck-/ Spritzguß | Werkzeug-maschinen | Sonstige |
|---|---|---|---|---|---|
| 08 Kunststoffverarbeitung | 20 | 0 | 60 | 5 | 5 |
| 13 Eisensch. Industrie | 10 | 10 | 0 | 2 | 1 |
| 15 Gießereien | 0 | 60 | 20 | 0 | 1 |
| 16 Ziehereien, Kaltwalzw. | 10 | 10 | 0 | 0 | 1 |
| 17 Stahlbau, Schfzb. | 0 | 0 | 0 | 0 | 0 |
| 18 Maschinenbau | 10 | 10 | 0 | 25 | 15 |
| 19 Büromaschinen, ADV | 0 | 0 | 0 | 0 | 10 |
| 20 Straßenfahrzeugbau | 30 | 10 | 20 | 40 | 20 |
| 23 Elektrotechnik | 20 | 0 | 0 | 20 | 40 |
| 24 Feinmechanik, Optik | 0 | 0 | 0 | 5 | 5 |
| 25 EBM-Waren | 0 | 0 | 0 | 3 | 2 |
| Insgesamt | 100 | 100 | 100 | 100 | 100 |

Quellen: Expertenbefragung, Literaturanalyse, eigene Schätzungen.

Auf die laut IPA-Statistik in der Bundesrepublik Deutschland bis 1987 installierten Roboter angewandt ergibt sich nach diesen Annahmen eine branchenmäßige Zuordnung der Roboter, die plausibel erscheint und in der Spannweite der in der Literatur genannten Branchenzuordnung liegt. Hauptanwenderbranche ist danach der Straßenfahrzeugbau mit allerdings im Zeitablauf sinkenden Anteil, in deutlichem Abstand gefolgt von der Elektrotechnik mit steigendem Anteil sowie den Sektoren Maschinenbau und Kunststoffverarbeitung (vgl. Tabelle 7.5).

Tabelle 7.5
Verteilung der Industrieroboter auf Anwendersektoren in Stück
- Struktur in vH -

| | 1980 | 1981 | 1982 | 1983 | 1984 | 1985 | 1986 | 1987 |
|---|---|---|---|---|---|---|---|---|
| 08 Kunststoffverarbeitung | 5,20 | 5,21 | 3,89 | 3,78 | 3,50 | 3,49 | 3,58 | 3,76 |
| 13 Eisensch. Industrie | 0,93 | 0,65 | 0,59 | 0,68 | 0,60 | 0,61 | 0,58 | 0,59 |
| 15 Gießereien | 2,84 | 2,58 | 1,88 | 1,75 | 1,37 | 1,19 | 1,13 | 1,18 |
| 16 Ziehereien, Kaltwalzw. | 0,69 | 0,49 | 0,48 | 0,55 | 0,46 | 0,43 | 0,39 | 0,40 |
| 17 Stahlbau, Schfzb. | 0,44 | 0,43 | 0,67 | 0,71 | 0,81 | 0,81 | 0,75 | 0,73 |
| 18 Maschinenbau | 9,93 | 8,62 | 8,08 | 8,74 | 9,21 | 9,59 | 9,94 | 10,28 |
| 19 Büromaschinen, ADV | 2,65 | 2,43 | 1,93 | 2,19 | 2,49 | 2,53 | 3,06 | 3,42 |
| 20 Straßenfahrzeugbau | 56,86 | 61,95 | 66,63 | 63,85 | 61,36 | 60,65 | 56,96 | 54,26 |
| 23 Elektrotechnik | 15,67 | 13,68 | 11,59 | 13,21 | 14,66 | 15,06 | 17,38 | 18,93 |
| 24 Feinmechanik, Optik | 1,87 | 1,57 | 1,20 | 1,38 | 1,53 | 1,64 | 1,86 | 2,03 |
| 25 EBM-Waren | 1,56 | 1,37 | 1,40 | 1,50 | 1,64 | 1,62 | 1,65 | 1,68 |
| nachrichtlich: | | | | | | | | |
| 47 Wissensch. u. Publ. | 1,36 | 1,03 | 1,66 | 1,67 | 2,38 | 2,39 | 2,72 | 2,72 |
| Summe | 100,00 | 100,00 | 100,00 | 100,00 | 100,00 | 100,00 | 100,00 | 100,00 |

Quelle: Berechnungen des DIW.

Mit den bisher beschriebenen Berechnungen liegt eine Verteilung der Industrieroboter - unterteilt nach Einsatzgebieten - auf die Anwenderbranchen vor. Mit der Schätzung von Preisen für Robotersysteme differenziert nach Einsatzgebieten ist es nun möglich, die Kapitalkoeffizienten der Anwenderbranchen - die jeweils einen unterschiedlichen Mix von Robotertypen repräsentieren - zu berechnen.

**Tabelle 7.6**

**Systempreise für Industrieroboter nach Einsatzgebieten**

| Einsatzgebiet | Systempreis in TDM |
|---|---|
| Werkzeughandhabung | |
| Beschichten | 230 |
| Punktschweißen | 230 |
| Bahnschweißen | 320 |
| Entgraten | 230 |
| Montage | 159 |
| Sonstige Werkzeughandhabung | 230 |
| Werkstückhandhabung | |
| Pressen | 230 |
| Schmieden | 230 |
| Druck-, Spritzguß | 200 |
| Werkzeugmaschinenbeschickung | 180 |
| Sonstige Werkstückhandhabung | 150 |

Quelle: Expertengespräche, Literaturangaben, eigene Schätzungen.

Die Preise in Tabelle 7.6 beinhalten neben dem "nackten" Roboter auch Peripheriegeräte, wie z.B. Drehtische und andere Materialzuführungseinrichtungen, die vom Anwender in der Regel zusammen mit dem Roboter als System vom Hersteller bezogen werden. Es wird angenommen, daß diese Systempreise in Preisen von 1980 gerechnet bis 1995 unverändert bleiben. Dahinter steht die Überlegung, daß in realen Preisen gerechnet eventuelle Skaleneffekte einer erhöhten Produktion durch eine verbesserte technische Ausstattung der Roboter ausgeglichen werden.

Die nun berechenbaren Kapitalkoeffizienten, die zeilenweise gelesen die Lieferstruktur des Sektors Industrieroboter in den Matrizen B und R beschreiben, determinieren zusammen mit der Produktionsentwicklung in der Anwenderbranche die Diffusion der neuen Technik. Der Diffusionsprozeß wird in jeder Branche zu jedem Zeitpunkt von zwei unterschiedlichen Parametern bestimmt. Ein Koeffizient gibt an, in welchem Umfang Roboterinvestitionen getätigt werden, wenn die Anwenderbranche ihre Produktionskapazität um eine Einheit erhöht, der andere Koeffizient mißt, in welchem Umfang Modernisierungs- bzw. Ersatzinvestitionen für Roboter pro Einheit der laufenden Produktion der Anwenderbranche induziert werden. Die Diffusion ist so modelliert, daß der Kapazitätserweiterungskoeffizient vom jeweils unterstellten Bestand an Industrierobotern, der Modernisierungskoeffizient vom jeweiligen Bestandszuwachs bestimmt wird.

Neben dem Diffusionsprozeß der neuen Technik werden an dieser Stelle zusätzlich die eigentlichen Ersatzinvestitionen für die nach Ende ihrer Lebensdauer wieder ausscheidenden Industrieroboter abgebildet. Es wird für alle Investitionsjahrgänge eine feste Lebensdauer von 10 Jahren unterstellt, nach deren Ende die alten Roboter aus dem Bestand ausscheiden und durch neue ersetzt werden. Die Modellierung dieses Prozesses der Ersatzbeschaffung von aus dem Bestand ausscheidenden Industrierobotern geschieht über eine entsprechende Erhöhung der Kapitalkoeffizienten für Modernisierungs-/Ersatzinvestitionen.

In Tabelle 7.7 sind die nach dem hier dargestellten Verfahren berechneten Kapitalkoeffizienten für die Jahre 1985, 1990 und 1995 ausgewiesen.

**Tabelle 7.7**

**Die Anwendung von Industrierobotern**
**- Kapitalkoeffizienten für Kapazitätserweiterung**
**und Modernisierung bzw. Ersatz in den Jahren 1985, 1990 und 1995 -**

| | Kapitalkoeffizienten für Kapazitätserweiterung | | |
|---|---|---|---|
| | 1985 | 1990 | 1995 |
| 08 Kunststoffverarbeitung | 0.001712 | 0.006067 | 0.011388 |
| 13 Eisensch. Industrie | 0.000247 | 0.000912 | 0.002102 |
| 15 Giessereien | 0.001948 | 0.006759 | 0.015162 |
| 16 Ziehereien, Kaltwalzwerke | 0.000261 | 0.000829 | 0.001733 |
| 17 Stahlbau | 0.001097 | 0.002125 | 0.002090 |
| 18 Maschinenbau | 0.001338 | 0.003618 | 0.005148 |
| 19 Büromaschinen, ADV | 0.001543 | 0.004955 | 0.005968 |
| 20 Straßenfahrzeugbau | 0.008076 | 0.014892 | 0.017095 |
| 23 Elektrotechnik | 0.001825 | 0.006544 | 0.009498 |
| 24 Feinmechanik, Optik | 0.001254 | 0.004846 | 0.007771 |
| 25 EBM-Waren | 0.000944 | 0.002316 | 0.003281 |
| Summe | 0.020247 | 0.053864 | 0.081237 |

| | Kapitalkoeffizienten für Modernisierung/Ersatz | | |
|---|---|---|---|
| | 1985 | 1990 | 1995 |
| 08 Kunststoffverarbeitung | 0.000246 | 0.000824 | 0.001071 |
| 13 Eisensch. Industrie | 0.000038 | 0.000124 | 0.000213 |
| 15 Giessereien | 0.000155 | 0.000922 | 0.001426 |
| 16 Ziehereien, Kaltwalzwerke | 0.000030 | 0.000109 | 0.000167 |
| 17 Stahlbau | 0.000165 | 0.000124 | 0.000191 |
| 18 Maschinenbau | 0.000217 | 0.000388 | 0.000480 |
| 19 Büromaschinen, ADV | 0.000234 | 0.000597 | 0.000429 |
| 20 Straßenfahrzeugbau | 0.001158 | 0.001108 | 0.001578 |
| 23 Elektrotechnik | 0.000284 | 0.000785 | 0.000774 |
| 24 Feinmechanik, Optik | 0.000222 | 0.000607 | 0.000688 |
| 25 EBM-Waren | 0.000133 | 0.000211 | 0.000290 |
| Summe | 0.002881 | 0.005799 | 0.007308 |

Quelle: Input-Output-Rechnung des DIW

### *7.2.2.2 Vorleistungsänderungen in den Anwenderbranchen*

Durch die Einführung der neuen Automatisierungstechnik Industrieroboter ändert sich der Produktionsprozeß beim Anwender. Das hat Auswirkungen auf die Vorleistungsbezüge aus anderen Sektoren der Volkswirtschaft. Durch die neue Technik kann das Gewicht der Lieferungen einzelner Sektoren an die Anwenderbranche zunehmen, das Gewicht anderer Lieferbranchen abnehmen und sich damit natürlich auch der Anteil der Vorlieferungen insgesamt am Produktionswert verschieben. Die in den Liefersektoren und deren vorgelagerten Branchen ausgelösten Wirkungen auf Produktion und Beschäftigung werden innerhalb der Input-Output-Analyse als sogenannte indirekte Effekte ebenfalls vom Modell erfaßt.

Die durch den Robotereinsatz induzierten Vorleistungsänderungen unterscheiden sich je nach Einsatzgebiet (Funktion) des Roboters. Es wird jedoch unterstellt, daß die mit dem Einsatz eines spezifischen Robotertyps verbundenen Vorleistungsänderungen in allen Anwenderbranchen gleich sind, d.h. der Stromverbrauch eines Bahnschweißroboters ist unabhängig davon, ob er im Straßenfahrzeugbau oder im Maschinenbau eingesetzt wird. In jeder Anwenderbranche ergeben sich jedoch zu jedem Zeitpunkt unterschiedliche Änderungen der Input-Koeffizienten, die durch die vom Modell simulierte Adoptionsrate sowie durch den jeweiligen Mix der Industrieroboter verschiedener Funktion bestimmt sind.

Datengrundlage für die im dynamischen Input-Output-Modell berechneten Veränderungen der Vorleistungskoeffizienten der Anwenderbranchen sind die in Tabelle 7.8 ausgewiesenen Beträge. Sie geben die induzierten Vorleistungsänderungen je installiertem Industrieroboter differenziert nach elf Einsatzgebieten wieder.

**Tabelle 7.8**

**Vorleistungsänderungen je installiertem Industrieroboter nach Einsatzgebieten und betroffenen Lieferbranchen**

**in DM**

| | Lieferbranche | | | | | |
|---|---|---|---|---|---|---|
| | 02 | 06 | 13 | 16 | 49 | 52 |
| Einsatzgebiete | Elektrizitäts-versorg. | Chemische Industrie | Eisenschaff. Indust. | Zieher. Kaltwalzw. | Übrige Dienstl. | Roboter |
| Beschichten | + 1500 | - 3000 | - | - | + 500 | + 100 |
| Punktschweißen | + 3680 | - | - 1000 | - 300 | + 500 | + 100 |
| Bahnschweißen | + 3680 | - | - 1000 | - 800 | + 500 | + 100 |
| Entgraten | + 1500 | - | - 1000 | - | + 500 | + 100 |
| Montage | + 795 | - | - 300 | - 100 | + 500 | + 100 |
| sonstige Werkzeughandhabung | + 1500 | - | - | - | + 500 | + 100 |
| Pressen | + 1500 | - | - | - | + 500 | + 100 |
| Schmieden | + 1500 | - | - | - | + 500 | + 100 |
| Druck-, Spritzguss | + 1500 | - | - | - | + 500 | + 100 |
| Werkzeugmaschinen | + 1500 | - | - | - | + 500 | + 100 |
| sonstige Werkstückhandhabung | + 1500 | - | - | - | + 500 | + 100 |

Quelle: Eigene Schätzungen

Die Schätzungen beruhen auf Erkenntnissen, die sich vornehmlich aus Expertengesprächen ergeben haben. Für Wartung und Instandhaltung sind für alle Einsatzgebiete die gleichen Beträge unterstellt worden, die der Logik der Modellierung eines neuen Sektors folgend aus dem Sektor Roboter bezogen werden. Bei Beschichtungs-/Lackierrobotern wurden Materialeinsparungen für Farben und Beschichtungsmaterial angesetzt, die aus dem Sektor Chemische Industrie bezogen werden.

Die sich ergebenden Änderungen der Input-Koeffizienten sind bei der hier untersuchten neuen Technik nicht besonders bedeutend, wie exemplarisch die Koeffizienten des Straßenfahrzeugbaus im Jahre 1990 belegen.

**Tabelle 7.9**

**Veränderung der Input-Koeffizienten im Straßenfahrzeugbau im Jahre 1990**

| Liefersektor | Input-Koeffizienten | | |
|---|---|---|---|
| | ohne Roboter-anwendung | mit Roboter-anwendung | Differenz |
| 02 Elektrizitätsversorgung | 0.007465 | 0.007632 | + 0.000167 |
| 06 Chemische Industrie | 0.018129 | 0.018100 | - 0.000019 |
| 13 Eisenschaffende Industrie | 0.034673 | 0.034638 | - 0.000035 |
| 16 Ziehereien, Kaltwalzwerke | 0.044109 | 0.044091 | - 0.000018 |
| 49 Übrige Dienstleistungen | 0.026756 | 0.026789 | + 0.000033 |
| 52 Roboter | 0.0 | 0.000067 | + 0.000067 |

Quelle: Input-Output-Rechnung des DIW.

Es ist jedoch wahrscheinlich, daß bei anderen neuen Techniken, z.B. der Verwendung neuer Werkstoffe, die Vorleistungsänderungen eine wesentlich größere Bedeutung haben.

#### *7.2.2.3 Direkte Beschäftigungsänderungen in den Anwenderbranchen*

Es ist unbestritten, daß die Senkung der Lohnkosten im Produktionsprozeß ein wichtiges Motiv für den Einsatz von Industrierobotern ist. Daneben spielen allerdings auch andere Gründe, wie die Verringerung von Umwelt- und Gesundheitsbelastungen am Arbeitsplatz (z.B. beim Lackieren/Beschichten), und generell die mit dem Einsatz von Robotern verbundene höhere Flexibilität des Produktionsprozesses eine wichtige Rolle. Per Saldo kommen jedoch alle bisherigen Untersuchungen zum Einsatz von Industrierobotern zu dem Ergebnis, daß beim Anwender mit deutlichen direkten Arbeitskräfteeinsparungen zu rechnen ist.[12]

Repräsentative Erhebungen und aktuelle Fallstudien zu den detaillierten direkten Beschäftigungswirkungen von Industrierobotereinsätzen liegen für die Bundesrepublik Deutschland nicht vor. Die Untersuchungen von Battelle und SOFI wurden in einem sehr frühen Stadium des Diffusionsprozesses durchgeführt, als noch relativ geringe Installationszahlen von Industrierobotern vorherrschten. Es ist nicht sicher, ob sich ihre Ergebnisse ohne weiteres auf die heutige Situation übertragen lassen. Eine Ausnahme bildet vielleicht die sogenannte Montagestudie,[13] die repräsentative Ergebnisse für den Bereich Montageautomatisierung liefert. Allerdings gibt auch sie nur wenig Ansatzpunkte für die an dieser Stelle interessierende Frage, welche Berufskategorien durch den Einsatz von Industrierobotern direkt betroffen sind.

Die im einzelnen in Tabelle 7.10 dokumentierten direkten Beschäftigungseffekte beruhen neben Angaben aus den oben genannten Studien vorwiegend auf Expertengesprächen sowie insbesondere bei der berufsmäßigen Aufgliederung für einzelne Einsatzgebiete auf eigenen Schätzungen. Während sich für bestimmte Einsatzgebiete die betroffenen Berufe noch relativ sicher ausmachen lassen, z.B. für die Gebiete Beschichten/Lackieren und Schweißen, ist dies für andere Einsatzgebiete nur mit großer Unsicherheit möglich. Einen Anhaltspunkt lieferte auch die Verteilung der Fertigungsberufe in den wichtigsten Anwenderbranchen des jeweiligen Robotertyps. Insgesamt ist die Aufteilung der direkten Beschäftigungseffekte auf die Berufe jedoch mit erheblicher Unsicherheit verbunden, was bei der Analyse der Ergebnisse nach Berufsgruppen zu berücksichtigen ist.

Generell wird davon ausgegangen, daß die Industrieroboter im Zwei-Schicht-Betrieb eingesetzt werden. Alle Experten sind sich einig, daß derzeit nur so ein rentabler Betrieb möglich ist. Für Wartung und Instandhaltung durch den Anwender wird pro Schicht ein Aufwand von ¼ Person pro Roboter angenommen.

---

[12] Vgl. z.B. Battelle 1979, SOFI 1981, Volkholz 1982, Abele 1984.

[13] Vgl. Abele 1984.

Hierzu werden Schlosser und Elektriker und zu einem kleinen Teil Ingenieure und Techniker sowie Datenverarbeitungsfachleute eingesetzt.

Die direkten Freisetzungseffekte durch einen Industrieroboter für die verschiedenen Einsatzgebiete sind in Tabelle 7.10 ausgewiesen. Es wird angenommen, daß im Bereich Schweißen ausschließlich Schweißer betroffen sind, während beim Einsatz von Montagerobotern überwiegend Elektrogeräte- und sonstige Montierer und zu einem kleineren Anteil auch andere Berufe wie z.B. Metallarbeiter ohne nähere Angabe freigesetzt werden. Für die verschiedenen Einsatzgebiete der Werkstückhandhabung wird im Zwei-Schicht-Betrieb eine direkte Freisetzung von vier Personen (inkl. Wartung und Instandhaltung also 3,5 Personen) angenommen, was im Spektrum der Ergebnisse anderer Arbeiten eher eine vorsichtige Schätzung ist. Für die Mehrzahl der Funktionsgebiete muß davon ausgegangen werden, daß überwiegend wenig Qualifizierte, wie z.B. Metallarbeiter ohne nähere Angabe (inkl. Metallmaschinenbediener ohne nähere Angabe) betroffen sind. In einzelnen Einsatzbereichen werden allerdings auch Facharbeiter von der Einführung von Industrierobotern direkt tangiert sein. Der Bereich sonstige Werkstückhandhabung wird Berufen zugeordnet, die überwiegend Prüf- und Palettieraufgaben durchführen.

Die direkten Beschäftigungseffekte bei den Anwendern werden berechnet, indem die vom Modell simulierten Bestände an Robotern in den Anwenderbranchen - dort jeweils differenziert nach elf Einsatzgebieten - mit den in Tabelle 7.10 dokumentierten Beschäftigungsveränderungs-Koeffizienten multipliziert werden. Dabei ist zu beachten, daß bei diesen Berechnungen von allen im Inland installierten Robotern, also auch den importierten Industrierobotern, ausgegangen wird (vgl. hierzu Abschnitt 7.2.3).

Das Modell simuliert in einer bestimmten Periode immer die Roboterbestände zum Jahresende. Zur Berechnung der Beschäftigungsänderungen beim Anwender in Periode t werden jeweils die Roboterbestände am Ende der Periode t-1 benutzt. Implizit wird damit angenommen, daß die Einführungsphase der jeweils neuinstallierten Industrieroboter im Durchschnitt ein halbes Jahr in Anspruch nimmt. Erst danach werden die neu in den Produktionsprozeß integrierten Roboter beim Anwender voll beschäftigungswirksam.

## Tabelle 7.10
## Direkte Beschäftigungseffekte beim Anwender differenziert nach Berufen und Einsatzgebiet des Roboters
## - betroffene Personen je installiertem Roboter -

- Werkzeughandhabung -

| | Beschichten | Punkt-schweißen | Bahn-schweißen | Entgraten | Montage | Sonstige |
|---|---|---|---|---|---|---|
| 31 Kunststoffverarbeiter | - | - | - | - 0,50 | - 0,10 | - 0,50 |
| 33 Former, Gußp., Formg. | - | - | - | - 2,50 | - | - |
| 34 Metallverf., spanlos | - | - | - | - | - | - |
| 35 Metallverf., spanend | - | - | - | - | - | - |
| 36 Galvaniseure | - | - | - | - | - | - 0,50 |
| 37 Schweißer, Löter | - | - 3,50 | - 4,00 | - | - | - |
| 38 Metallarb. o.n. Ang. | - | - | - | - | - 0,30 | - 1,00 |
| 39 Schmiede, Beh.Bauer | - | - | - | - | - | - |
| 40 Install., Feinblechn. | - | - | - | - | - | - 0,50 |
| 41 Schlosser | + 0,20 | + 0,20 | + 0,20 | + 0,20 | + 0,20 | + 0,20 |
| 45 Elektroinst., Fernmm. | + 0,20 | + 0,20 | + 0,20 | + 0,20 | + 0,20 | + 0,20 |
| 46 Elektromm.Bauer | - | - | - | - | - 0,10 | - |
| 47 Elek.G.Mont., S.Mont. | - | - | - | - | - 1,50 | - |
| 56 Maler, Lackierer | - 4,00 | - | - | - | - | - |
| 103 Datenverarb. Fachl. | + 0,04 | + 0,04 | + 0,04 | + 0,04 | + 0,04 | + 0,04 |
| 107 Masch.Bing., -Techn. | + 0,02 | + 0,02 | + 0,02 | + 0,02 | + 0,02 | + 0,02 |
| 108 Elektroing., -Techn. | + 0,02 | + 0,02 | + 0,02 | + 0,02 | + 0,02 | + 0,02 |
| 111 S.Ing., Techn., Werkm. | + 0,02 | + 0,02 | + 0,02 | + 0,02 | + 0,02 | + 0,02 |
| 114 Versandf.M., W.Prüf. | - | - | - | - | - | - |
| 116 Hilfsarb. o.n. Ang. | - | - | - | - | - | - |
| 120 Masch.Einr. o.n. Ang. | - | - | - | - | - | - |
| Insgesamt | - 3,50 | - 3,00 | - 3,50 | - 2,50 | - 1,50 | - 2,00 |

- Werkstückhandhabung -

| | Pressen | Schmieden | Druck-/ Spritzguß | Werkzeug-maschinen | Sonstige |
|---|---|---|---|---|---|
| 31 Kunststoffverarbeiter | - | - | - 1,50 | - | - |
| 33 Former, Gußp., Formg. | - | - | - 1,50 | - | - |
| 34 Metallverf., spanlos | - 1,00 | - | - | - | - |
| 35 Metallverf., spanend | - | - | - | - 1,50 | - |
| 36 Galvaniseure | - | - | - | - | - |
| 37 Schweißer, Löter | - | - | - | - | - |
| 38 Metallarb. o.n. Ang. | - 2,00 | - 2,00 | - | - 1,50 | - |
| 39 Schmiede, Beh.Bauer | - | - 1,00 | - | - | - |
| 40 Install., Feinblechn. | - | - | - | - | - |
| 41 Schlosser | + 0,20 | + 0,20 | + 0,20 | + 0,20 | + 0,20 |
| 45 Elektroinst., Fernmm. | + 0,20 | + 0,20 | + 0,20 | + 0,20 | + 0,20 |
| 46 Elektromm.Bauer | - | - | - | - | - |
| 47 Elek.G.Mont., S.Mont. | - | - | - | - | - |
| 56 Maler, Lackierer | - | - | - | - | - |
| 103 Datenverarb. Fachl. | + 0,04 | + 0,04 | + 0,04 | + 0,04 | + 0,04 |
| 107 Masch.Bing., -Techn. | + 0,02 | + 0,02 | + 0,02 | + 0,02 | + 0,02 |
| 108 Elektroing., -Techn. | + 0,02 | + 0,02 | + 0,02 | + 0,02 | + 0,02 |
| 111 S.Ing., Techn., Werkm. | + 0,02 | + 0,02 | + 0,02 | + 0,02 | + 0,02 |
| 114 Versandf.M., W.Prüf. | - | - | - | - | - 3,00 |
| 116 Hilfsarb. o.n. Ang. | - 1,00 | - 1,00 | - 1,00 | - 1,00 | - 0,50 |
| 120 Masch.Einr. o.n. Ang. | - | - | - | - 0,50 | - 0,50 |
| Insgesamt | - 3,50 | - 3,50 | - 3,50 | - 4,00 | - 3,50 |

Quellen: Expertenbefragung, Literaturanalyse, eigene Schätzungen.

### *7.2.2.4 Substituierte Investitionen beim Anwender*

Die Einführung von Industrierobotern ersetzt beim Anwender die bisher gebräuchliche Produktionstechnik. Damit werden je nach Adoptionsrate der neuen Technik im Vergleich zum Referenzszenario Investitionen für die konventionelle Technik substituiert. Für Schweiß- und Montageroboter wird davon ausgegangen, daß die Investitionsaufwendungen für die jeweilige konventionelle Technik rund zwei Drittel der Aufwendungen für die neue Produktionstechnik unter Einsatz von Industrierobotern ausmachen. Dabei wird unterstellt, daß Punktschweißroboter durchgängig Handschweißgeräte ersetzen, obwohl in vielen Anwendungsbereichen - besonders im Straßenfahrzeugbau - die substituierte Technik sicher Vielpunktschweißgeräte sind. Bei der Darstellung der Ergebnisse wird auf diesen Sachverhalt nochmals eingegangen.

Da es nicht möglich war, für alle elf Einsatzgebiete von Industrierobotern eigenständige Berechnungen über die Investitionsaufwendungen für die substituierte Technik anzustellen, wird generell davon ausgegangen, daß die substituierten Investitionen zwei Drittel der Aufwendungen für die neue Technik ausmachen. Dies wird im Modell so abgebildet, daß die sich bei alter Technik (Referenzszenario) ergebenden Investitionslieferungen des Sektors Maschinenbau an die Anwenderbranchen der neuen Technik um zwei Drittel des Wertes der Investitionslieferungen des neuen Sektors Roboter an diese Branchen gekürzt werden. Dies führt beim Sektor Maschinenbau, im Rahmen der gültigen Wirtschaftszweigsystematik besser bezeichnet als "Restlicher Maschinenbau (ohne Industrieroboter)", zu entsprechenden Produktionsausfällen und damit negativen Beschäftigungseffekten gegenüber dem Referenzszenario.

### *7.2.3 Einfuhr und Ausfuhr von Industrierobotern*

Die Entwicklung von Einfuhr und Ausfuhr von Industrierobotern hat erheblichen Einfluß auf die sich ergebenden Beschäftigungseffekte. Von der Bundesrepublik Deutschland exportierte Roboter haben im Inland positive Beschäftigungseffekte, die sich aus ihren im Inland wirksamen direkten und indirekten Produktionswirkungen bei den Herstellern ergeben, während sie ihre (negativen) Effekte bei den Anwendern im Ausland entfalten. Spiegelbildlich haben importierte Roboter in der Bundesrepublik Deutschland nur Anwendereffekte, während die Produktionswirkungen für ihre Herstellung im Ausland entstehen.

Angaben über die Entwicklung von Importen und Exporten von Industrierobotern können für einzelne Jahre den entsprechenden Statistiken der Fachgemeinschaft Montage-Handhabung-Industrieroboter des VDMA entnommen werden. Die in Tabelle 7.11 ausgewiesenen Werte sind unter der Annahme berechnet worden, daß importierte und exportierte Roboter im Durchschnitt den gleichen Preis wie die im Inland produzierten Roboter haben.

**Tabelle 7.11**

**Exporte und Importe von Industrierobotern**
**- in Mill. DM -**

| | Exporte | Importe | Export-quote | Import-[1] quote |
|---|---|---|---|---|
| | in Mill. DM | | in vH | |
| 1984[2] | 156.2 | 136.7 | 38.1 | 35.0 |
| 1985 | 232.0 | 182.0 | 46.4 | 40.4 |
| 1986 | 271.4 | 117.9 | 42.7 | 24.2 |
| 1987 | 265.2 | 138.2 | 44.5 | 29.5 |
| 1988[2] | 248.9 | 144.4 | 41.5 | 29.2 |

[1] in vH der Inlandsverfügbarkeit [2] geschätzt
Quelle: Fachgemeinschaft MHI im VDMA

Im dynamischen Input-Output-Modell sind die Exporte von Industrierobotern als Lieferungen des Sektors Roboter an die Endnachfrage definiert. Für die Jahre 1984 bis 1987 werden die Werte aus der obigen Tabelle angesetzt. Für den Zeitraum 1980 bis 1983 wird die Quote auf 35 vH geschätzt, ab 1988 wird ein jährliches Exportwachstum von 8 vH prognostiziert. Dies führt für den Zeitraum 1988 bis 1995 zu modellmäßig simulierten Exportquoten von 33 bis 37 vH.

Die Angaben über Importe von Industrierobotern werden benötigt, um die Zahl der im Inland installierten Roboter zu berechnen, da das dynamische Input-Output-Modell entsprechend dem gewählten Konzept nur die im Inland hergestellten Geräte prognostiziert. Es wird für den Zeitraum 1980 bis 1983 eine Importquote von 35 vH angenommen; für die Jahre 1984 bis 1988 werden die Werte aus Tabelle 7.11 und ab 1989 Quoten von 30 vH unterstellt.

## 8. Modellrechnungen zu den Auswirkungen des Einsatzes von Industrierobotern in der Bundesrepublik Deutschland für den Zeitraum 1980 bis 1995

In den vorigen Kapiteln ist das Vorgehen zur Abbildung der neuen Automatisierungstechnik Industrieroboter im Rahmen des dynamischen Input-Output-Modells ausführlich beschrieben worden. Es wurden sowohl die formale Methode als auch die wesentlichen exogenen Informationen dargestellt, die notwendig sind, um den Prozeß der Diffusion von Industrierobotern in seinen Auswirkungen auf die Hersteller- und die Anwenderseite zu modellieren.

Im folgenden werden die Ergebnisse verschiedener Simulationen auf der Basis dieser Vorgaben im einzelnen diskutiert. Übersicht 8.1 gibt einen schematischen Überblick über die wesentlichen logischen Schritte zur Ermittlung der Ergebnisse unter Einsatz des dynamischen Input-Output-Modells. Dies geschieht im Prinzip jeweils in zwei Simulationsschritten. Zunächst werden in einem ersten Modellauf, in dem die adoptionsspezifischen Effekte beim Anwender noch unberücksichtigt bleiben müssen, vorläufige Ergebnisse der Diffusion von Industrierobotern simuliert. Aus den sich in diesem Zwischenschritt ergebenden Investitionen der Anwenderbranchen für Roboter werden vorläufige Bestände von Industrierobotern in den Anwenderbranchen - differenziert nach Einsatzgebieten - berechnet. Auf der Basis dieser Bestände lassen sich nun die adoptionsspezifischen Effekte beim Anwender ermitteln. Diese Effekte fließen zusammen mit den anderen Vorgaben in den zweiten Simulationslauf ein, der einen neuen Set von nun alle Effekte berücksichtigenden Ergebnissen liefert.[1] Auf der Basis der neuen simulierten Bestände von Industrierobotern nach Anwenderbranchen und Einsatzgebieten werden anschließend die direkten Beschäftigungswirkungen beim Anwender ermittelt. Saldiert mit den direkten und indirekten Hersteller- und den indirekten Anwendereffekten ergeben sich die Beschäftigungswirkungen der Diffusion von Industrierobotern insgesamt.

---

[1] An dieser Stelle wird geprüft, ob die neuberechneten Bestände von Industrierobotern sich signifikant von den in Runde 1 ermittelten Beständen unterscheiden, so daß in einem weiteren Iterationsschritt eine Neuberechnung der adoptionsspezifischen Anwendereffekte notwendig ist. Dies ist jedoch wegen der geringen Bedeutung dieser Effekte bei der Robotertechnologie nicht notwendig.

**Übersicht 8.1**

**Schematische Darstellung des Simulationsprozesses zur Abbildung der Diffusion von Industrierobotern und der resultierenden Beschäftigungswirkungen**

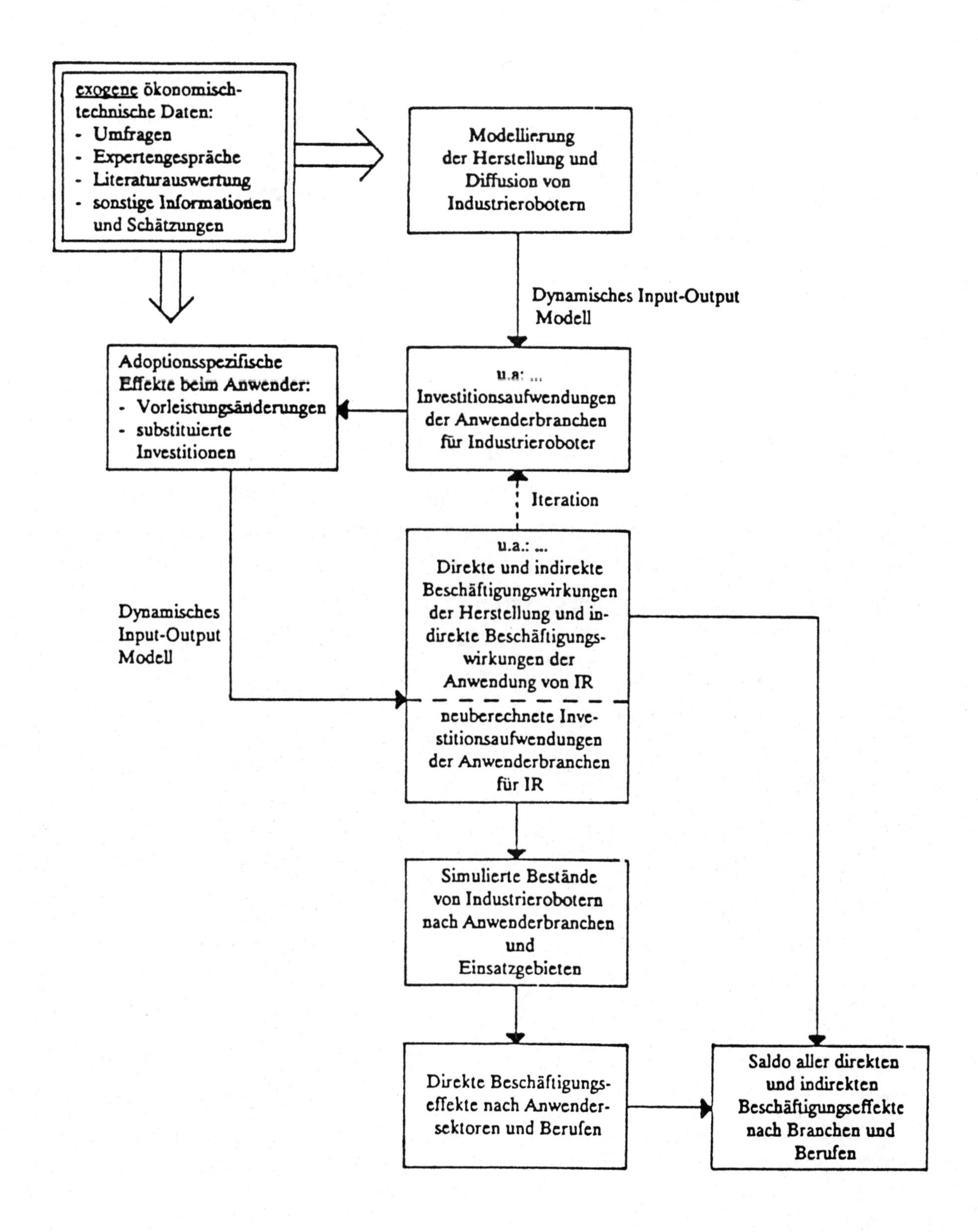

Die Beschäftigungswirkungen werden sowohl in ihrer sektoralen als auch in ihrer berufsmäßigen Dimension analysiert. Die Summe der Beschäftigungsänderungen über alle Berufsgruppen je Sektor ergibt die Wirkungen nach Sektoren, eine entsprechende Operation über alle Branchen je Berufskategorie ergibt die Beschäftigungswirkungen nach Berufen.

Es werden die Ergebnisse verschiedener Modellrechnungen zu den Auswirkungen der Diffusion von Industrierobotern auf die Beschäftigung vorgestellt. Zunächst werden die Ergebnisse präsentiert, die sich bei der Anwendung des dynamischen Input-Output-Modells in der Form, wie es in Kapitel 4 ausführlich beschrieben wurde, unmittelbar ergeben. Bei dieser Modellrechnung werden also jene Effekte berücksichtigt, die modellendogen aus der Einführung und Diffusion von Industrierobotern folgen. Insbesondere werden alle direkten und indirekten[2] Auswirkungen auf Vorleistungen, Kapitalgüter und Arbeitskräfte berücksichtigt, die aus dem Einsatz und der Diffusion von Industrierobotern im Produktionsprozeß resultieren. Erfaßt werden damit zum einen die primären Freisetzungseffekte und die damit verbundenen, adoptionsspezifischen direkten und indirekten Sektorstruktureffekte, zum anderen die direkten und indirekten Kompensationseffekte, die mit der Herstellung der neuen Technologie und der Substition der bisher angewandten Technologie verbunden sind. Von den in der Literatur diskutierten Kompensationseffekten werden neben den Sektorstruktureffekten also die mit dem Maschinenherstellungsargument verbundenen Kompensationseffekte modellendogen berücksichtigt.

Beim derzeitigen theoretischen und empirischen Forschungsstand können jedoch eine Reihe anderer kompensatorischer Wirkungszusammenhänge nicht modellendogen berücksichtigt werden. Es fehlen insbesondere jene Wirkungszusammenhänge, die über Preis-, Einkommens- und Umverteilungseffekte vermittelt werden. Deshalb werden alternative Simulationsrechnungen durchgeführt, in denen versucht wird, die mögliche Größenordnung dieser Kompensationseffekte abzuschätzen. Dies dient dazu, anderen in der Kompensationsdebatte diskutierten Effekten, insbesondere dem Kaufkraftkompensationstheorem, Rechnung zu tragen.

---

[2] Die Begriffe direkte und indirekte Effekte werden hier im Sinne der Input-Output-Analyse verwandt.

Bevor jedoch die Wirkungen der Diffusion von Industrierobotern auf die Beschäftigung diskutiert werden, wird zunächst auf den vom dynamischen Input-Output-Modell simulierten Diffusionsverlauf von Industrierobotern bis zum Jahr 1995 eingegangen.

## *8.1 Simulierte Bestände von Industrierobotern nach Einsatzgebieten und Anwenderbranchen*

Die mit dem dynamischen Input-Output-Modell simulierten Bestände von Industrierobotern sollen hier ausführlich beschrieben werden, weil sie Anhaltspunkte dafür liefern, ob es gelungen ist, den Diffusionsprozeß der neuen Technik im Zeitablauf gut zu modellieren. Dabei wird die Entwicklung der Bestände auch differenziert nach Einsatzgebieten und Anwenderbranchen dargestellt, weil diese Aufteilung die resultierenden Beschäftigungswirkungen in erheblichem Maße mitbestimmt. Wie in Kapitel 7.2.2.1 deutlich geworden ist, variieren die Beschäftigungswirkungen je nach Einsatzgebiet des Roboters erheblich. Dies gilt insbesondere für die direkten Anwendereffekte, sowohl in ihrer absoluten Höhe wie auch in ihrer berufsmäßigen Zusammensetzung. Die Aufteilung auf die Anwendersektoren wiederum ist entscheidend für die Ermittlung der sektoralen Beschäftigungswirkungen. Nur wenn es gelingt, den Diffusionsprozeß sowohl im Hinblick auf die Einsatzgebiete als auch in seiner sektoralen Dimension plausibel abzubilden, können die resultierenden Beschäftigungswirkungen als in sich geschlossenes Bild der möglichen Effekte der Einführung dieser neuen Technik interpretiert werden. Hier werden nur die Ergebnisse des simulierten Diffusionsprozesses für die Modellrechnung ohne zusätzliche Kompensationseffekte dokumentiert. Obwohl sich für jede der im weiteren Verlauf der Arbeit diskutierten alternativen Simulationsrechnungen ein anderer Diffusionsprozeß ergibt, sollen diese Ergebnisse nicht im einzelnen dargestellt werden. Der Verzicht auf eine Darstellung der Roboterbestände für diese Simulationen ist vornehmlich darin begründet, daß die relativ geringen Abweichungen des Diffusionsprozesses bei alternativen Simulationsrechnungen eine mehrfache Darstellung der Ergebnisse nicht rechtfertigen, zumal die

Grundtendenzen der Aufteilung nach Einsatzgebieten und Anwenderbranchen erhalten bleiben.

Den simulierten Bestand von Industrierobotern insgesamt im Zeitraum 1980 bis 1995 zeigt Schaubild 8.1. Danach ergibt sich 1985 ein Bestand von rund 7 500 Robotern, der über 23 000 Stück im Jahr 1990 bis auf 47 500 Stück im Jahr 1995 ansteigt. Für die Jahre 1980 bis 1988 sind ebenfalls die tatsächlichen Roboterinstallationen in der Bundesrepublik Deutschland laut IPA-Statistik dargestellt. Der Niveauunterschied zu Anfang der Analyseperiode, dessen Gewicht im Zeitablauf schnell abnimmt und im Jahr 1988 nur noch 7 vH ausmacht, resultiert im wesentlichen daher, daß die Einführung der neuen Technik modellmäßig im Jahr 1980 beginnt, während tatsächlich - wie schon erwähnt - in der Bundesrepublik bereits zu einem früheren Zeitpunkt die ersten Roboter installiert wurden.[3] Auf eine Niveauanpassung wurde verzichtet, weil es die Konsistenz der Ergebnisse verletzen würde, nur die mit höheren Installationszahlen gekoppelten Anwendereffekte, nicht aber die mit der Herstellung dieser Geräte verbundenen Effekte in ihrer richtigen Zeitstruktur zu erfassen. Außerdem verliert der Niveauunterschied, wie das Schaubild deutlich macht, im Diffusionsprozeß schnell an Bedeutung.

---

[3] Hansmann, Roggon 1984 nennen für das Jahr 1979 einen Bestand von 970 Geräten.

**Schaubild 8.1**

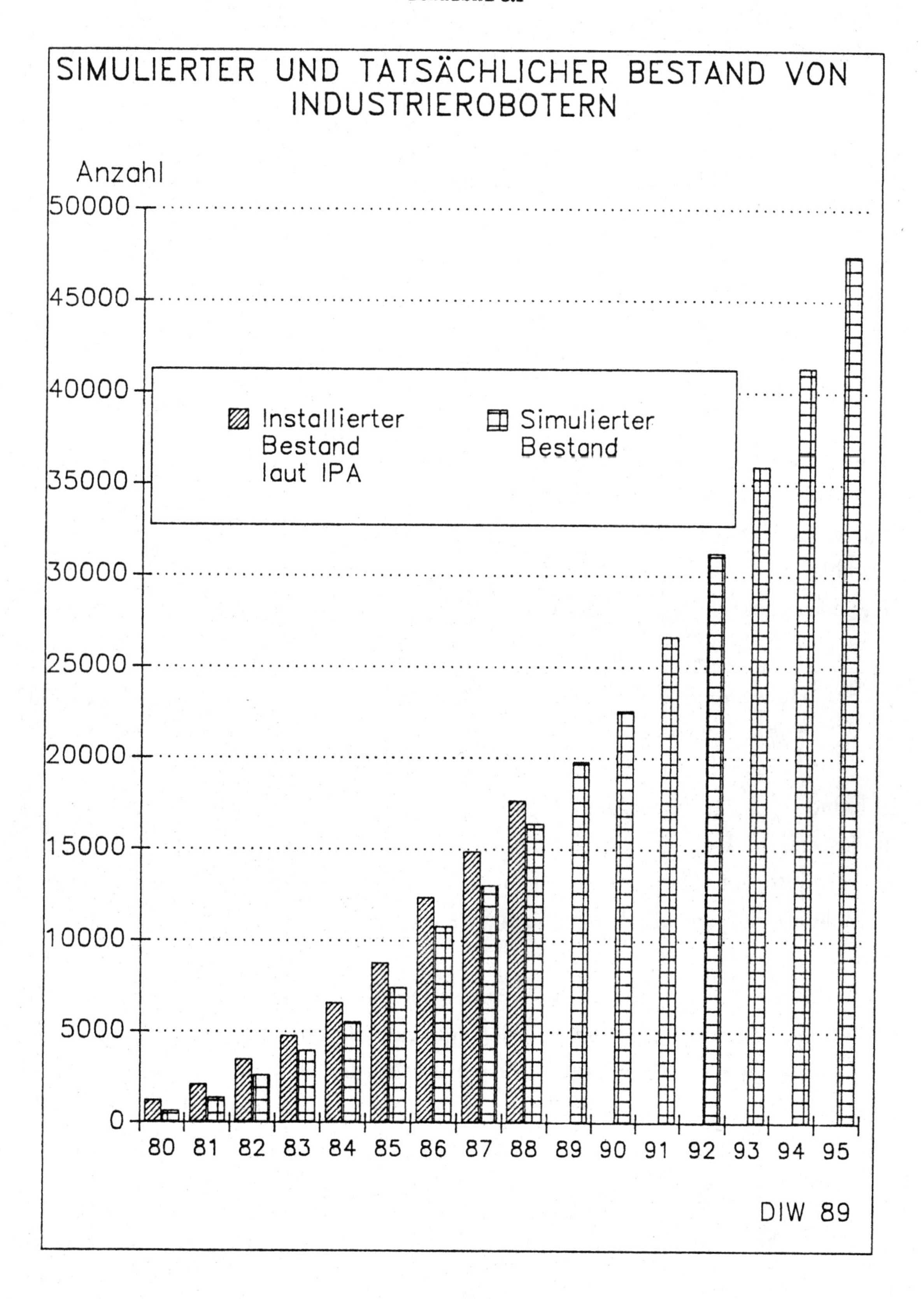

Die prognostizierten Bestände an Industrierobotern für die Jahre 1990 und 1995 erscheinen aus heutiger Sicht realistisch. Sie liegen in der Spannweite der prognostizierten Stückzahlen anderer Diffusionsprognosen, wie Tabelle 8.1 belegt. Dabei bildet die Prognose von Hansmann Roggon[4] die untere Begrenzung, während insbesondere Volkholz[5] mit seiner Diffusionsvorhersage die obere Begrenzung darstellt.

**Tabelle 8.1**

**Vergleich von Prognosen zur Diffusion von Industrierobotern in der Bundesrepublik Deutschland**

| | Bestand an Industrierobotern | |
|---|---|---|
| | 1990 | 1995 |
| Hansmann, Roggon | 20 400 | ca. 35 000 |
| Schünemann, Bruns | 29 914 | ca. 50 000 |
| Volkholz | 39 160 | - |
| Eigene Prognose | 23 000 | 47 500 |

Quelle: Hansmann, Roggon 1984; Schünemann, Bruns 1986; Volkholz 1982; eigene Berechnungen.

Aufgrund der tatsächlichen Entwicklung der Roboterinstallationen in der Bundesrepublik Deutschland bis zum Jahr 1988 kann man mit ziemlicher Sicherheit die Prognose von Hansmann, Roggon für das Jahr 1990 als zu niedrig und die von Volkholz auf jeden Fall als zu hoch ansehen.

Schaubild 8.2 gibt einen Überblick über den simulierten Bestand an Industrierobotern in den Stichjahren 1985, 1990 und 1995, differenziert nach Einsatzgebieten. Deutlich wird, daß sich im Diffusionsprozeß die Gewichte der verschiedenen Einsatzgebiete der Industrieroboter erheblich verschieben. Im Jahr 1985

[4] Hansmann, Roggon 1984.

[5] Volkholz 1982.

dominieren eindeutig die Anwendungsfälle für Punkt- und Bahnschweißen, während z.B. der Bereich Montage noch ein sehr bescheidenes Gewicht hat. Im Jahr 1990 haben Montageroboter dagegen schon die höchsten Installationszahlen, gefolgt vom Punktschweißen, das aber nur relativ bescheidene Zuwachsraten aufweist. Stark zugenommen haben dagegen die Gebiete Werkzeugmaschinenbeschickung und sonstige Werkstückhandhabung. Am Ende des Simulationszeitraums stehen eindeutig die Einsatzgebiete Montage und Werkzeugmaschinenbeschickung im Vordergrund. Sie machen zusammen knapp 60 vH der Installationen aus. In weitem Abstand folgen nun Punkt- und Schweißroboter, die zusammen deutlich weniger als 20 vH aller Anwendungsfälle im Jahr 1995 ausmachen. Ihre Bestandszahlen wachsen nur noch langsam und nähern sich, zumindest im Bereich Punktschweißen, der Sättigungsgrenze.

Deutliche Gewichtsverschiebungen zeigen auch die simulierten Roboterbestände, differenziert nach Anwenderbranchen, in Schaubild 8.3. Im Straßenfahrzeugbau sind im Jahr 1985 rund 60 vH aller Industrieroboter installiert. Er bleibt zwar während des gesamten Analysezeitraums die Hauptanwenderbranche, doch geht sein Gewicht spürbar auf 48 vH im Jahr 1995 zurück. Dies mag in der Tendenz sogar noch etwas überhöht sein, weist doch der Straßenfahrzeugbau im dynamischen Input-Output-Modell eine überdurchschnittliche Produktionsentwicklung auf, was auch seine Installationszahlen positiv beeinflußt. Zweitwichtigste Anwenderbranche ist die Elektrotechnik, die ihren Anteil an den Gesamtinstallationen von 16 vH im Jahr 1985 auf 22 vH im Jahr 1995 deutlich gesteigert hat. Auch der Maschinenbau erhöht seinen Anteil, doch fällt die Zunahme von 9 vH auf 11 vH geringer aus; sie ist sogar noch etwas kleiner als der Anteilsgewinn des Sektors Kunststoffverarbeitung, in dem im Jahr 1995 gut 6 vH aller Industrieroboter installiert sein werden. Die übrigen Sektoren bleiben, obwohl die Installationszahlen im Diffusionsprozeß kräftig steigen, in ihrem Anteil unter 5 vH.

**Schaubild 8.2**

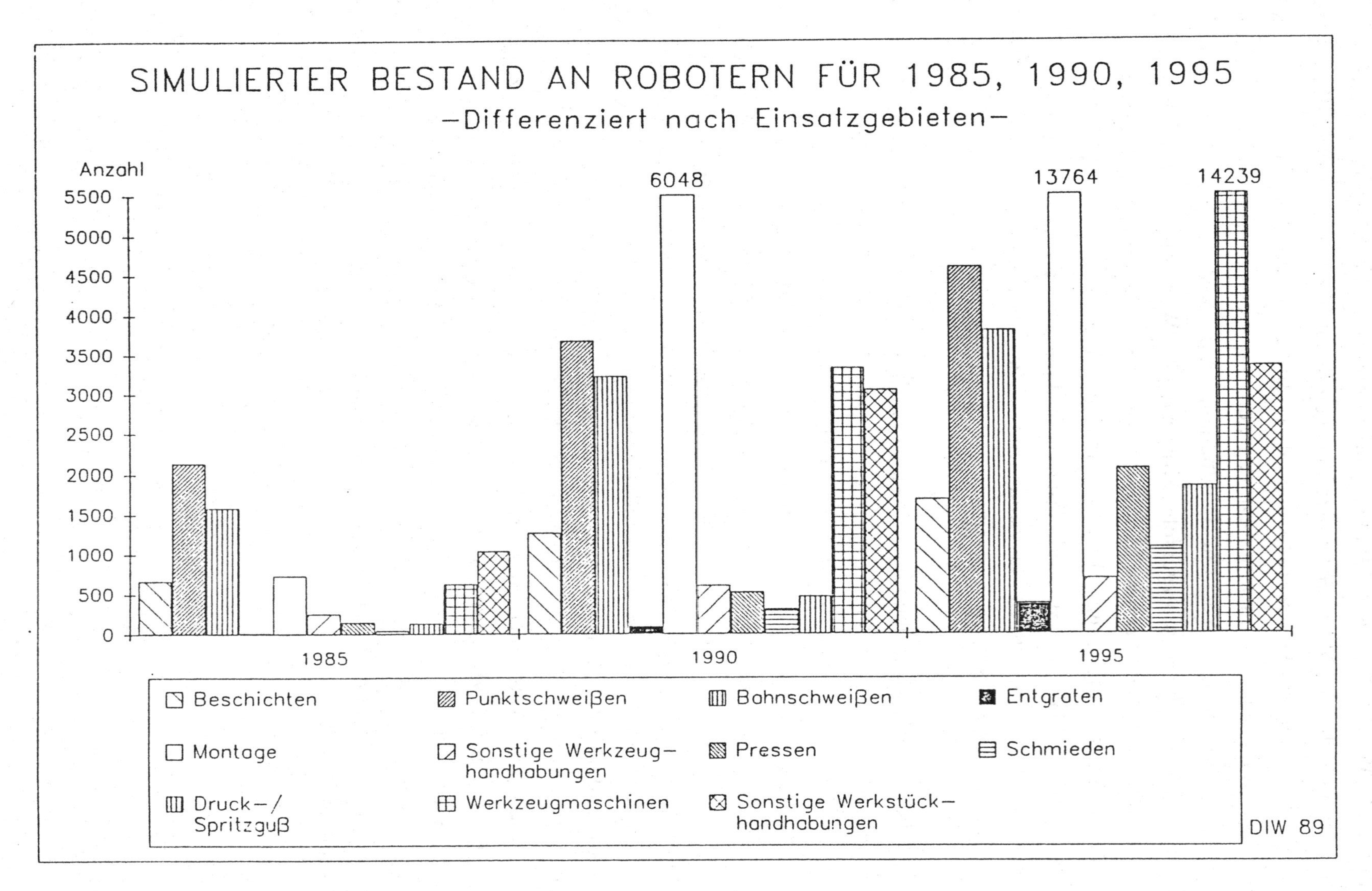

**Schaubild 8.3**

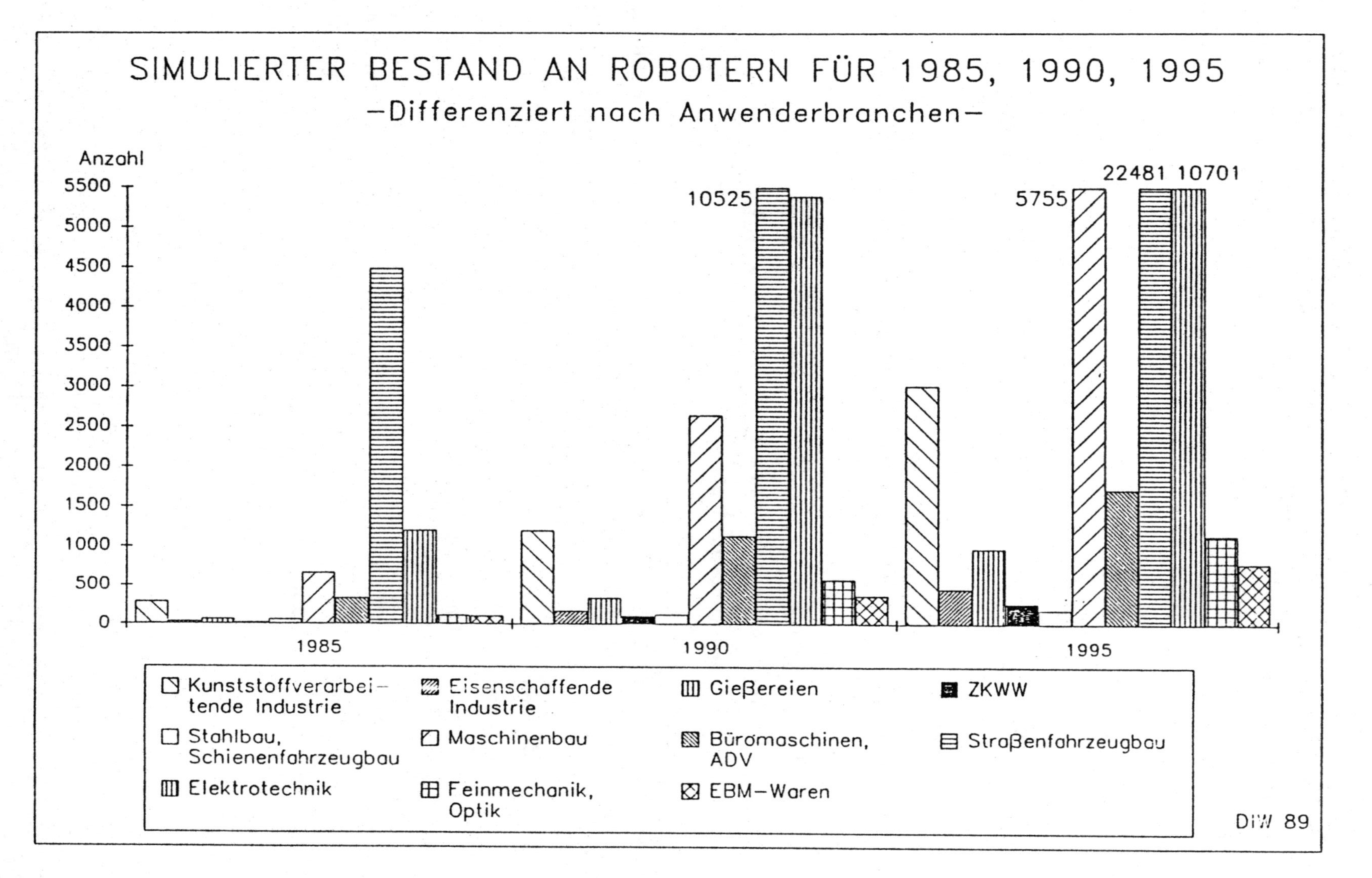

Mit dem Schaubild 8.4 wird der Versuch unternommen, die vom dynamischen Input-Output-Modell simulierten Bestände an Industrierobotern in ihrer ganzen Differenziertheit darzustellen. Es zeigt für das ausgewählte Stichjahr 1995 für die einzelnen Anwenderbranchen die installierten Industrieroboter aus jedem Einsatzgebiet. In diesem Jahr verteilen sich z.B. die 22 481 installierten Roboter im Sektor Straßenfahrzeugbau wie folgt auf die elf Einsatzgebiete:

| | Stück |
|---|---|
| - Beschichten | 1 412 |
| - Punktschweißen | 4 478 |
| - Bahnschweißen | 2 944 |
| - Entgraten | 93 |
| - Montage | 3 682 |
| - sonstige Werkzeughandhabung | 110 |
| - Pressen | 870 |
| - Schmieden | 193 |
| - Druck-, Spritzguß | 567 |
| - Werkzeugmaschinenbeschickung | 7 433 |
| - sonstige Werkstückhandhabung | 700 |

Im Sektor Büromaschinen, ADV verteilen sich die insgesamt 1 720 installierten Industrieroboter dagegen nur auf drei Einsatzgebiete:

| | |
|---|---|
| - Montage | 1 264 Stück |
| - sonstige Werkzeughandhabung | 86 Stück |
| - sonstige Werkstückhandhabung | 370 Stück. |

Diese detaillierten Ergebnisse können in Zukunft dazu genutzt werden, um durch Gespräche mit Experten aus den Anwenderbranchen die Modellergebnisse nochmals im einzelnen zu validieren.

**Schaubild 8.4**

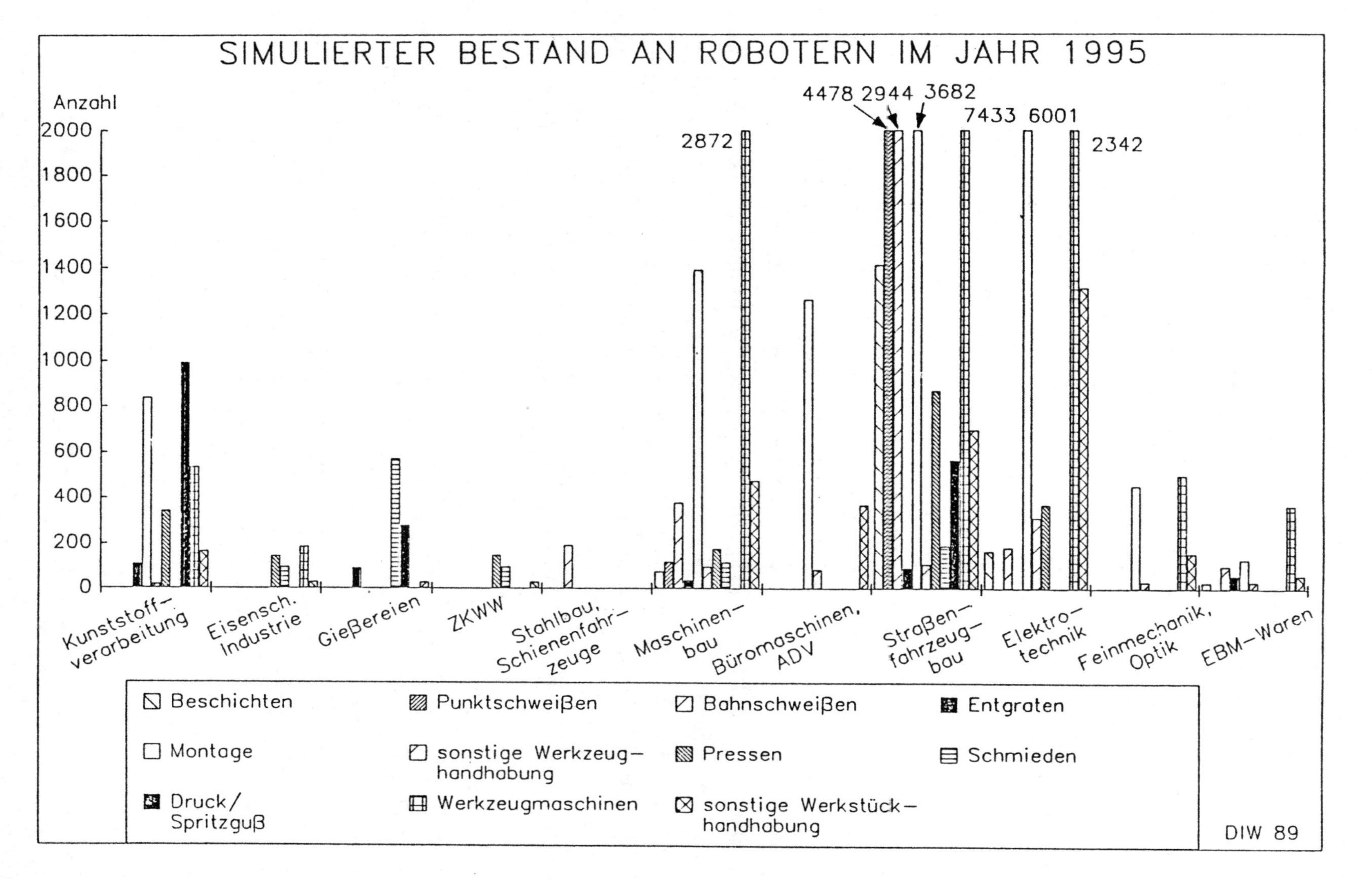

Die Gesamtschau der Ergebnisse bestätigt den Eindruck, daß der vom dynamischen Input-Output-Modell gezeichnete Diffusionsprozeß von Industrierobotern sich im Rahmen der Vorstellungen bewegt, die auch in Expertengesprächen und anderen Arbeiten zum Ausdruck kommen. Das heißt nicht, daß der Diffusionsprozeß, wie er sich hier darstellt, die bisherige und zukünftige Entwicklung in jedem Fall richtig beschreibt. Vielmehr haben die vorgestellten Ergebnisse den Charakter von empirisch gestützten Modellrechnungen, weil ihnen in manchem Bereich nur unbefriedigende empirischen Basisinformationen zugrunde liegen. Allerdings stellen diese Modellrechnungen ein in sich schlüssiges Bild einer möglichen Diffusionsentwicklung dar.

## *8.2 Die Beschäftigungswirkungen der Diffusion von Industrierobotern in der Basisversion des Modells ohne zusätzliche Kompensationseffekte*

Die Simulation mit dem dynamischen Input-Output-Modell in seiner in der Evaluationsphase endgültig entwickelten Version bildet die Basisversion zur Abschätzung der Beschäftigungswirkungen der Diffusion von Industrierobotern. Wie schon erläutert, wird modellendogen nur ein Teil der denkbaren Kompensationseffekte der Verbreitung dieser neuen Technologie erfaßt, während die primären Freisetzungseffekte und die davon ausgehenden direkten und indirekten Sektorstruktureffekte relativ vollständig abgebildet werden. Dies ist bei der Bewertung der in der Basisversion erzielten Ergebnisse zu berücksichtigen.

Im folgenden werden zunächst die gesamtwirtschaftlichen Beschäftigungswirkungen der Diffusion von Industrierobotern bis zum Jahr 1995 dargestellt. Darüber hinaus werden die sich modellendogen ergebenden Beschäftigungseffekte in Komponenten zerlegt, wobei zwischen direkten und indirekten Anwendereffekten sowie zwischen direkten und indirekten Herstellereffekten unterschieden wird. Daran anschließend werden die Wirkungen der Diffusion auf die Sektorstruktur der Beschäftigung und auf die Berufsstruktur analysiert.

### *8.2.1 Die Beschäftigungswirkungen der Diffusion von Industrierobotern insgesamt und ihre Komponenten*

In der Basisversion ohne zusätzliche Kompensationseffekte führt der Diffusionsprozeß von Industrierobotern in der Summe für alle Wirtschaftszweige bis zum Jahr 1995 zu einem deutlichen Rückgang der Beschäftigung gegenüber der Referenzsimulation ohne Verbreitung dieser Technik. Nur im ersten Jahr der Diffusion ergibt sich ein positiver Beschäftigungseffekt von 1 770 Personen. Hierin kommt zum Ausdruck, daß die Wirkungen, die von der Herstellung der Güter der neuen Technik ausgehen, den Anwendereffekten im Diffusionsprozeß zeitlich vorgelagert sind. Für jeden Jahrgang von Industrierobotern fallen die direkten (positiven) Wirkungen, die aus ihrer Produktion resultieren, nur im Herstellungsjahr an, während die installierten Roboter ihre in der Regel negativen Beschäftigungswirkungen beim Anwender über ihre gesamte Lebensdauer entfalten. Die dynamische Überlagerung dieser Prozesse für jeden der Investitionsjahrgänge resultiert schon ab 1981 in insgesamt negativen Beschäftigungswirkungen, die in den ersten Jahren noch bescheiden ausfallen. Mit Forschreiten des Diffusionsprozesses steigen sie rasch an auf -49 000 Personen im Jahr 1990 und auf rund -106 000 Personen im Jahr 1995.

Den zeitlichen Verlauf der Beschäftigungsentwicklung gegenüber dem Referenzscenario zeigt Schaubild 8.5. Im oberen Teil des Schaubildes sind die Beschäftigungswirkungen als Folge des Einsatzes von Industrierobotern gegenüber einer Entwicklung ohne Industrieroboter abgebildet, unten erscheinen die jährlichen Beschäftigungsänderungen gegenüber dem Vorjahr, die nur dazu dienen sollen, die zeitliche Struktur der vom dynamischen Input-Output-Modell simulierten Beschäftigungswirkungen zu verdeutlichen. Bei der Beurteilung der Beschäftigungsentwicklung insgesamt muß beachtet werden, daß im dynamischen Input-Output-Modell nur ein Teil der kompensatorisch wirkenden Effekte einer neuen Technik modellimmanent abgebildet wird, so daß die hier ausgewiesene Entwicklung sicher eine obere Grenze der zu erwartenden negativen Beschäftigungseffekte der Diffusion von Industrierobotern darstellt.

**Schaubild 8.5**

**Veränderung der Beschäftigung insgesamt durch die Diffusion von Industrierobotern - Variante: Keine zusätzlichen Kompensationseffekte -**

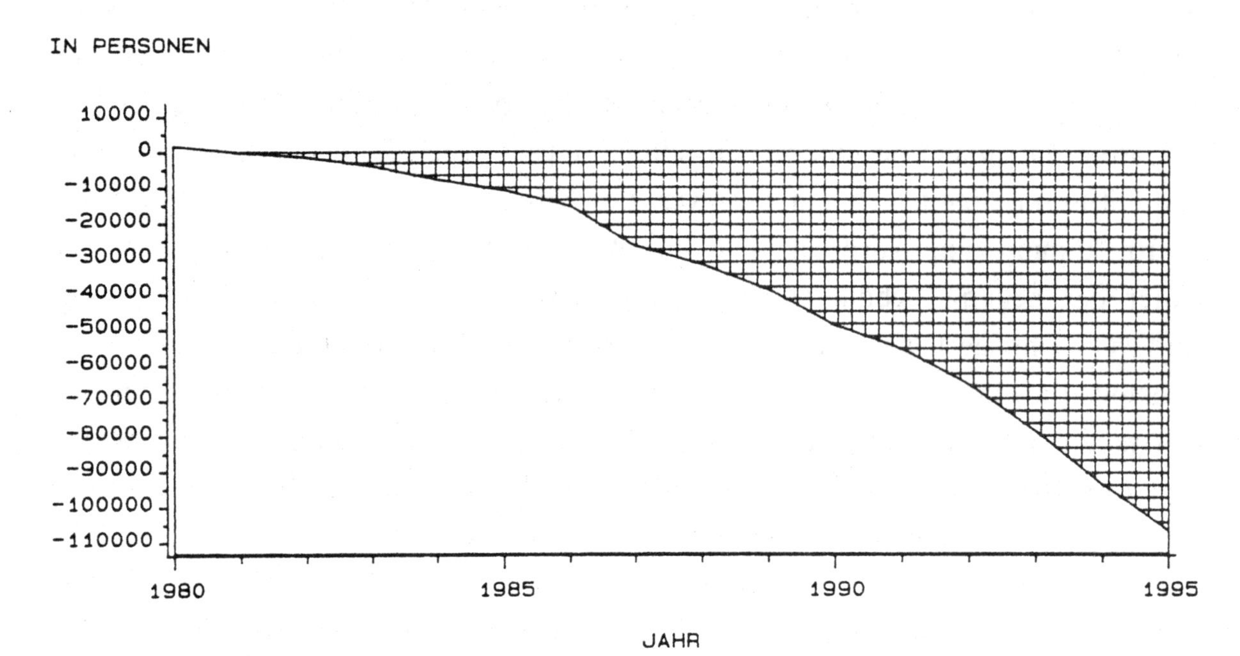


– JAEHRLICHE VERAENDERUNG DER BESCHAEFTIGUNG GEGENUEBER DEM VORJAHR –

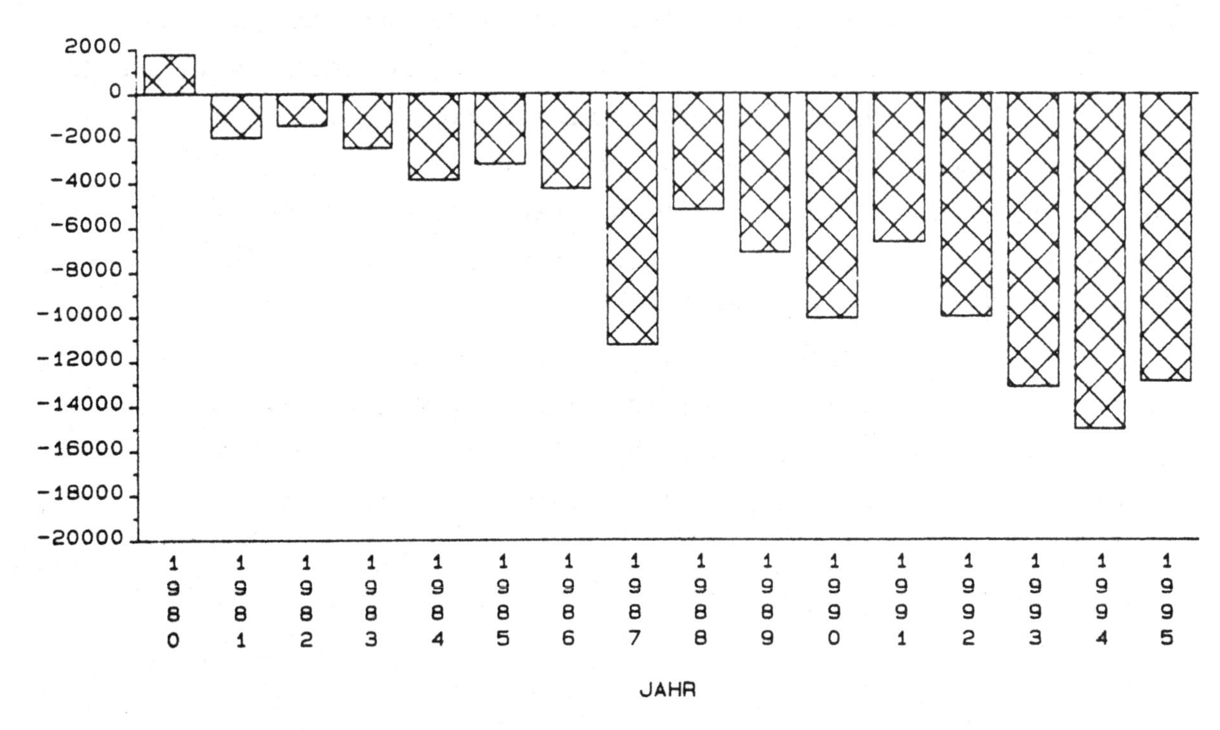


QUELLE: INPUT-OUTPUT-RECHNUNG DES DIW. DIW 1989

Interessant ist die Frage, wie die Beschäftigungswirkungen insgesamt sich auf die einzelnen Wirkungszusammenhänge, die bei der Diffusion von Industrierobotern im dynamischen Input-Output-Modell modellendogen eine Rolle spielen, aufteilen. Als direkte Herstellereffekte werden die Beschäftigungswirkungen bezeichnet, die direkt bei der Produktion von Industrierobotern im Sektor Roboter anfallen. Die indirekten Herstellereffekte umfassen die durch die Produktion von Industrierobotern in den anderen Sektoren der Volkswirtschaft über die Vorleistungs- und Investitionsverflechtung ausgelösten Beschäftigungseffekte, während die indirekten Anwendereffekte die adoptionsspezifischen Vorleistungsänderungen und die Effekte der substituierten Investitionen alter Techniken enthalten. Die direkten Anwendereffekte sind als die direkt mit dem Einsatz von Industrierobotern verbundenen Beschäftigungseffekte definiert.

Schaubild 8.6 zeigt die Bedeutung der einzelnen Komponenten, wobei zunächst die direkten und indirekten Hersteller- und Anwendereffekte jeweils zusammengefaßt dargestellt werden. Die Anwendereffekte mit ihren negativen Auswirkungen auf die Beschäftigung gewinnen im Diffusionsprozeß rasch an Bedeutung und dominieren schon ab 1981 die Entwicklung. Sie nehmen mit den Installationszahlen ständig zu und erreichen nach ca. 60 000 Personen im Jahr 1990 ihr Maximum von etwa 130 000 Personen im Jahr 1995. Die Herstellereffekte wachsen unter Schwankungen, die unter anderem Produktionsänderungen und Fluktuationen der Investitionsnachfrage des Sektors Roboter widerspiegeln, von zunächst knapp 2 000 Personen im Jahr 1980 auf ca. 20 000 Personen am Ende des Simulationszeitraums.

**Schaubild 8.6**

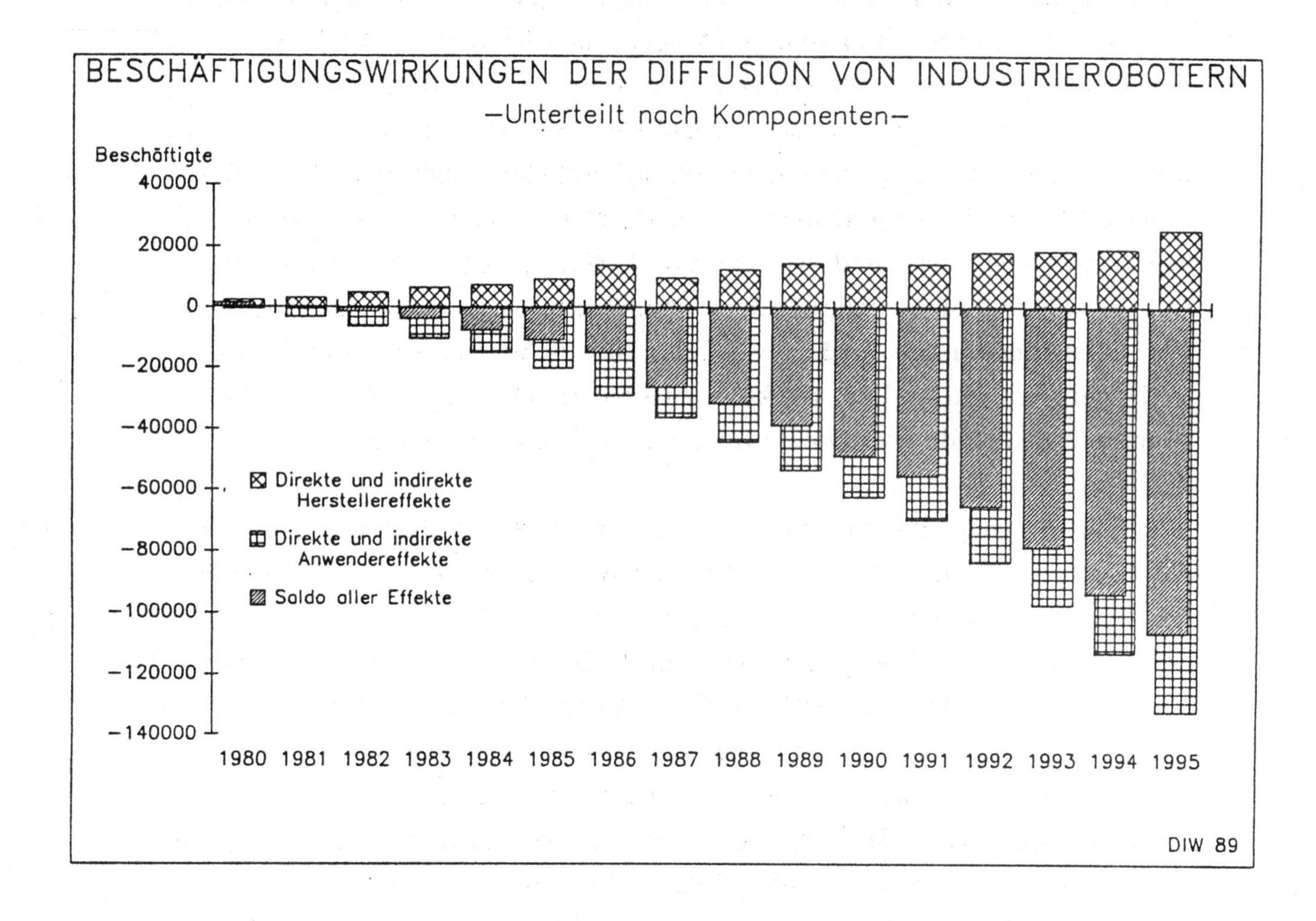


Um das unterschiedliche Gewicht und vor allem die Verschiebung der Gewichte der unterschiedlichen Effekte im Diffusionsprozeß zu verdeutlichen, sind die positiven und negativen Beschäftigungswirkungen zu einem Bruttoeffekt addiert worden, so daß die Anteile der einzelnen Effekte sich immer zu 100 vH addieren. Diese Darstellung ist in Schaubild 8.7 wiedergegeben. Im Jahr 1980, in dem wegen der unterstellten Einführungsphase für neuinstallierte Roboter noch keine direkten Anwendereffekte auftreten, machen die direkten Herstellereffekte knapp 40 vH, die indirekten Herstellereffekte rund ein Drittel und die indirekten

Anwendereffekte rund ein Viertel des Bruttoeffekts aus. Diese Gewichte verschieben sich im Diffusionsprozeß sehr schnell. Im Jahr 1985 machen die direkten und indirekten Herstellereffekte zusammen nur noch knapp ein Drittel aus, während sich die direkten Anwendereffekte schon auf knapp 60 vH belaufen. Im Endjahr der Simulation entfallen über 80 vH des Bruttoeffekts auf die direkten Anwendereffekte. Die direkten und indirekten Herstellereffekte erreichen jeweils noch rund 7 vH, während die indirekten Anwendereffekte mit knapp 4 vH das geringste Gewicht haben.

**Schaubild 8.7**

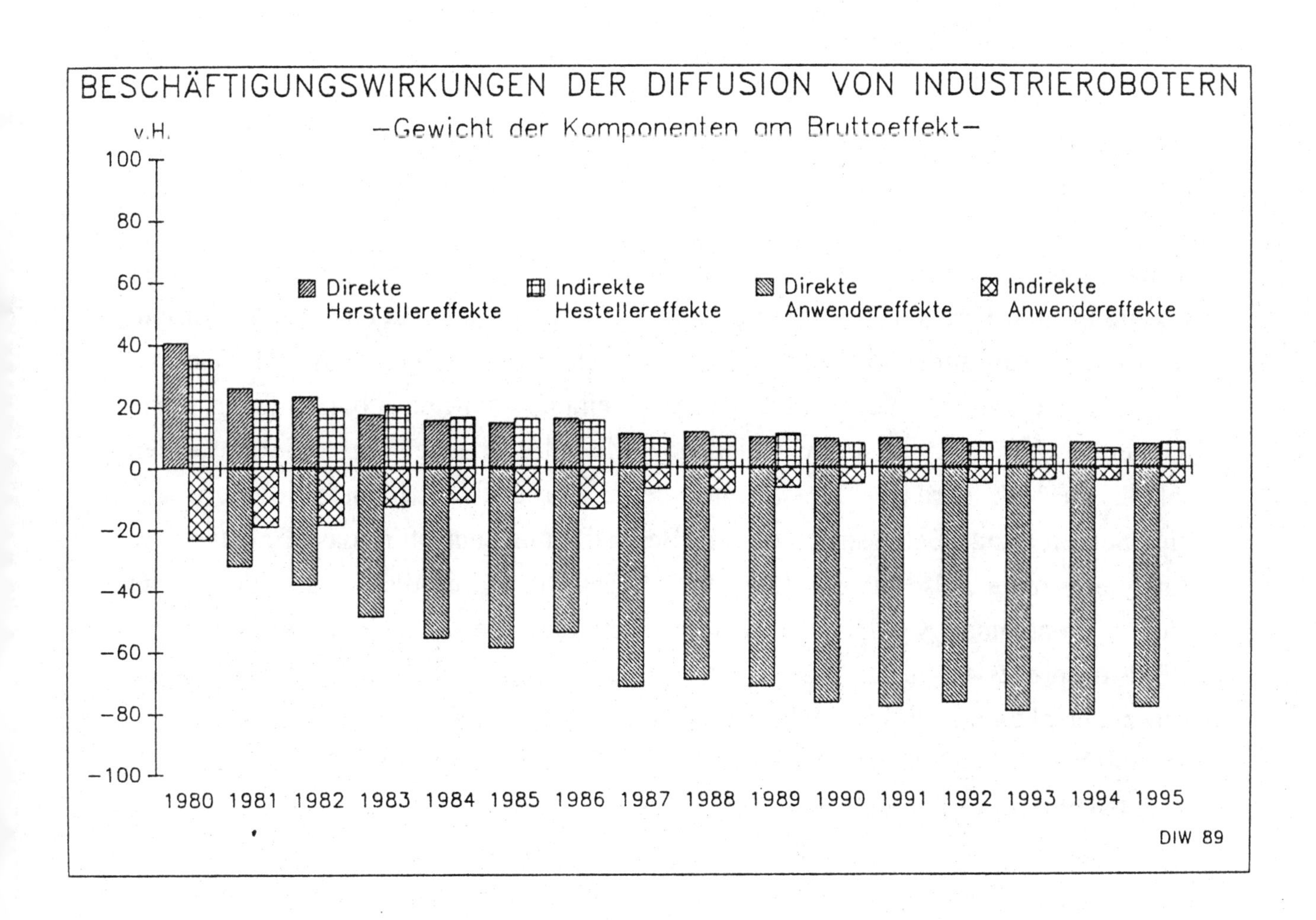

### *8.2.2 Wirkungen auf die Sektor- und Berufsstruktur*

Die Simulation des Diffusionsprozesses von Industrierobotern mit dem dynamischen Input-Output-Modell erlaubt nicht nur die Analyse der Beschäftigungswirkungen der neuen Technik insgesamt, sondern ermöglicht auch die Untersuchung der Beschäftigungseffekte in ihrer sektoralen und berufsmäßigen Dimension. Dabei ist in beiden Dimensionen die volle Konsistenz der disaggregierten Beschäftigungswirkungen mit dem gesamtwirtschaftlichen Ergebnis zu jedem Zeitpunkt des dynamischen Prozesses gewährleistet. Dies unterstreicht noch einmal die Bedeutung der Input-Output-Methode als konsistenzerzwingendes Instrumentarium zur Überbrückung der Distanz zwischen den verschiedenen Analyseebenen bei der Untersuchung der Beschäftigungswirkungen moderner Techniken. Dies unterscheidet das dynamische Input-Output-Modell von partialanalytischen Modellen und macht einen wesentlichen Vorzug dieser Methode aus.

Schwierigkeiten macht die ausführliche Darstellung der Ergebnisse in ihrer sektoralen und berufsmäßigen Dimension. Es fallen in jeder der 16 Simulationsperioden des Zeitraums 1980 bis 1995 entsprechende Ergebnisse für 52 Sektoren und 122 Berufe an, die sich in vollem Umfang kaum in übersichtlichr Form darstellen lassen, zumal verschiedene Modellrechnungen diskutiert werden sollen. Deshalb wird die Auswirkung der Diffusion von Industrierobotern auf die Sektor- und Berufsstruktur der Beschäftigung nur für das Endjahr des Analysezeitraums, also für das Jahr 1995 dargestellt. Durch diese Darstellungsform muß hingenommen werden, daß unter Umständen Besonderheiten während des Diffusionsprozesses nicht präsentiert werden können. So zeigen z.B. einige Anwendersektoren, die im Jahr 1995 negative Beschäftigungseffekte aufweisen, zu Beginn des Diffusionsprozesses aufgrund der indirekten Herstellereffekte noch leicht positive Beschäftigungseffekte.

Die Diffusion von Industrierobotern betrifft die Beschäftigung in den einzelnen Sektoren sehr unterschiedlich. Die größten Effekte treten erwartungsgemäß in den Anwenderbranchen auf, doch sind über die indirekten Effekte in allen Sektoren der Volkswirtschaft - wenn auch teilweise nur sehr geringfügige - Änderungen der Beschäftigung zu beobachten. Daß die Beschäftigungseffekte im Jahr 1995 in den meisten Sektoren, gemessen an den Effekten in den Hauptanwenderbranchen, relativ unbedeutend sind, belegt Schaubild 8.8. Im oberen Teil des Schaubildes werden die Effekte absolut in Personen, im unteren Teil prozentual in Relation zu den Beschäftigten im Referenzszenario ausgewiesen. Es macht schon deutlich, daß die Betrachtung von absoluten Veränderungen einerseits und prozentualen Veränderungen andererseits zu anderen Aussagen über die Reihenfolge der Betroffenheit von Sektoren (und Berufen) führt. So erscheint beispielsweise der Sektor 15 Giessereien bei einer Betrachtung des absoluten Effektes weniger von der Diffusion von Industrierobotern tangiert als bei der Analyse der prozentualen Veränderung. Deshalb werden im folgenden bei der Darstellung der Wirkungen auf die Sektor- und Berufsstruktur jeweils Schaubilder für die absoluten und für die relativen Veränderungen präsentiert.

Aussagekräftiger wird die Wirkung der Diffusion von Industrierobotern auf die Sektorstruktur der Beschäftigung durch Schaubild 8.9 repräsentiert. Dort werden die Ergebnisse für die 15 Sektoren mit der dem Betrage nach größten Beschäftigungsänderung in Personen dargestellt. Den bei weitem kräftigsten Beschäftigungsrückgang muß der Straßenfahrzeugbau mit rd. 63 000 Personen hinnehmen, was nahezu 60 vH des gesamtwirtschaftlichen Beschäftigungsrückgangs ausmacht. Allerdings ist dieser Wert gegenüber der tatsächlich zu erwartenden Entwicklung tendenziell überhöht, weil auch für diesen Sektor angenommen wurde, daß Punktschweißroboter Handschweißgeräte ersetzen, während in Wirklichkeit zum Teil Vielpunktschweißanlagen ersetzt werden, bei deren Substitution durch Roboter nur geringere direkte Freisetzungen auftreten. In weitem Abstand folgen dann die Elektrotechnik sowie der Maschinenbau mit jeweils rund 19 000 freigesetzten Personen. Würde man jedoch, wie in der Systematik der amtlichen Statistik definiert, zum Maschinenbau den im Modell gesondert abgebildeten Sektor Roboter hinzuzählen, wäre der Beschäftigungsrückgang mit rund 6 000 Personen erheblich geringer.

Der Hauptteil der positiven Beschäftigungswirkungen ist im Herstellersektor der neuen Technik konzentriert, der seine Beschäftigung mit Fortschreiten des Diffusionsprozesses kräftig ausbaut und im Jahre 1995 rund 12 000 Personen beschäftigt. Wie schon erläutert, sind die positiven Beschäftigungswirkungen in den übrigen Sektoren recht gering. Die Veränderungen fallen nur in den

**Schaubild 8.8**

**Wirkung auf die Sektorstruktur im Jahr 1995**
**- Variante: Keine zusätzlichen Kompensationseffekte -**

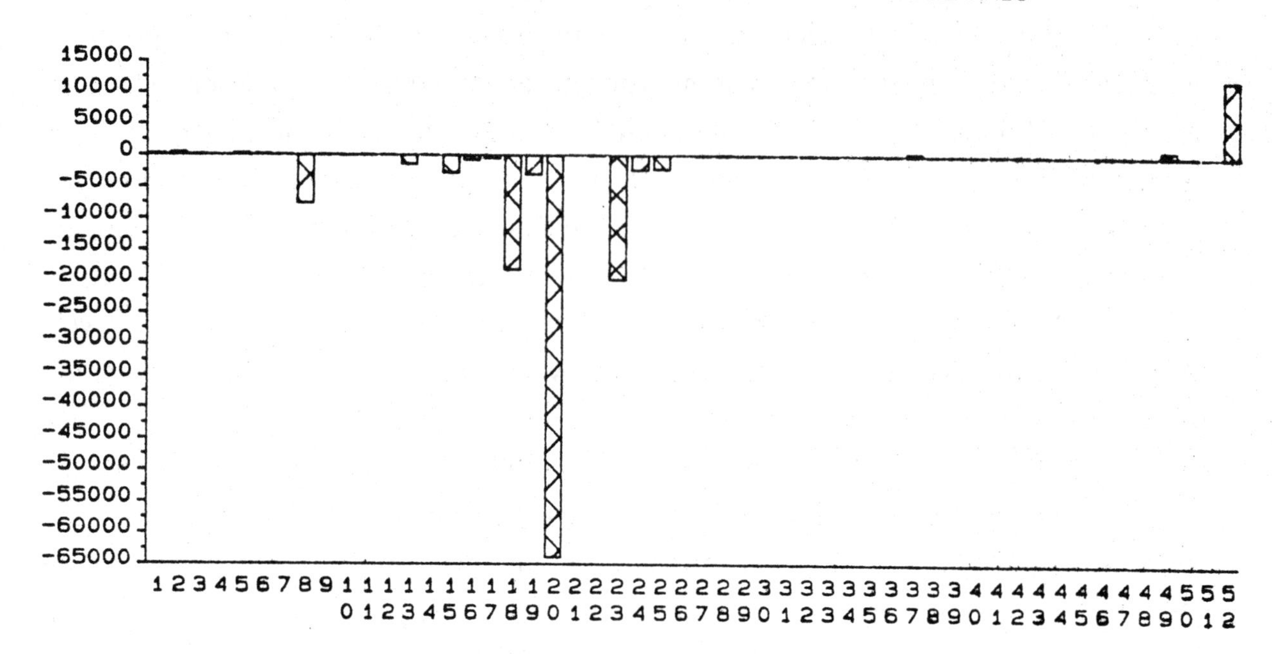


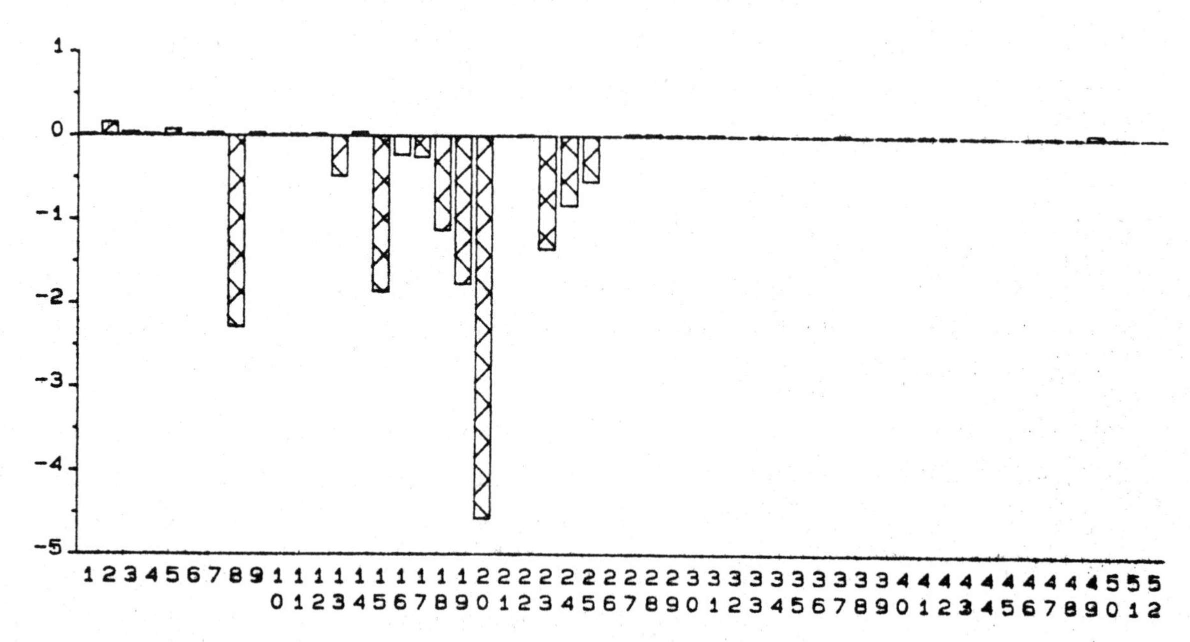

**Schaubild 8.9**

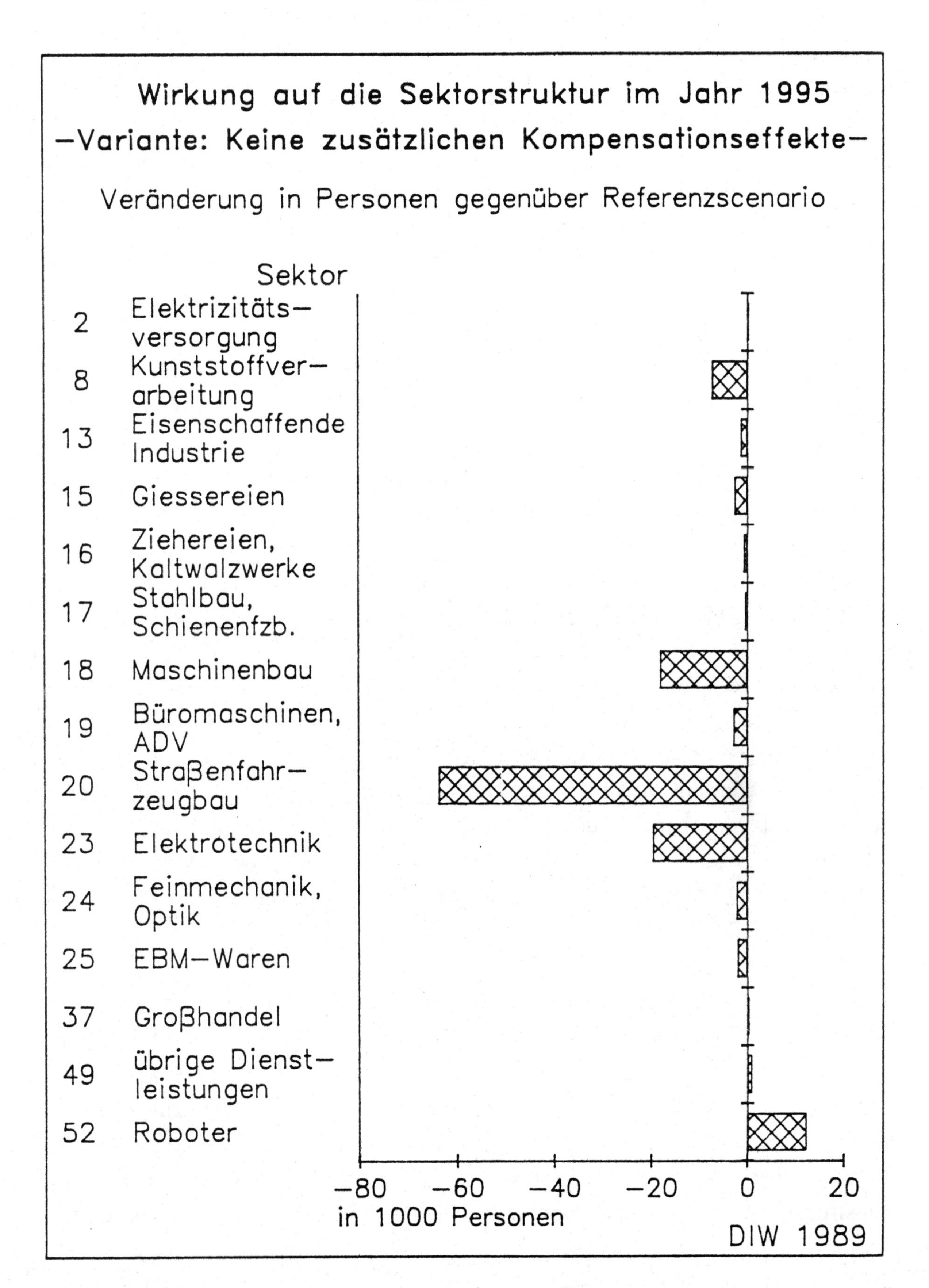

Sektoren kräftiger aus, in denen sich indirekte Hersteller- und Anwendereffekte kumulieren. Ein Beispiel hierfür ist der Sektor übrige Dienstleistungen, in dem die Beschäftigung aufgrund der Diffusion von Industrierobotern bis zum Jahr 1995 um ca. 1 000 Personen zunimmt.

In Schaubild 8.10 sind die 15 Sektoren zusammengestellt, in denen die prozentuale Veränderung der Beschäftigung gemessen am Referenzscenario dem Betrage nach am größten ist. Auch in dieser Sichtweise ist der Straßenfahrzeugbau mit einem Rückgang von 4,5 vH am stärksten betroffen. Dann folgen jedoch mit der Kunststoffverarbeitung (-2,3 vH), den Giessereien (-1,9 vH) und Büromaschinen, ADV (-1,8 vH) Sektoren, bei denen der prozentuale Rückgang eine stärkere Betroffenheit signalisiert, als aus den absoluten Freisetzungszahlen zu entnehmen ist. Der Herstellersektor Roboter muß in der Rangliste der prozentual am stärksten betroffenen Sektoren fehlen, da bei ihm die prozentuale Veränderung gegenüber dem Referenzszenario nicht definiert ist. So weist die Elektrizitätsversorgung, die in erster Linie vom höheren Stromverbrauch durch die Industrieroboter profitiert, den prozentual stärksten Anstieg auf, der mit 0,15 vH (350 Personen) jedoch relativ unbedeutend ist.

Die Analyse der Beschäftigungswirkungen der Diffusion von Industrierobotern nach Berufen bzw. Berufsgruppen weist stark unterschiedliche Effekte für einzelne Berufskategorien aus, wie Schaubild 8.11 belegt. Bei der Analyse der von der Diffusion negativ betroffenen Berufsgruppen muß berücksichtigt werden, daß die berufsmäßige Zuordnung der beim Anwender auftretenden Effekte für einige Einsatzgebiete von Robotern mit erheblichen Unsicherheiten belastet ist (vgl. Abschnitt 7.2.2.3). Diese Unsicherheit sollte bei der Bewertung der hier präsentierten Ergebnisse beachtet werden.

Die größten Beschäftigungsverluste weist die Berufsgruppe der Schweißer und Löter mit rund 30 000 Personen im Jahr 1995 aus. Unterstellt man dagegen, daß im Straßenfahrzeugbau Punktschweißroboter nicht Handschweißgeräte, sondern Vielpunktschweißanlagen ersetzen, machen die Beschäftigungsverluste dieser Berufsgruppe nur noch rund die Hälfte aus. Danach folgen die drei Berufsgruppen Metallarbeiter ohne nähere Angaben (-26 000 Personen), Elektrogeräte- und sonstige Montierer (-17 000 Personen) sowie Hilfsarbeiter

**Schaubild 8.10**

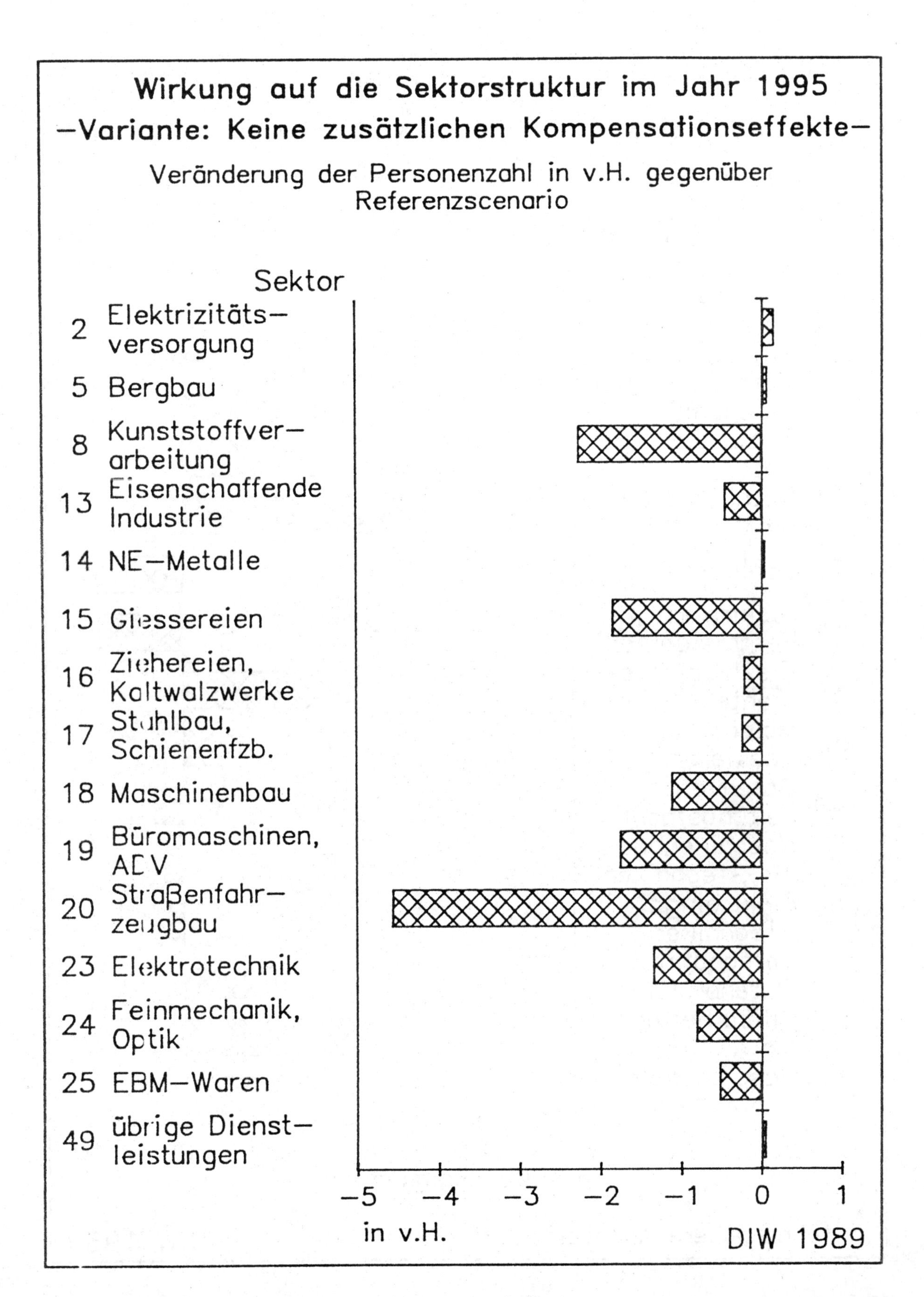

**Schaubild 8.11**

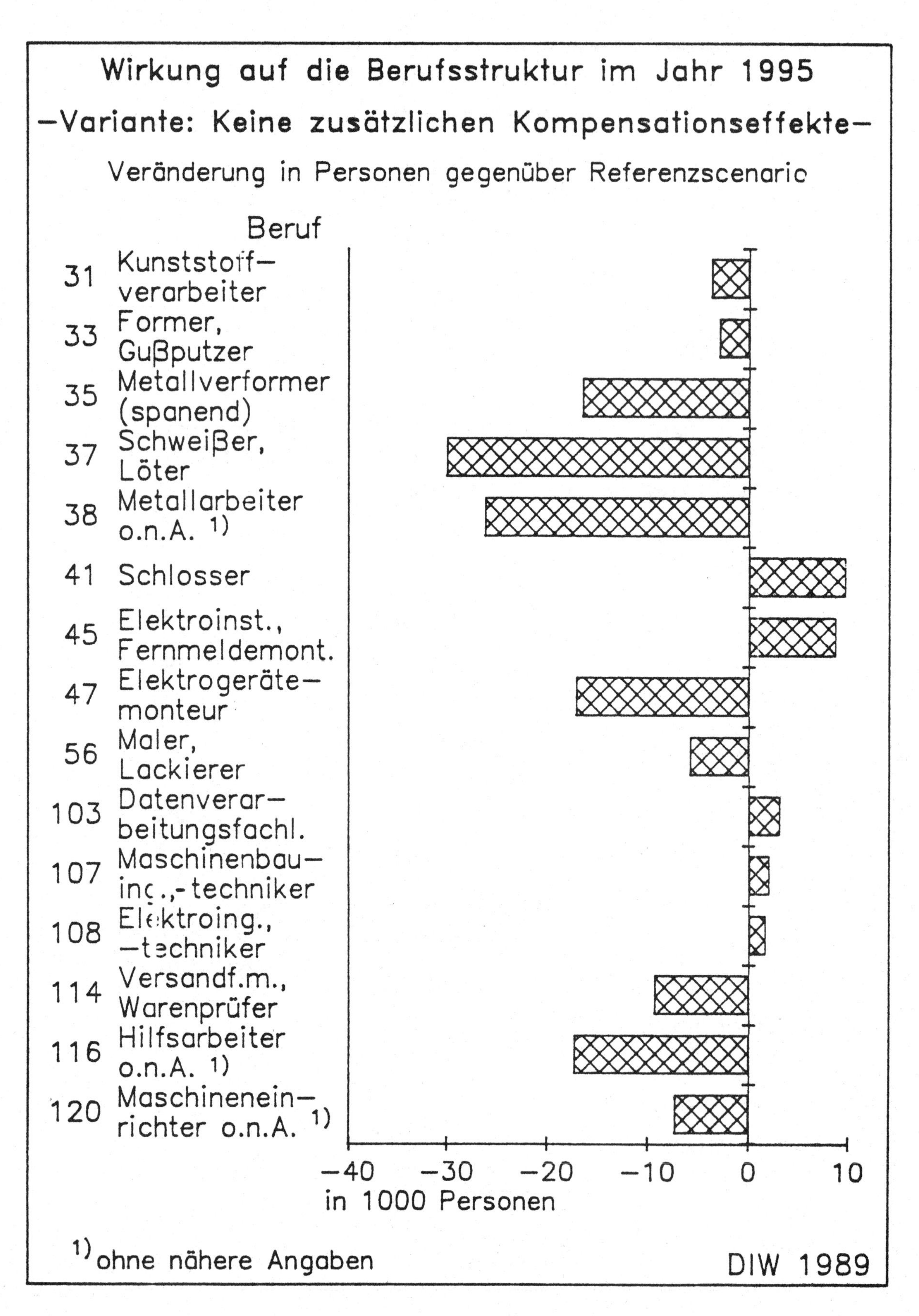

ohne nähere Tätigkeitsangaben (-17 000 Personen). Diese Berufsgruppen sind alle durch relativ niedrige Qualifikationsmerkmale geprägt. Aber auch Facharbeiter wie Metallverformer (spanend) sind von der Diffusion von Industrierobotern negativ betroffen, in diesem Fall jedoch erst relativ spät im Diffusionsprozeß.

In absoluten Beschäftigtenzahlen gemessen profitieren die Berufsgruppen Schlosser und Elektroinstallateure (Elektriker) mit knapp 10 000 Personen bzw. knapp 9 000 Personen im Jahr 1995 am kräftigsten. Bei diesen Berufen schlagen neben den Herstellungseffekten vor allem die unterstellten Wartungsarbeiten bei den Anwendern zu Buche. Diese Personen, das wurde in Expertengesprächen deutlich, müssen einen deutlich höheren Weiterbildungs- und Qualifikationsstand erwerben als er sonst in diesen Berufsgruppen üblich ist. Spürbare Beschäftigungszuwächse ergeben sich auch für Datenverarbeitungsfachleute (+3 200) sowie für Ingenieure und Techniker der Fachrichtungen Maschinenbau und Elektrotechnik mit einem Zuwachs von jeweils rund 2 000 Personen. In diesen Zuwächsen schlagen sich die höheren Engineering- und Softwareanforderungen nieder, die sowohl mit der Herstellung als auch mit der Anwendung von Industrierobotern verbunden sind. Insgesamt profitieren also eindeutig höherqualifizierte Berufsgruppen von der Einführung und Diffusion von Industrierobotern, während Berufsgruppen mit geringeren Qualifikationsanforderungen zu den Verlieren zählen.

Dieses Ergebnis wird durch Schaubild 8.12 unterstützt, in dem die 15 prozentual am stärksten betroffenen Berufsgruppen ausgewiesen sind. Die mit Abstand größte Betroffenheit, gemessen an den Beschäftigten der jeweiligen Berufsgruppe im Referenzscenario, weisen die Maschineneinrichter ohne nähere Angaben mit einem Rückgang von 26 vH im Jahr 1995 auf. Nach den Schweißern und Lötern mit knapp 20 vH folgen mit jeweils rund 8 vH Rückgang die Metallarbeiter ohne nähere Angaben sowie die Hilfsarbeiter ohne nähere Angaben, allesamt Berufsgruppen mit geringen Qualifikationsanforderungen. Gemessen an diesen teilweise drastischen Rückgängen für einzelne Berufsgruppen fallen die prozentualen Beschäftigungsgewinne für Datenverarbeitungsfachleute (+1,8 vH) sowie für Elektriker (+1,3 vH) und Schlosser (+1 vH) doch recht bescheiden aus.

**Schaubild 8.12**

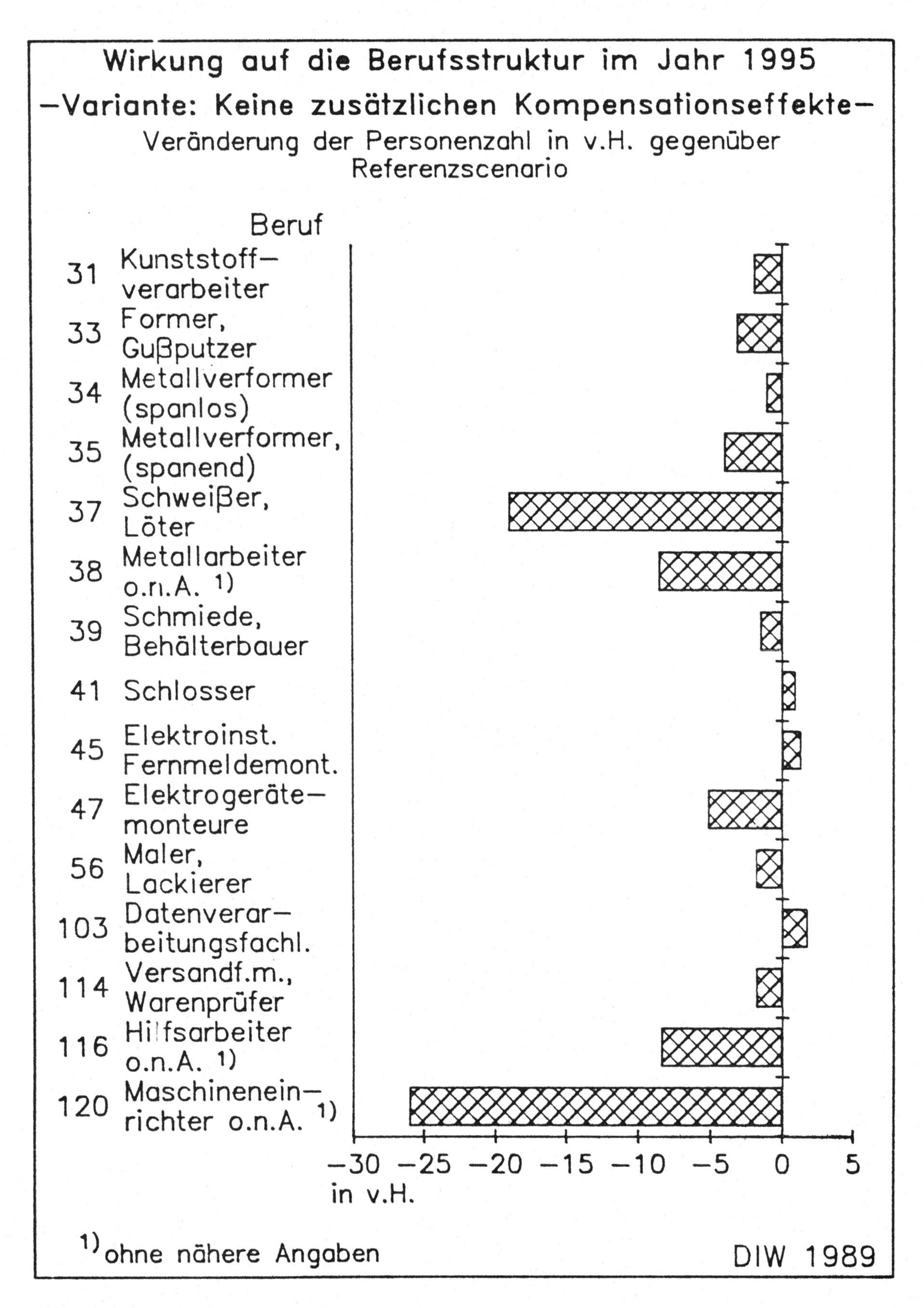

Insgesamt kann festgestellt werden, daß schon die Diffusion einer isolierten neuen Technik für die Zukunft erhebliche Verschiebungen in der sektoralen und vor allem der berufsmäßigen Struktur der Beschäftigung erwarten läßt. Es wird im folgenden zu prüfen sein, ob die Berücksichtigung zusätzlicher Kompensationseffekte wesentliche Ausgleichswirkungen bezüglich der sich in dieser Basisvariante ergebenden strukturellen Verschiebungen am Arbeitsmarkt zur Folge hat oder ob diese strukturellen Verschiebungen erhalten bleiben.

### *8.3 Die Beschäftigungswirkungen der Diffusion von Industrierobotern bei Berücksichtigung zusätzlicher Kompensationseffekte bei den Anwendersektoren*

Die bisher dargestellten Ergebnisse der Beschäftigungseffekte der Diffusion von Industrierobotern basieren auf Simulationsrechnungen mit dem dynamischen Input-Output-Modell, in denen nur die modellendogenen Kompensationseffekte der neuen Technologie berücksichtigt werden. Es werden damit die durch die neue Technik ausgelösten Änderungen des Einsatzes von Vorleistungen, Kapitalgütern und Arbeitskräften im Produktionsprozeß sowie deren direkte und indirekte Wirkungen auf die Entwicklung von Produktion, Investition und Beschäftigung erfaßt. In der Terminologie der Freisetzungs- und Kompensationsdebatte neuer Technologien sind also vor allem die Kompensationseffekte berücksichtigt, die mit dem Maschinenherstellungsargument sowie mit dem Sektorstruktureffekt verbunden sind.

In den Modellrechnungen nicht berücksichtigt sind jedoch jene Wirkungszusammenhänge, die über Preis-, Einkommens- und Umverteilungseffekte vermittelt werden. Eine modellimmanente Einbeziehung dieser Wirkungszusammenhänge ist beim jetzigen theoretischen und empirischen Wissensstand nicht möglich, weil dies eine komplette Schließung des dynamischen Input-Output-Modells mit endogener Erklärung z.B. des privaten Verbrauchs oder der Umverteilungsmechanismen des Staates erfordern würde. Eine endogene Modellierung der Auswirkungen der neuen Technologie auf die internationale Wettbewerbsfähigkeit würde strenggenommen sogar einen internationalen Modellverbund erfordern, wobei auch die Diffusionsprozesse der neuen Technik in den wichtigsten

Konkurrenzländern zu modellieren wären. Da dies auch auf mittlere Sicht als ein unrealistisch ambitiöses Forschungsprogramm anzusehen ist, muß in Form zusätzlicher Simulationsrechnungen versucht werden, mögliche Größenordnungen dieser modellendogen nicht abbildbaren Kompensationseffekte abzuschätzen.

Die Einführung und Diffusion einer neuen Technik führt in den Anwenderbranchen zu einer Veränderung der Kostenstruktur des Produktionsprozesses. Bei den untersuchten Industrierobotern steigen die Kostenanteile für Vorleistungen und Kapitalgüter in geringem Umfang, während die Personalkosten durch die Einsparung von Arbeitskräften relativ stärker sinken, so daß es insgesamt zu einer Kosteneinsparung im Produktionsprozeß gegenüber der Kostenentwicklung ohne Verbreitung der neuen Technik kommt.

Die Kosteneinsparung ist in den einzelnen Sektoren vom zeitlichen Vorlauf des Diffusionsprozesses abhängig und ergibt sich für jedes Jahr auch in Abhängigkeit von der Struktur des installierten Roboterbestandes. In Tabelle 8.2 sind die Kosteneinsparungen in vH des jeweiligen Produktionswertes der Branchen für die Stichjahre 1985, 1990 und 1995 ausgewiesen.

**Tabelle 8.2**

**Veränderung der Kostenstrukturen durch die Diffusion von Industrierobotern in den Anwenderbranchen gegenüber dem Referenzlauf**
**- Veränderung in vH des Produktionswertes -**

| | 1985 | 1990 | 1995 |
|---|---|---|---|
| 08 Kunststoffverarbeitung | - 0.063 | - 0.209 | - 0.523 |
| 13 Eisenschaffende Industrie | - 0.008 | - 0.046 | - 0.128 |
| 15 Gießereien | - 0.064 | - 0.257 | - 0.695 |
| 16 Ziehereien, Kaltwalzwerke | - 0.008 | - 0.030 | - 0.073 |
| 17 Stahlbau, Schifzb. | - 0.028 | - 0.071 | - 0.085 |
| 18 Maschinenbau | - 0.037 | - 0.167 | - 0.319 |
| 19 Büromaschinen, ADV | - 0.127 | - 0.365 | - 0.397 |
| 20 Straßenfahrzeugbau | - 0.251 | - 0.643 | - 1.167 |
| 23 Elektrotechnik | - 0.066 | - 0.251 | - 0.446 |
| 24 Feinmechanik, Optik | - 0.037 | - 0.177 | - 0.353 |
| 25 EBM-Waren | - 0.021 | - 0.080 | - 0.161 |

Quelle: Input-Output-Rechnung des DIW

Die berechneten Kosteneinsparungen können nur als Schätzwerte angesehen werden. Sie sind zwar auf der Grundlage von sektoral differenzierten Bruttoeinkommen der Beschäftigten berechnet worden, eine exakte Quantifizierung der Kosteneinsparungen hätte jedoch vorausgesetzt, daß die Bruttoeinkommen der speziell durch die Diffusion von Industrierobotern freigesetzten oder zusätzlich beschäftigten Personen bekannt wären. Eine entsprechende Statistik der Bruttoeinkommen nach Berufsgruppen existiert jedoch für die Bundesrepublik Deutschland nicht. Da im Gefolge des Robotereinsatzes tendenziell geringer qualifizierte Personen freigesetzt und höher qualifizierte Personen zusätzlich beschäftigt werden, dürfte eine Berechnung auf der Basis sektoraler Durchschnitteinkommen mit einer leichten Überschätzung der Kosteneinsparungen verbunden sein.

### *8.3.1 Die Beschäftigungswirkungen insgesamt*

Um eine grobe Abschätzung der möglichen Auswirkungen einer Weitergabe dieser Kosteneinsparungen auf die Preis- und Nachfrageentwicklung zu erhalten, wurde - da empirische abgesicherte, sektoral differenzierte Schätzwerte für diese Elastizitäten nicht vorliegen - mit zwei vereinfachenden Annahmen gearbeitet: Zum einen wurde angenommen, daß die Kosteneinsparungen in den einzelnen Anwenderbranchen vollständig in Preissenkungen für die erzeugten Güter weitergegeben werden, zum anderen wurde unterstellt, daß diese Preissenkungen in vollem Umfang zu einer entsprechenden Erhöhung der Nachfrage nach diesen Gütern führen werden[6]. Dies stellt vermutlich eine Obergrenze der zu erwartenden Kompensationswirkungen über Preis- und Nachfrageeffekte dar, da die tatsächlichen Elastizitäten sowohl der Preise in bezug auf die Kosten wie auch der Nachfrage in bezug auf die Preise für die Mehrzahl der Branchen in der Realität dem Betrage nach kleiner als eins sein dürften.

---

[6] Werden die sich ergebenden Kosteneinsparungen nicht voll in Preissenkungen weitergegeben, entstehen in den Unternehmen der Anwenderbranchen unmittelbar zusätzliche Einkommen. Diese können auf Unternehmergewinne und Löhne verteilt werden. Je nach Aufteilung auf diese Einkommensarten ergeben sich gemäß den unterschiedlichen Einkommenselastizitäten der Nachfrage wiederum unterschiedliche Nachfrageeffekte für die einzelnen Sektoren. Diese mögliche Wirkungskette von Kompensationseffekten wird im nächsten Kapitel untersucht.

Eine Simulationsrechnung mit dem dynamischen Input-Output-Modell unter Berücksichtigung zusätzlicher Kompensationseffekte bei den oben genannten Annahmen über Preis- und Nachfrageelastizitäten führt - wie zu erwarten - zu einer deutlichen Verringerung der von der Diffusion von Industrierobotern ausgehenden negativen Beschäftigungswirkungen. Schaubild 8.13 zeigt den Verlauf der Beschäftigung insgesamt unter Berücksichtigung und ohne Berücksichtigung der oben beschriebenen Kompensationseffekte.

**Schaubild 8.13**

**Veränderung der Beschäftigung insgesamt durch die Diffusion von Industrierobotern**
**- Variante: Kompensationseffekte bei Anwendern -**

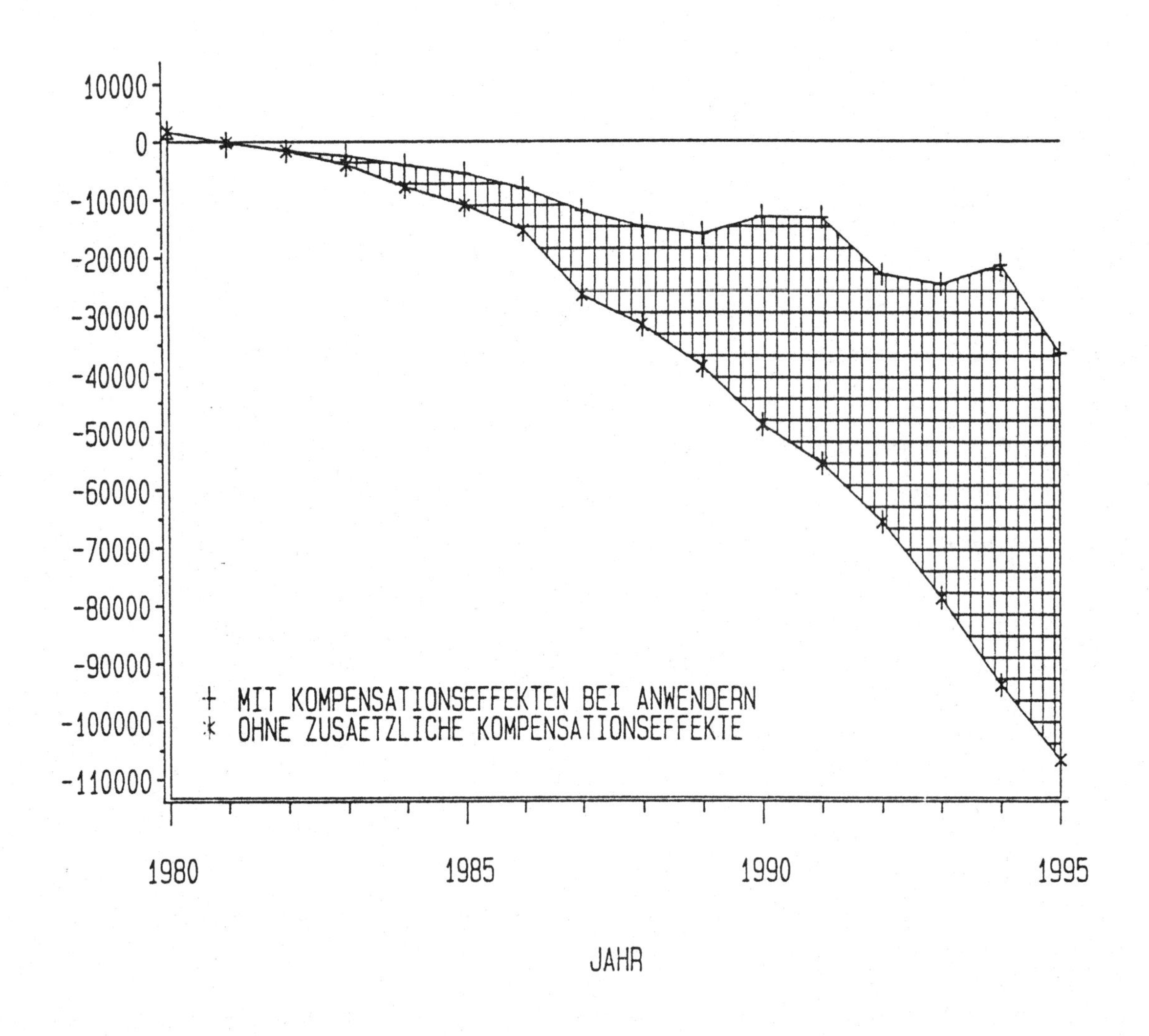


QUELLE: INPUT-OUTPUT-RECHNUNG DES DIW. DIW 1989

Auch bei Berücksichtigung der wahrscheinlich eher zu hoch geschätzten Kompensationseffekte der Preis- und Nachfrageentwicklung ergibt sich per Saldo durch die Einführung von Industrierobotern ein negativer Beschäftigungseffekt. Er ist jedoch mit -13 000 Personen im Jahr 1990 und rund -36 000 Personen im Jahr 1995 deutlich geringer und macht im Endjahr der Simulation nur rund ein Drittel der gesamtwirtschaftlichen negativen Effekte aus, die sich in der Simulation ohne zusätzliche Kompensationseffekte ergeben. Die wahrscheinlich zu erwartenden Beschäftigungseffekte dürften wegen der hier unterstellten hohen Elastizitäten eher in dem schraffierten Bereich angesiedelt sein, der im Schaubild 8.13 durch den Verlauf der Gesamtbeschäftigung mit und ohne zusätzliche Kompensationseffekte eingegrenzt ist.

### *8.3.2 Wirkungen auf die Sektor- und Berufsstruktur*

Auch bei Annahme von vorwiegend für die Anwendersektoren wirksamen zusätzlichen Kompensationseffekten bleiben deutlich negative Beschäftigungswirkungen in den Hauptanwenderbranchen erhalten. Das zeigt Schaubild 8.14. Der mit Abstand kräftigste Rückgang tritt wiederum im Sektor Straßenfahrzeugbau mit rund 44 000 Personen auf (im Vergleich: 63 000 Personen ohne zusätzliche Kompensationseffekte). Danach folgen wiederum Elektrotechnik und Maschinenbau, wobei letzterer jedoch, wenn man den Herstellersektor Roboter gemäß der amtlichen Systematik zu ihm rechnen würde, schon einen leicht positiven Beschäftigungseffekt verzeichnen würde. Einige der Anwenderbranchen, die nur eine geringe Adoptionsrate von Industrierobotern aufweisen, wie z.B. Ziehereien, Kaltwalzwerke (+1 500 Personen) und die hier wegen der geringen Beschäftigungsänderung nicht ausgewiesenen Sektoren, z. B. Eisenschaffende Industrie und Stahlbau, weisen eine positive Beschäftigungsentwicklung auf, weil die (positiven) indirekten Effekte, die über die Vorleistungs- und Investitionsverflechtung im Rahmen der Input-Output-Analyse wirksam werden, und die hier unterstellten Kompensationseffekte die negativen direkten Freisetzungseffekte überwiegen. Von den indirekten Effekten profitieren auch einige direkt nicht von der neuen Technologie tangierte Sektoren, wie z.B. der Großhandel (+3 800 Personen) und die Kreditinstitute.

**Schaubild 8.14**

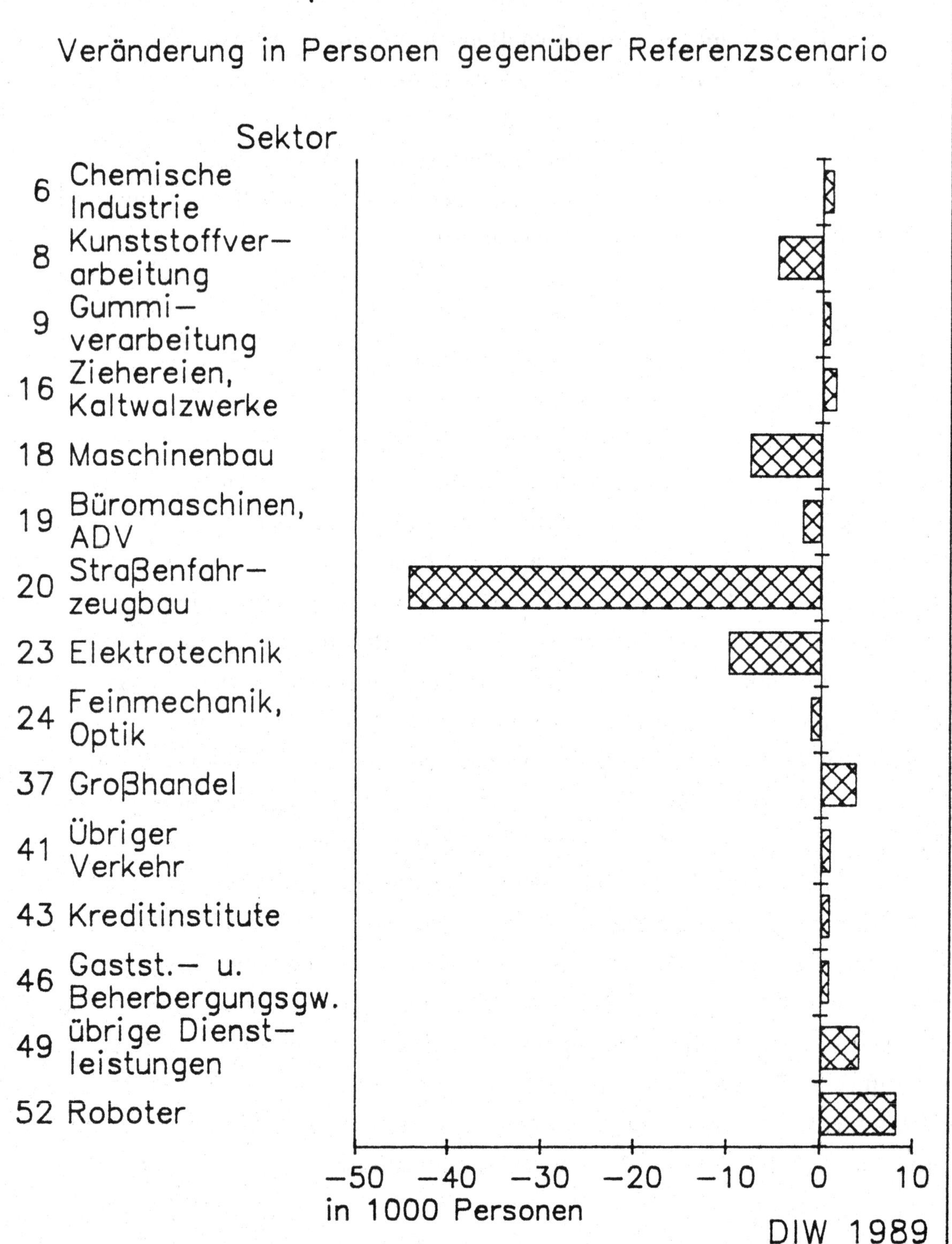

Schaubild 8.15

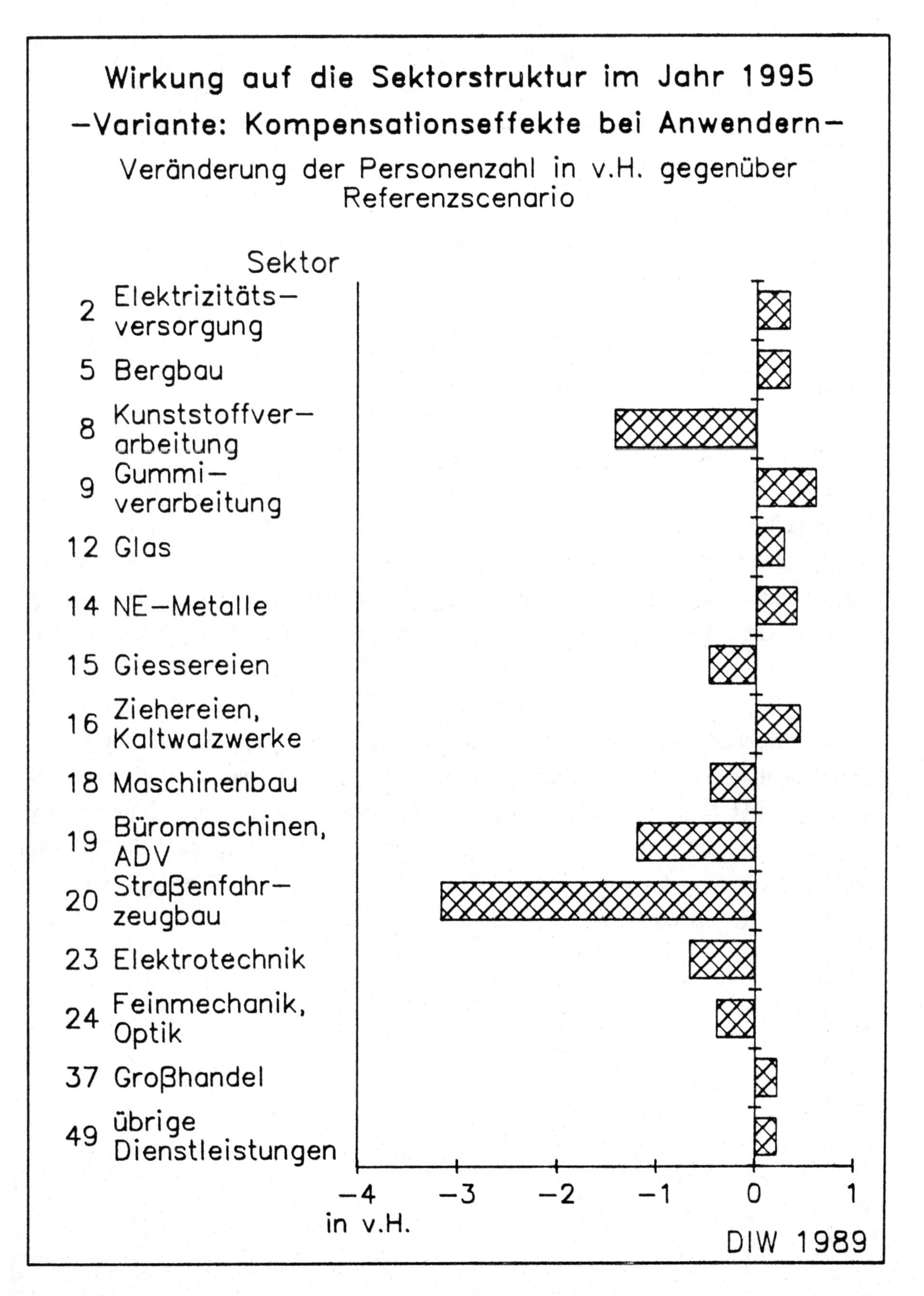

Eine anhand des Schaubildes 8.15 durchgeführte Analyse der Sektoren, die im Vergleich zum Referenzszenario am stärksten von der Diffusion der Industrieroboter betroffen sind, zeigt, daß acht (davon sieben negativ, der Sektor Ziehereien, Kaltwalzwerke positiv) der insgesamt 11 Anwenderbranchen in der Liste der am meisten betroffenen Sektoren erscheinen. Positive Effekte haben außer den Branchen, in denen indirekte Anwendereffekte spürbar werden, wie z.B. Elektrizitätsversorgung und übrige Dienstleistungen, auch solche Sektoren wie Gummiverarbeitung, Glas und NE-Metalle, die nur über die Vorleistungsverflechtung indirekt betroffen sind.

Die Analyse der Wirkung auf die Berufsstruktur unter Berücksichtigung zusätzlicher Kompensationseffekte beim Anwender, wie sie in Schaubild 8.16 ausgewiesen ist, macht vor allem deutlich, daß die von der neuen Technik negativ betroffenen Berufsgruppen in nur geringem Umfang von den zusätzlichen Kompensationswirkungen profitieren. So beträgt der Beschäftigungsrückgang für Schweißer und Löter in dieser Modellrechnung 29 000 Personen (gegenüber 30 000 ohne Kompensationseffekte). Dasselbe gilt für Metallarbeiter ohne nähere Angaben mit 24 000 Personen (26 000 ohne Kompensationseffekte) und Hilfsarbeiter ohne nähere Angaben mit 16 000 Personen (17 000 ohne Kompensationseffekte).

Positive Beschäftigungseffekte treten neben den Berufsgruppen, die direkt mit der Anwendung oder Herstellung von Industrierobotern befaßt sind, wie z.B. Schlosser (+14 000 Personen), Elektriker (+10 000 Personen) und Datenverarbeitungsfachleute (+3 300 Personen) auch für diejenigen Berufe auf, die offenbar am stärksten von den indirekten Effekten abhängig sind. Dies gilt z.B. für Bürofachkräfte (+8 000 Personen) und Mechaniker (+5 000 Personen).

Schaubild 8.16

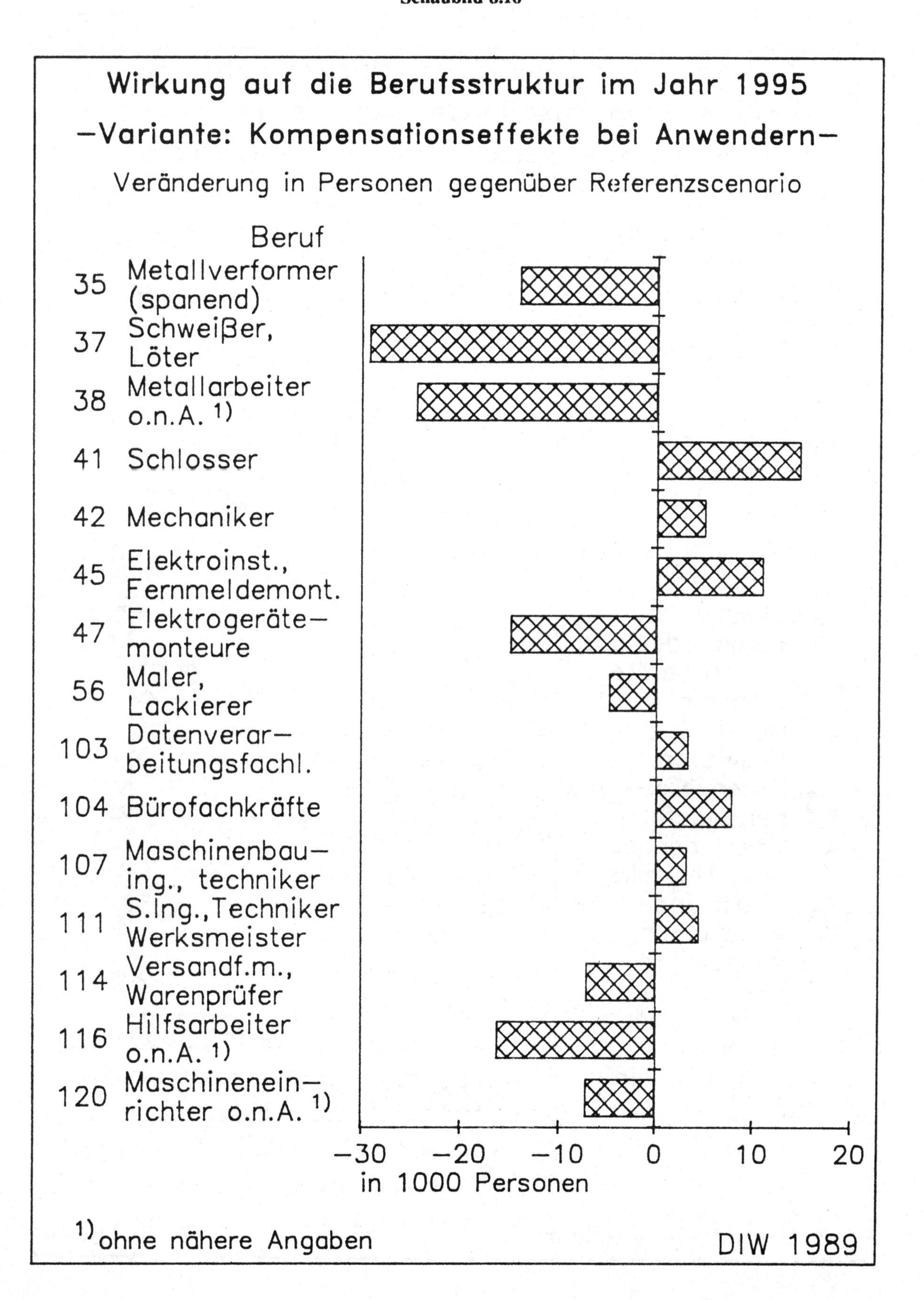

Schaubild 8.17

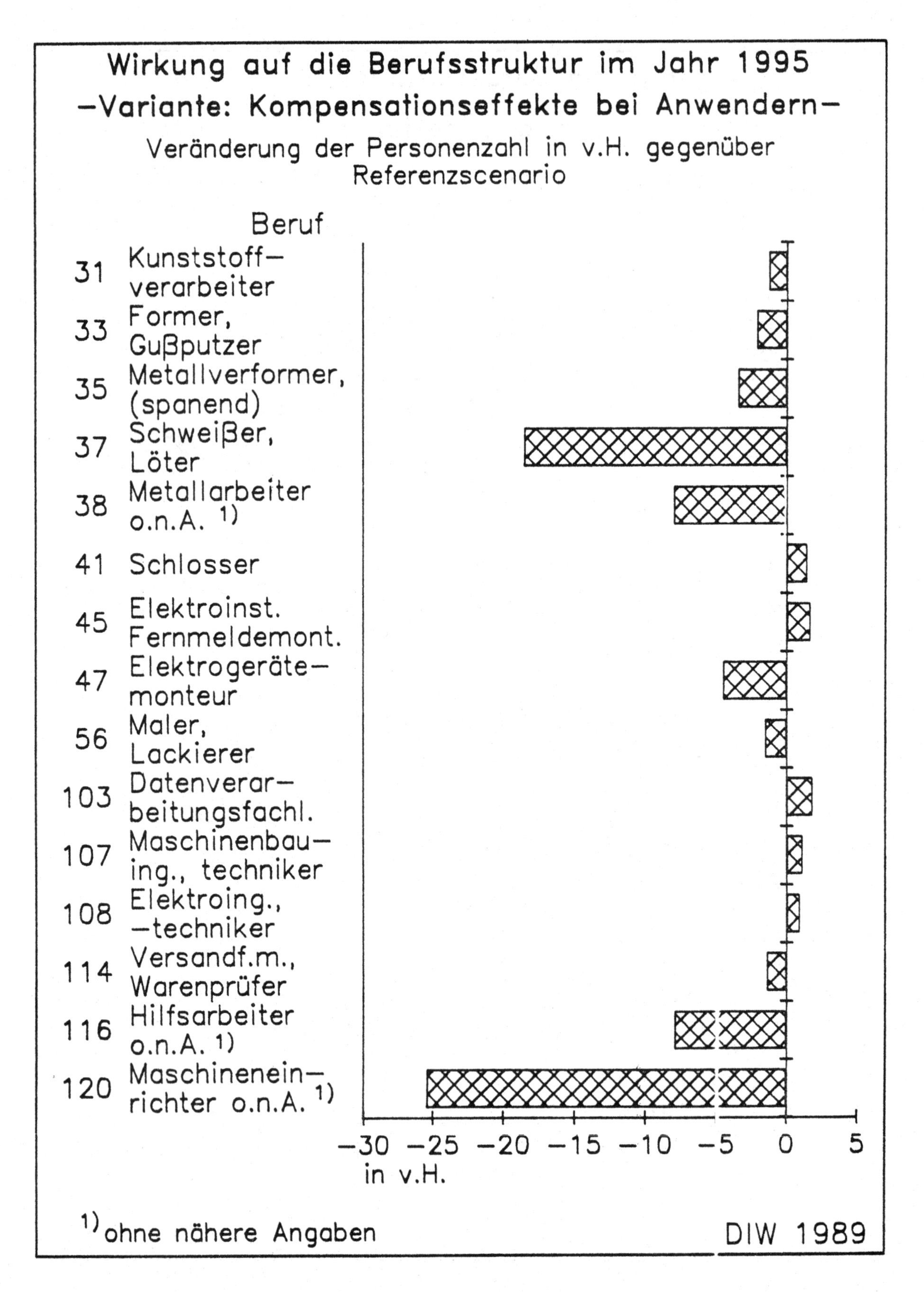

Auch die relative Betroffenheit einzelner Berufe, gemessen an der prozentualen Veränderung gegenüber dem Referenzszenario, ist unverändert hoch und wird durch die zusätzlichen Kompensationseffekte kaum gemildert. Dies gilt wiederum insbesondere für Maschineneinrichter ohne nähere Angaben, Schweißer und Löter, Metallarbeiter und Hilfsarbeiter ohne nähere Angaben (siehe Schaubild 8.17).

Zusammenfassend läßt sich feststellen, daß unter der Annahme zusätzlicher Kompensationseffekte, die vorwiegend bei den Anwendern der neuen Technik wirksam werden, die gesamtwirtschaftlichen Beschäftigungsverluste nur noch rund ein Drittel des Beschäftigungsrückgangs ohne Berücksichtigung dieser Effekte betragen. Auch kommt es bei der Wirkung auf die Sektorstruktur der Beschäftigung zu ausgleichenden Effekten. Unverändert hoch und durch die Kompensationseffekte kaum gemildert sind jedoch der Beschäftigungsrückgang und die relative Betroffenheit von bestimmten von der Diffusion von Industrierobotern direkt betroffenen Berufsgruppen.

### *8.4 Die Beschäftigungswirkungen der Diffusion von Industrierobotern bei Berücksichtigung zusätzlicher Kompensationseffekte gemäß der Endnachfragestruktur*

Im vorigen Kapitel ist dargestellt worden, daß die Diffusion von Industrierobotern zu einer Veränderung der Kostenstruktur des Produktionsprozesses in den Anwenderbrachen führt. Da es bei der hier untersuchten Technik im Diffusionsverlauf zu deutlichen Kosteneinsparungen kommt, stellt sich die Frage, wie diese freiwerdenden Mittel wieder in den volkswirtschaftlichen Kreislauf eingespeist werden. Wie bereits ausgeführt, können diese kompensatorisch wirkenden Mechanismen beim derzeitigen Forschungsstand innerhalb des dynamischen Input-Output-Modells nicht modellendogen erklärt werden. Deshalb wurde schon in der zuvor vorgestellten Variante auf die Methode der Simulation zur Abschätzung der möglichen Größenordnung dieser Effekte zurückgegriffen. Es wurde unterstellt, daß die bei den Anwendern anfallenden Kostensenkungen zu Preissenkungen für die von ihnen produzierten Güter genutzt werden, die wiederum zu einer höheren Nachfrage nach diesen Produkten führen. Dabei wurden jeweils Preis- und Nachfrageelastizitäten vom Betrage nach eins unterstellt.

In der folgenden Simulationsrechnung soll dagegen auf eine andere denkbare Wirkungskette von kompensatorischen Mechanismen eingegangen werden. Ausgangspunkt sind wiederum die sich während des Diffusionsprozesses von Industrierobotern ergebenden Kostensenkungen, wie sie in Tabelle 8.2 zusammengefaßt dargestellt werden. Es soll an dieser Stelle davon ausgegangen werden, daß die sich ergebenden Kosteneinsparungen nicht zu Preissenkungen genutzt werden, so daß in den Unternehmen der Anwenderbranchen zusätzliche Gewinne entstehen. Im Schumpeter'schen Sinne könnte man diese Gewinne als Pioniergewinne besonders innovativer Unternehmen interpretieren oder das Entstehen dieser Gewinne einfacher auf das Bestehen von Marktformen abweichend vom Idealbild der vollkommenen Konkurrenz zurückführen. Für diese zusätzlichen Gewinne bestehen nun prinzipiell verschiedene Verwendungsmöglichkeiten. Sie können in den Unternehmen verbleiben und dort z.B. für höhere Investitionen genutzt werden. Sie können aber auch auf die Anteilseigner der Unternehmen als Kapitaleinkommen und/oder auf die Mitarbeiter als Lohneinkommen verteilt werden. Auch der Staat wird je nach Verwendung dieser Gewinne zusätzliche Steuereinnahmen erzielen. Nach der Verteilung der Gewinne auf Kapitaleinkommen und Löhne hängen die resultierenden Kompensationswirkungen wiederum davon ab, ob die Einkommensbezieher ihre Sparquote verändern oder das zusätzlich entstandene Einkommen für eine zusätzliche Nachfrage nach Gütern und Dienstleistungen verwenden. Die sektoralen Nachfrageeffekte sind dann wiederum von den unterschiedlichen Einkommenselastizitäten der Nachfrage abhängig.

Eine Simulationsrechnung kann natürlich nicht die Vielfalt der hier angedeuteten komplexen Wirkungszusammenhänge und alle damit verbundenen denkbaren Parameterkonstellationen abbilden, sondern muß sich auf eine einfache, aber dennoch konsistente Kette von Mechanismen beschränken. Andernfalls wären eine Vielzahl verschiedener Simulationsexperimente notwendig, die den Rahmen dieser Arbeit sprengen würden. Deshalb soll für die hier durchzuführende Simulation eine plausible, relativ einfache Wirkungskette unterstellt werden, die eine Obergrenze der denkbaren Kompensationseffekte, die in diesem Kapitel diskutiert werden, abgreift. Es wird angenommen, daß die sich durch die neue

Technik ergebenden Kosteneinsparungen nicht in den Unternehmen verbleiben, sondern in vollem Umfang an die Kapitaleigner und Lohnbezieher weitergegeben werden. Weiterhin wird unterstellt, daß beide Gruppen diese zusätzlichen Einkommen wieder voll verausgaben. Bezüglich dieser zusätzlichen Einkommen wird also eine marginale Sparquote von null unterstellt, was sicherlich eine Obergrenze der über zusätzliche Kaufkraft vermittelten Kompensationseffekte darstellt. Die additiv wirksame Nachfrage wird gemäß der sich in jedem Jahr des Simulationszeitraums ergebenden Struktur der Endnachfrage auf die verschiedenen Sektoren der Volkswirtschaft verteilt. Es wird also davon ausgegangen, daß es durch die zusätzlichen Einkommen, die aus der Anwendung der neuen Technologie resultieren, zu keinen Verschiebungen der sektoralen Nachfragestruktur kommt. Damit wird - für diese gesamtwirtschaftlich gesehen marginalen Einkommensveränderungen - eine sektorale Einkommenselastizität der Nachfrage von jeweils eins unterstellt.

### *8.4.1 Die Beschäftigungswirkungen insgesamt*

Führt man unter diesen Annahmen über zusätzliche Kompensationseffekte, die sich aus den durch die Diffusion der neuen, kostengünstigeren Technik resultierenden zusätzlichen Einkommen ergeben, eine Simulationsrechnung mit dem dynamischen Input-Output-Modell durch, ergibt sich gesamtwirtschaftlich - wegen der unterstellten marginalen Sparquote von null - eine Erhöhung der Gesamtnachfrage genau im Umfang der durch die neue Technik erzielten Kosteneinsparung. Der gesamtwirtschaftliche Kompensationsimpuls ist also genauso groß wie unter den Annahmen zusätzlicher Kompensation bei den Anwendern im vorigen Kapitel. Auch dort ergab sich wegen der unterstellten Elastizitäten ein zusätzlicher gesamtwirtschaftlicher Impuls in Höhe der Kosteneinsparung. Die gesamtwirtschaftliche Wirkung der Diffusion von Industrierobotern auf die Beschäftigung ist deshalb mit der Entwicklung unter der Annahme zusätzlicher Kompensationseffekte bei den Anwendern vergleichbar. In Schaubild 8.18 sind die Beschäftigungswirkungen für die drei durchgeführten Simulationsrechnungen, also ohne zusätzliche Kompensationseffekte, mit Kompensationseffekten bei den Anwendern und der neuen Variante mit Kompensationseffekten gemäß der Endnachfragestruktur im Vergleich dargestellt.

**Schaubild 8.18**

**Veränderung der Beschäftigung insgesamt durch die Diffusion von Industrierobotern**
**- Variante: Kompensationseffekte gemäß Endnachfragestruktur -**

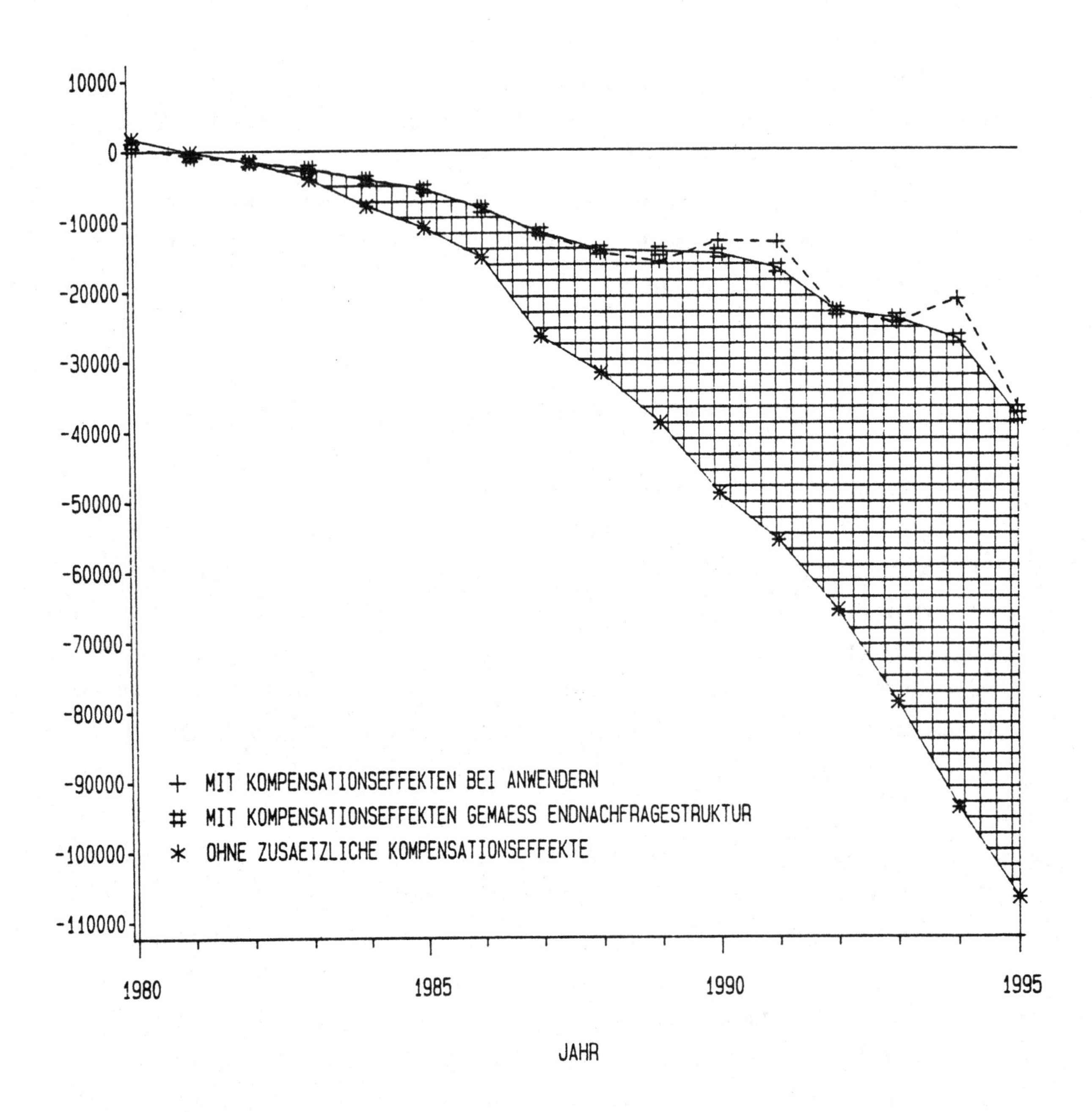


QUELLE: INPUT-OUTPUT-RECHNUNG DES DIW. DIW 1989

Die gesamtwirtschaftlichen Ergebnisse für die beiden Simulationen mit zusätzlichen Kompensationseffekten unterscheiden sich nur in geringem Umfang. Für diese Unterschiede bei gleichem gesamtwirtschaftlichen Kompensationsimpuls sind dabei in erster Linie die unterschiedlichen sektoralen Arbeitsproduktivitäten und die modellendogen ausgelösten Investitionsprozesse bei sektoral unterschiedlicher Produktionsentwicklung verantwortlich. Auch in dieser Variante kommt es bis zum Jahr 1995 durch die Diffusion von Industrierobotern zu einem Beschäftigungsrückgang von rund 36 000 Personen. Dies gilt wiederum unter Bedingungen für die Kompensationseffekte, hier vermittelt über höhere Einkommen, die wahrscheinlich eine Obergrenze der zu erwartenden ausgleichenden Effekte beschreiben.

### *8.4.2 Wirkungen auf die Sektor- und Berufsstruktur*

Obwohl die beiden Simulationsrechnungen mit zusätzlichen Kompensationseffekten zu ähnlichen Ergebnissen bezüglich der gesamtwirtschaftlichen Beschäftigungswirkungen führen, ergeben sich in sektoraler Betrachtung erhebliche Unterschiede. Da die Kompensationswirkungen sich in dieser Variante nicht auf die Produkte der Hauptanwenderbranchen konzentrieren, sondern gemäß der in jedem Jahr der Simulationsperiode gültigen Struktur der Endnachfrage auf die Sektoren verteilt werden, weist die Beschäftigung in den Anwenderbranchen höhere Rückgänge auf. Der Straßenfahrzeugbau hat in der Simulation im Jahr 1995 einen Rückgang der Beschäftigung von 60 000 Personen (44 000 Personen bei Annahme der Kompensationseffekte bei Anwendern). Ähnliches gilt für die anderen Anwenderbranchen wie z.B. Elektrotechnik (17 000 Personen gegenüber 10 000 Personen) und Maschinenbau (15 000 Personen gegenüber 8 000 Personen). Wie Schaubild 8.19 zeigt, profitieren dagegen in dieser Variante besonders jene Sektoren von den zusätzlichen Kompensationseffekten, die direkt und indirekt einen großen Anteil ihrer Produktion an die Endnachfrage liefern. Dies gilt z.B. in besonderem Umfang für den Staat mit einem Beschäftigungsgewinn von rund 10 000 Personen sowie für Bereiche wie Einzelhandel, Großhandel und Baugewerbe, die jeweils einen Beschäftigungsgewinn von knapp 5 000 Personen verzeichnen.

Schaubild 8.19

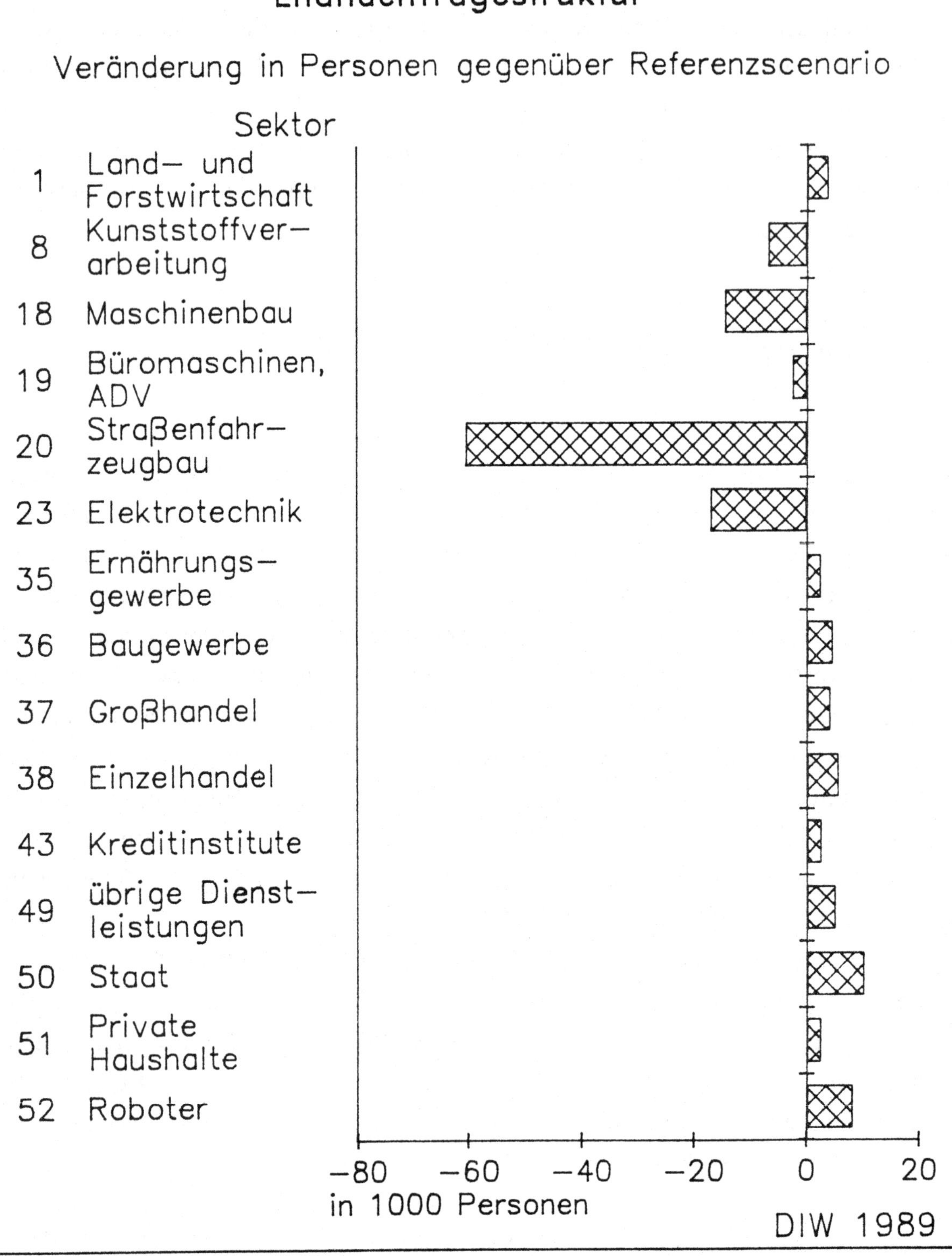

Da die kompensatorischen Nachfragewirkungen nun breit über die Sektoren gestreut sind, weisen die Hauptanwenderbranchen wieder deutlich höhere negative prozentuale Veränderungen auf als in der zuvor vorgestellten Variante. Der relative Beschäftigungsrückgang im Straßenfahrzeugbau beträgt beispielsweise 4,3 vH gegenüber 3,2 vH in der Simulation bei Annahme der Kompensation in den Anwenderbranchen (vgl. Schaubild 8.20). Die Branchen, die von den Kompensationseffekten profitieren, liegen dagegen prozentual gesehen relativ nahe beieinander. Die Mehrzahl der Sektoren, die in Schaubild 8.20 mit positiven Effekten erscheinen, unterscheiden sich deshalb in ihren positiven prozentualen Effekten nur geringfügig von den übrigen Sektoren.

Analysiert man die Wirkung auf die Berufsstruktur, ergibt sich auch in dieser Simulationsrechnung, daß die von der Diffusion von Industrierobotern schwerpunktmäßig negativ betroffenen Berufe, wie z.B. Schweißer und Löter, Metallarbeiter ohne nähere Angaben, Hilfsarbeiter ohne nähere Angaben usw. in nur geringem Umfang von den zusätzlichen Kompensationseffekten profitieren (vgl. Schaubild 8.21). Die Beschäftigungsverluste für diese Berufsgruppen unterscheiden sich in allen drei hier durchgeführten Simualtionsrechnungen nur wenig.

Dieses Ergebnis, wie auch die unvermindert hohe prozentuale Betroffenheit einiger Berufsgruppen, wie sie sich aus Schaubild 8.22 ergibt, unterstreicht noch einmal die Bedeutung, die den strukturellen Beschäftigungswirkungen der Diffusion neuer Techniken beigemessen werden muß. Während die Berücksichtigung zusätzlicher Kompensationseffekte gesamtwirtschaftlich zu einer Reduktion der negativen Beschäftigungswirkungen führt, und auch auf sektoraler Ebene - je nach den unterstellten Wirkungsmechanismen der Kompensation - durchaus ausgleichende Effekte bezüglich der sektoralen Strukturverschiebungen auf dem Arbeitsmarkt eintreten können, bleiben die erheblichen negativen Wirkungen der Diffusion von Industrierobotern auf einzelne Berufsgruppen nahezu voll wirksam. Daran können auch kompensatorische Mechanismen - in welcher Gestalt auch immer - wenig ändern.

Schaubild 8.20

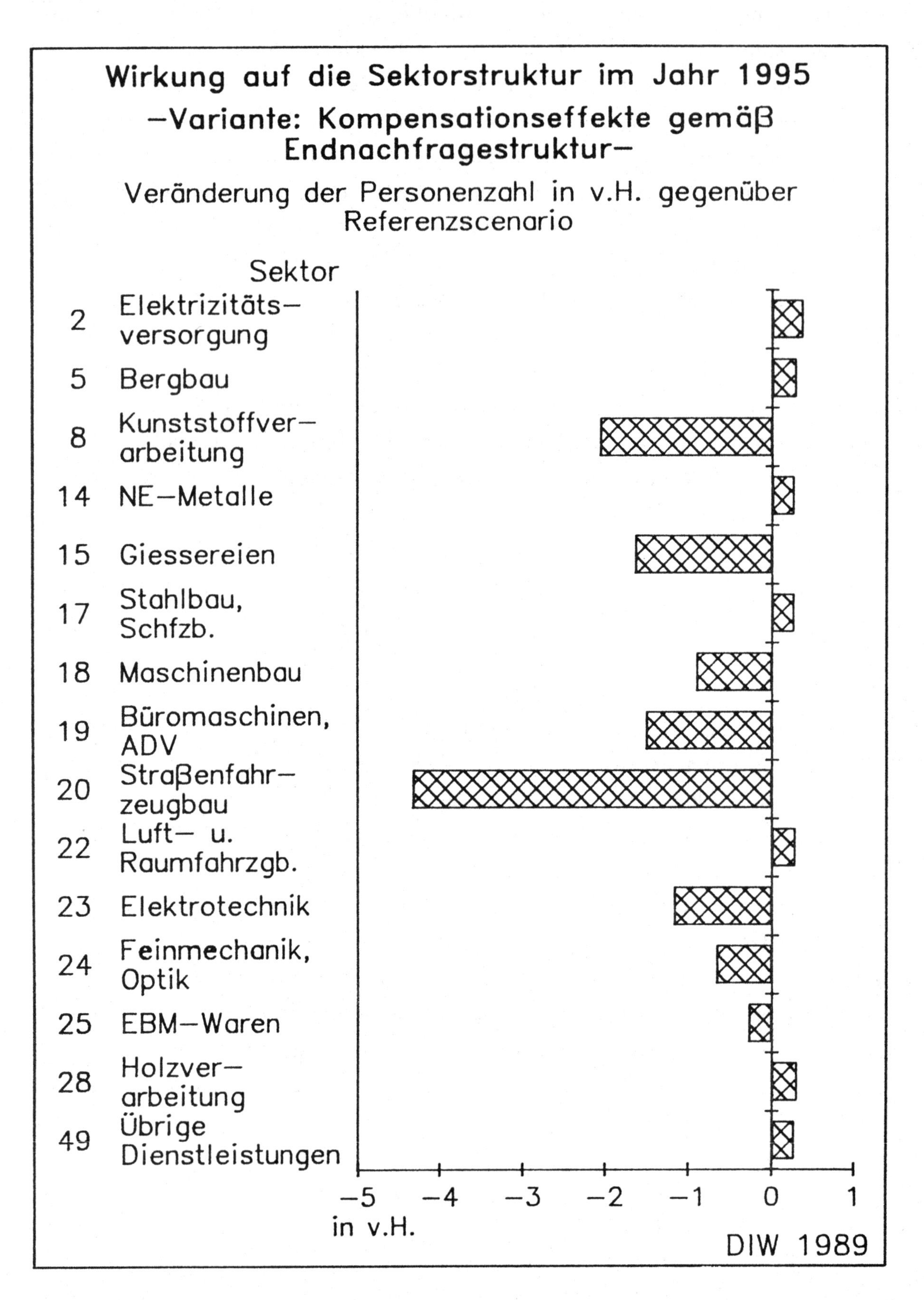

Schaubild 8.21

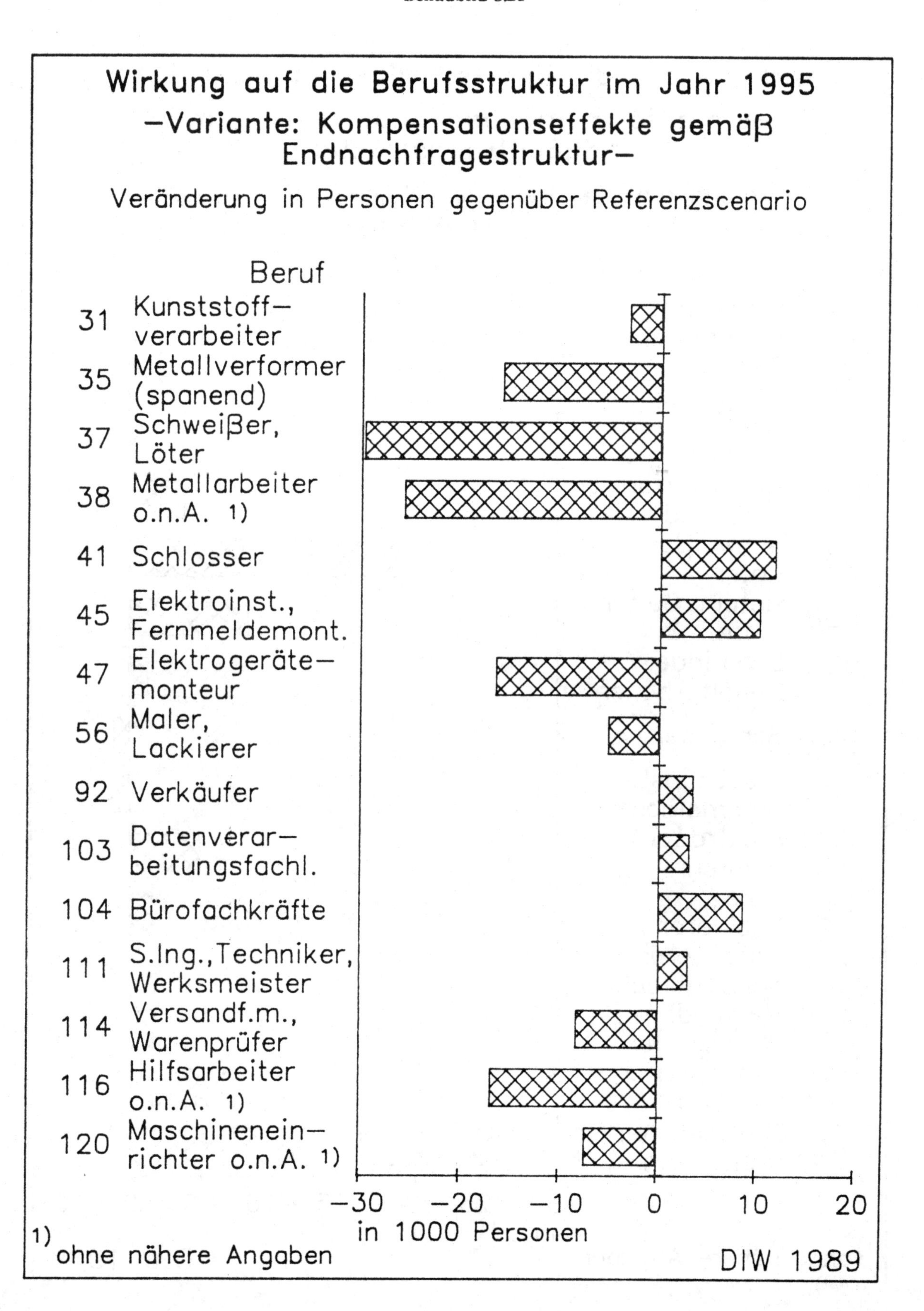

Schaubild 8.22

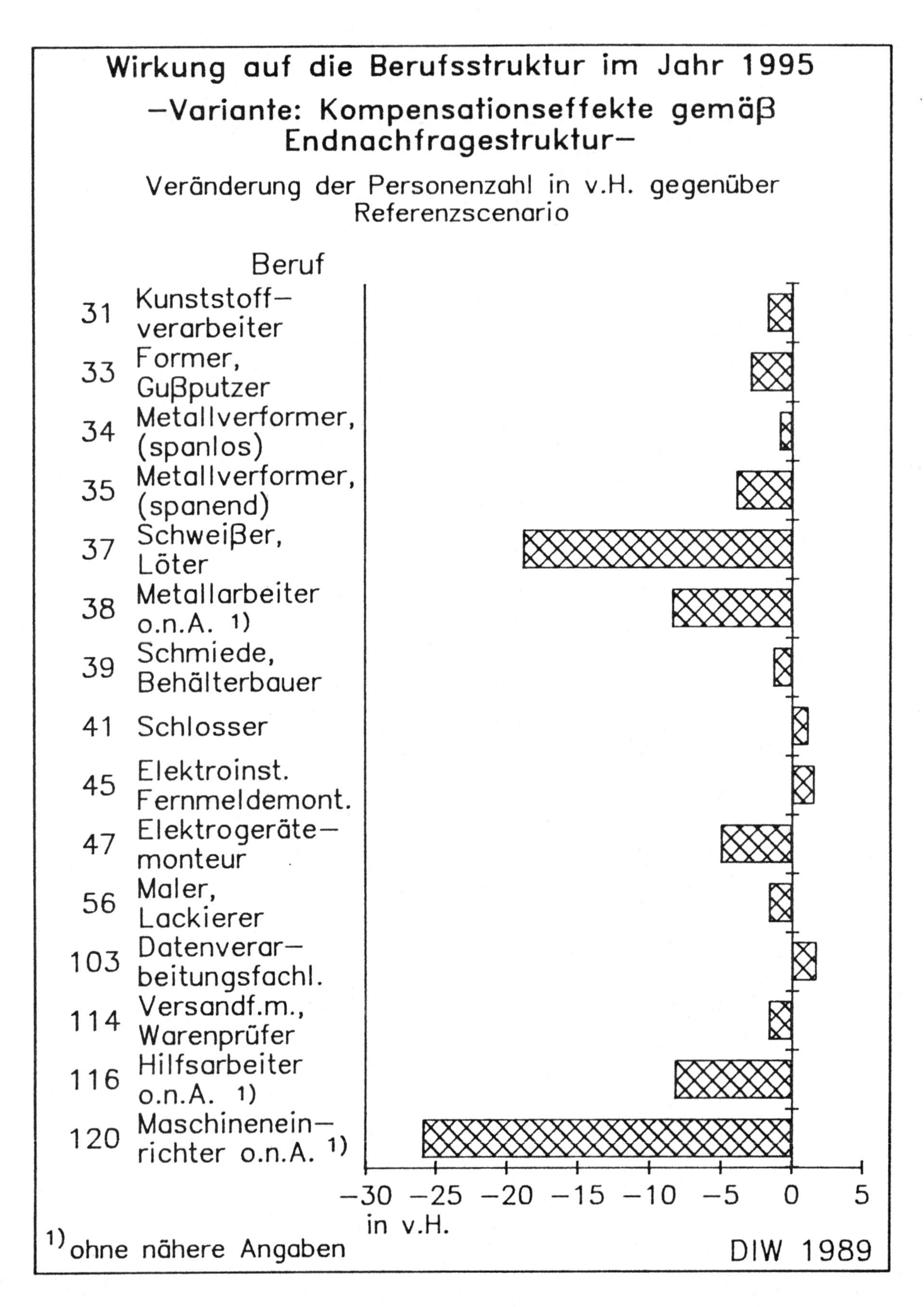

Bleibt bei der Analyse der Beschäftigungswirkungen der neuen Automatisierungstechnik Industrieroboter auf gesamtwirtschaftlicher Ebene, also bezüglich der Beschäftigungswirkungen insgesamt, eine Unsicherheit über das letztlich in der Realität als Summe aller denkbaren Kompensationsmechanismen zu erwartende Ergebnis - auch wenn die hier angestellten Simulationsrechnungen auf einen negativen Beschäftigungssaldo hindeuten - so bleibt als gesicherte Erkenntnis, daß die Diffusion dieser neuen Technik auf jeden Fall die Berufsstruktur verändern wird, wobei sich für einzelne Berufsgruppen erhebliche Probleme abzeichnen. Auch wenn man berücksichtigt, daß die genaue Identifizierung der betroffenen Berufsgruppen wegen der teilweise unbefriedigenden empirischen Grundlagen mit Unsicherheiten belastet ist, ergibt sich dennoch die eindeutige Tendenz, daß vorwiegend Fertigungsberufe mit geringen Qualifikationsanforderungen von dieser neuen Automatisierungstechnik negativ betroffen sind. Zu den Gewinnern zählen dagegen die besser qualifizierten Berufe, die höherwertige Wartungs-, Engineering- und Softwareerstellungstätigkeiten vollziehen.

## 9. Resümee und einige Überlegungen zur methodischen Weiterentwicklung des Forschungsansatzes

Das Hauptanliegen der vorliegenden Arbeit besteht darin, ein methodisches Instrumentarium zur empirischen Untersuchung der Beschäftigungswirkungen ausgewählter neuer Technologien in der Bundesrepublik Deutschland zu entwickeln und es exemplarisch für eine ausgewählte Technologie anzuwenden. Untersucht werden die Beschäftigungswirkungen der Diffusion von Industrierobotern bis zum Jahr 1995.

Ausgangspunkt der Überlegungen ist eine Diskussion der theoretischen Kontroversen um die Beschäftigungswirkungen moderner Technologien. Die Auseinandersetzung wird im wesentlichen mit Hilfe der analytischen Kategorien "Freisetzungseffekte" und "Kompensationseffekte" geführt. Ein wichtiges Ergebnis dieser Erörterungen ist, daß die letztlich entscheidende Frage, ob der Saldo dieser Effekte in bezug auf das Beschäftigungsniveau negativ oder positiv ausfällt, auf der theoretischen Ebene unbeantwortet bleiben muß. Eine weitergehende Klärung dieser Frage bedarf also eines empirisch ausgerichteten Forschungsansatzes. Diese Feststellung gilt noch nachdrücklicher, wenn man neben den Auswirkungen neuer Technologien auf das Beschäftigungsniveau auch an den Wirkungen auf die Struktur der Beschäftigung, insbesondere auf die Sektor- und die Berufsstruktur, interessiert ist.

Ein wesentliches Merkmal des Zusammenwirkens von Freisetzungs- und Kompensationseffekten liegt darin, daß sie weder zeitlich, räumlich noch sektoral zusammenfallen. Die Beschäftigungseffekte treten vielmehr überwiegend zu unterschiedlichen Zeitpunkten (z.B. die Kompensationseffekte aufgrund des Maschinenherstellungsarguments überwiegend vor den Freisetzungseffekten), in unterschiedlichen Wirtschaftseinheiten (z.B. Freisetzungseffekte bei Anwendern, Kompensationseffekte bei Herstellern von Gütern einer neuen Technik) und damit in der Regel in unterschiedlichen Sektoren einer Volkswirtschaft auf. Unter Umständen sind Sektoren von einer neuen Technik über die Vorleistungs- oder Investitionsverflechtung (indirekte Effekte im Sinne der Input-Output-Analyse) tangiert, obwohl auf den ersten Blick keine unmittelbare Betroffenheit zu bestehen scheint.

Aus diesen Überlegungen wird deutlich, daß die empirische Untersuchung der Beschäftigungswirkungen moderner Technologien die Anwendung eines Modells erfordert, das den Typ eines multi-sektoralen dynamischen Modells repräsentiert. Der in dieser Arbeit gewählte technikspezifische Forschungsansatz zur Abbildung neuer Technologien verlangt außerdem, daß eine Vielzahl von Informationen und Daten, die die neue Technologie und ihre Auswirkungen beschreiben, in ein konsistentes Analysegerüst eingebunden werden kann. Typischerweise fallen wichtige Größen, die die Freisetzungs- und Kompensationseffekte beeinflussen, auf unterschiedlichen Aggregationsebenen an.

Während z.B. die direkten Freisetzungseffekte einer konkreten Technologie in vielen Fällen am besten auf der Unternehmensebene (z.B. durch Fallstudien) beobachtet werden können, lassen sich die Kompensationseffekte zu einem guten Teil nur auf sektoraler Ebene lokalisieren. Im Endergebnis ist man in der Regel auch an gesamtwirtschaftlichen Ergebnissen interessiert, wobei allerdings die Konsistenz dieser gesamtwirtschaftlichen mit den sektoralen (und einzelwirtschaftlichen) Ergebnissen eine wichtige Bedingung ist. Unter dem Aspekt des Wechsels zwischen sektoraler und gesamtwirtschaftlicher Ebene und der Einbettung zusätzlicher, sei es technischer oder unternehmensbezogener, Informationen in einen konsistenten Rahmen, bietet die Input-Output-Analyse spezifische Vorteile.

Aus der Notwendigkeit des Einsatzes eines multi-sektoralen dynamischen Modells und wegen der spezifischen Vorzüge der Input-Output-Analyse im Hinblick auf den Wechsel zwischen verschiedenen Aggregationsebenen und der konsistenten Einbeziehung technikspezifischer Daten, erscheint ein dynamisches Input-Output-Modell als der geeignete methodische Rahmen für die angestrebte Untersuchung. Diese Einschätzung wird von einer Reihe anderer Untersuchungen, die sich mit unterschiedlichen empirisch-orientierten Forschungsansätzen zur Abschätzung der Beschäftigungswirkungen moderner Technologien auseinandersetzen, geteilt.

Damit stellt sich unmittelbar die Aufgabe, ein für die empirische Anwendung geeignetes dynamisches Input-Output-Modell für die Bundesrepublik Deutschland zu implementieren. Voraussetzung hierfür ist die Entwicklung eines theoretischen Modellkonzepts, das für den im Vordergrund stehenden Analysezweck geeignet erscheint. Ausgehend von den in der Praxis bisher dominierenden statischen Input-Output-Modellen wird zunächst untersucht, welche Schwierigkeiten und Probleme der empirischen Anwendung von (gleichgewichtigen) dynamischen Input-Output-Modellen in der Vergangenheit im Wege standen. Neben dem Fehlen geeigneter, vor allem über einen längeren Zeitraum vergleichbarer Daten, stehen bestimmte theoretisch-konzeptionelle Eigenschaften dieser gleichgewichtigen dynamischen Input-Output-Modelle der Implementierung im Wege. Charakteristischer Ausdruck des Defizits in der empirischen Anwendbarkeit dieses Modelltyps ist die Tatsache, daß alle bisherigen Untersuchungen die (relative) Instabilität dieser Systeme ergeben haben, so daß die deskriptive Anwendung zu ökonomisch unsinnigen Ergebnissen führt.

Auf Basis einer Diskussion der möglichen Ursachen dieser zu beobachtenden Instabilitäten wird das Konzept eines ungleichgewichtigen dynamischen Input-Output-Modells vorgestellt, das die Mindestanforderungen, die an ein empirisch anwendbares Modell zu stellen sind, erfüllt. Dabei kann wesentlich auf theoretischen Arbeiten von Duchin, Leontief und Szyld aufgebaut werden. Neben den Vorzügen und Stärken werden auch Grenzen und Schwächen dieses Modellansatzes behandelt. Auf der Grundlage dieser Diskussion können in diesem Kapitel Überlegungen zu einer methodischen Weiterentwicklung angestellt werden.

Im Anschluß an diesen mehr theoretisch geprägten Teil werden die empirisch-statistischen Voraussetzungen für die Implementierung des vorgeschlagenen dynamischen Input-Output-Modells in der Bundesrepublik Deutschland untersucht. Aufbauend auf einer genauen Spezifikation der Datenerfordernisse werden die in der Bundesrepublik verfügbaren Datenbestände daraufhin überprüft, ob und in welchem Umfang sie als empirische Basis geeignet sind. Hierbei standen Fragen wie Aktualität, Diaggregationstiefe und Vergleichbarkeit der Erhebungskonzepte im Vordergrund. Die konkrete Implementation des Modells sowie die in diesem Prozeß zu treffenden Entscheidungen werden begründet und dargestellt, wobei nur auf die wesentlichen Arbeitsschritte der Aufbereitung und Abstimmung der verschiedenen Datenbestände zu einer integrierten Datenbasis eingegangen wird.

Einen breiten Raum nimmt die Evaluierungsphase des Modells ein, in der umfangreiche Ex-post-Simulationen für den Zeitraum 1970 bis 1983 durchgeführt werden. Das besondere Gewicht, das auf diese Arbeiten gelegt wird, ist darin begründet, daß in der Bundesrepublik bisher keine Erfahrungen über die empirischen Eigenschaften dieses Modelltyps vorliegen. Die Ergebnisse der Evaluierungsphase werden auch dazu genutzt, Verbesserungen am Modellansatz vorzunehmen. Der im Zentrum des dynamischen Input-Output-Modells stehende Mechanismus zur endogenen Erklärung der Investitionsentwicklung - in der ursprünglichen Modellversion ein einfacher, inflexibler Akzeleratoransatz - wird aufgrund der Erfahrungen im Ex-post-Zeitraum durch einen flexiblen Akzelerator mit Revisionsmöglichkeiten für die sektoralen Kapazitätserweiterungspläne ersetzt.

Abgeschlossen wird die Evaluierungsphase mit einer Referenzsimulation des dynamischen Input-Output-Modells für den Zeitraum 1970 bis 1995. Diese dient dazu - ohne daß der Anspruch einer "realistischen" Prognose erhoben wird -, einen Referenzpfad mit unveränderter Technik ab dem Jahr 1984 zu erhalten, an dem die Effekte der Diffusion der neuen Technologie gemessen werden können. Dies geschieht durch die Analyse der Differenzen zwischen Referenz- und Techniksimulation. Insgesamt steht mit dem implementierten dynamischen Input-Output-Modell ein geeigneter methodischer Rahmen zur Verfügung, innerhalb dessen das eigentliche Erkenntnisziel - die Untersuchung der Beschäftigungswirkungen ausgewählter neuer Technologien - im weiteren Verlauf der Arbeit in einer differenzierten empirischen Analyse verfolgt werden kann.

Um die Einordnung der eigenen Analyse zu erleichtern, wurde ein Überblick über verschiedene empirische Untersuchungen zu den Arbeitsmarktwirkungen des technischen Wandels gegeben. Der Überblick ist in mehreren Aspekten selektiv und kann in keiner Weise den Anspruch der Vollständigkeit erheben. Die vorgestellten Studien werden nach mehreren Kriterien klassifiziert, wobei insbesondere zwischen vorwiegend gesamtwirtschaftlichen und vorwiegend einzelwirtschaftlichen Untersuchungen unterschieden wird.

Vor der Abbildung einer konkreten neuen Technologie im Rahmen des dynamischen Input-Output-Modells wird dieser Prozeß zunächst in allgemeiner Form dargestellt. Detailliert untersucht und dokumentiert wird die Abbildung der neuen Technologie "Industrieroboter", die einen Teilbereich des "Bündels" moderner Fertigungs- und Automatisierungstechniken ausmacht. Weil sich die spezifischen Beschäftigungswirkungen einzelner Robotertypen deutlich unterscheiden, werden insgesamt elf verschiedene Einsatzgebiete von Robotern unterschieden. Bis in die Einzelheiten dokumentiert wird die Modellierung sowohl der Herstellung als auch der Anwendung von Industrierobotern. Die große Detailtreue und Genauigkeit bei der Beschreibung wird gewählt, weil sich hierdurch zum einen die spezifischen Datenanforderungen des Forschungsansatzes ablesen lassen, und weil es zum anderen zwingend erscheint, in den Fällen, in denen keine ausreichenden Informationen zur Verfügung stehen, die getroffenen Annahmen genau und nachvollziehbar zu dokumentieren. Gerade die Nachvollziehbarkeit und Überprüfbarkeit der Annahmen wird als wichtiger Vorteil der hier eingeschlagenen formalen Analysemethode im Vergleich zu anderen, nicht formalisierten Untersuchungsmethoden angesehen.

Den Abschluß der Arbeit bilden verschiedene Simulationsrechnungen mit dem dynamischen Input-Output-Modell, in denen die Auswirkungen der Diffusion von Industrierobotern auf das Niveau sowie auf die Sektor- und Berufsstruktur der Beschäftigung in der Bundesrepublik Deutschland für den Zeitraum 1980 bis 1995 untersucht werden. Am Beginn dieses Kapitels werden die vom Modell simulierte Diffusion von Industrierobotern, differenziert nach Einsatzgebieten und nach Anwendersektoren, dargestellt und - soweit möglich - mit anderen Diffusionsprognosen für die Bundesrepublik Deutschland verglichen. Die detaillierte Darstellung der Ergebnisse wird gewählt, weil Qualität und Plausibilität der Prognose des Diffusionsprozesses die Ergebnisse zu den Beschäftigungswirkungen erheblich beeinflussen. Zum anderen kann mit der Differenziertheit der Ergebnisse auch das Analysepotential des eingesetzten Instrumentariums dokumentiert werden.

Bei der Durchführung der verschiedenen Simulationsrechnungen wird wieder an die zu Beginn der Arbeit geführte Diskussion der Freisetzungs- und Kompensationseffekte angeknüpft. Zunächst wird eine Modellrechnung mit der Basisversion des dynamischen Input-Output-Modells vorgestellt. Dort werden also nur jene Effekte berücksichtigt, die sich modellendogen aus der Einführung und Diffusion von Industrierobotern ergeben. Erfaßt werden sowohl der primäre Freisetzungseffekt und die damit verbundenen, adoptionsspezifischen direkten und indirekten Sektorstruktureffekte als auch die direkten und indirekten Kompensationseffekte, die mit der Herstellung der neuen Technologie und der Substitution der bisher angewandten Technologie verbunden sind. Von den diskutierten Kompensationseffekten werden neben den Sektorstruktureffekten also insbesondere die mit dem Maschinenherstellungsargument verbundenen Kompensationseffekte modellendogen berücksichtigt.

Vernachlässigt bleiben damit jene Wirkungszusammenhänge, die über die Preis-, Einkommens- und Umverteilungseffekte der neuen Technologie vermittelt werden. Eine endogene Behandlung dieser Mechanismen ist - beim gegebenen theoretischen und empirischen Wissensstand - im Rahmen dieser Arbeit nicht möglich. Auf methodische Ansätze zur Einbeziehung dieser Effekte soll am Ende des Kapitels eingegangen werden. Um dennoch mögliche Größenordnungen dieser Effekte abschätzen zu können, wird in zwei Simulationsrechnungen versucht, diese Mechanismen unter bestimmten Annahmen abzubilden. Angeknüpft wird hierbei an die Kosteneinsparungen, die sich für die Anwender von Industrierobotern ergeben. Zum einen wird unterstellt, daß die anfallenden Kostensenkungen von den Anwenderbereichen zu Preissenkungen für die von ihnen produzierten Güter genutzt werden, die wiederum zu einer höheren Nachfrage nach diesen Produkten führen. Dabei werden jeweils Preis- und Nachfrageelastizitäten von dem Betrage nach eins unterstellt. In der anderen Variante wird angenommen, daß die Kostensenkungen nicht in Form von Preissenkungen weitergegeben werden, sondern über die Erhöhung der Einkommen von Kapitaleignern und Beschäftigten nachfragewirksam werden, wobei hier durch Setzung bestimmter Annahmen bzgl. Sparquote, Umverteilung und Einkommenselastizitäten der Nachfrage eine einfache Wirkungskette anstelle der in der Realität anzutreffenden komplexen Zusammenhänge unterstellt wird. In beiden Simulationsrechnungen werden die Annahmen so gesetzt, daß eine Obergrenze der zu erwartenden Kompensationseffekte abgebildet wird.

Durch die Einbeziehung dieser zusätzlichen kompensatorischen Effekte kommt es auf gesamtwirtschaftlicher Ebene zu einer deutlichen Verringerung der negativen Beschäftigungseffekte der Diffusion von Industrierobotern. Wegen der Nichtberücksichtigung anderer Wirkungszusammenhänge - auf die noch einzugehen sein wird - verbleibt letztlich eine gewisse Unsicherheit über das Niveau des gesamtwirtschaftlichen Beschäftigungssaldos, obwohl die durchgeführten Simulationen auf einen negativen Gesamteffekt hindeuten. Die angestellten Modellrechnungen untermauern, daß die Diffusion von Industrierobotern spürbar die sektorale Struktur und vor allem die Berufsstruktur der Beschäftigung verändern wird. Unabhängig von den jeweiligen Annahmen über die Kompensationseffekte bleibt die Betroffenheit einzelner Berufsgruppen von dieser neuen Technik auf jeden Fall hoch.

Versucht man zum Abschluß der Untersuchung ein Resümee unter vorwiegend methodischen Gesichtspunkten zu ziehen, so kann man feststellen, daß mit dem hier entwickelten Instrumentarium ein Forschungsansatz vorgestellt wurde, der in verschiedenen Bereichen über andere Untersuchungen, die die Beschäftigungswirkungen ausgewählter neuer Technologien zum Gegenstand haben, hinausgeht. Das im Zentrum der Arbeit stehende dynamische Input-Output-Modell ermöglicht schon jetzt die endogene Einbeziehung einer Reihe von komplexen Wirkungszusammenhängen, die in anderen Forschungsansätzen vernachlässigt werden müssen.

Die Input-Output-Analyse erlaubt durch die Berücksichtigung der intersektoralen Verflechtung die Erfassung sowohl der direkten als auch der indirekten Auswirkungen der Einführung einer neuen Technologie, damit also die endogene Einbeziehung von Sektorstruktureffekten. Durch den gewählten dynamischen Ansatz kann nicht nur das zeitliche Verlaufsmuster des Diffusionsprozesses detailliert abgebildet werden, sondern es können auch die zu unterschiedlichen Zeitpunkten wirksamen Effekte konsistent erfaßt werden. Die endogene Erklärung des Investitionsprozesses bewirkt eine Berücksichtigung des Maschinenherstellungsarguments und es werden gleichzeitig die mit dem Kapazitätseffekt von

Investitionen verbundenen direkten und indirekten Struktureffekte erfaßt. Der hier vorgestellte Forschungsansatz besitzt damit gegenüber isolierten Fallstudien, die oft in einfache Freisetzungsrechnungen münden, und gegenüber Partialanalysen eindeutige methodische Vorzüge. Die Nachvollziehbarkeit der Annahmen und Ergebnisse sowie die Möglichkeit einer Isolierung bestimmter Effekte hebt diesen Ansatz von sogenannten "nicht-formalisierten" Analysemethoden positiv ab.

Schon während der Untersuchung, zuletzt bei der Durchführung der Simulationsrechnungen, ist deutlich geworden, daß der Forschungsansatz neben den unbestreitbaren Vorzügen auch eine Reihe von Schwächen aufweist und daß er mehr oder weniger gewichtigen Beschränkungen unterliegt. Diese sollen hier - soweit dies möglich erscheint - als Grundlage von Überlegungen zur methodischen Weiterentwicklung noch einmal aufgegriffen werden. Die Diskussion erfolgt dabei auf drei Ebenen. Erstens wird, anknüpfend an die Ausführungen in Kapitel 2.4.3, auf die identifizierten Schwächen der gewählten Formulierung des dynamischen Input-Output-Modells eingegangen. Zweitens wird überlegt, ob und wie es gelingen kann, durch die weitere Endogenisierung von Endnachfragekomponenten das Modell so zu erweitern, daß bisher fehlende Kompensationsmechanismen modellimmanent abgebildet werden können und drittens werden prinzipielle Beschränkungen des Forschungsansatzes dargestellt, die auch auf mittlere Sicht unüberwindbar erscheinen.

Zu den Schwächen der derzeitigen Spezifikation des ungleichgewichtigen dynamischen Input-Output-Modells zählt z. B. die Tatsache, daß das Modell keine Reduktion der Produktionskapazitäten in einzelnen Sektoren erlaubt und daß es im Modell keine endogenen Mechanismen zur Verhinderung der dauerhaften Überauslastung von Produktionskapazitäten gibt. Nun haben diese beiden Schwächen in der praktischen Anwendung des Modells innerhalb dieser Untersuchung keine gravierenden Auswirkungen, weil es im Untersuchungszeitraum nur drei relativ unbedeutende Sektoren mit langfristig sinkender Kapazität gab und weil die exogen vorgegebene Endnachfrage zu keiner dauerhaften Überauslastung von Produktionskapazitäten geführt hat. Dennoch sollte bei der theoretischen Weiterentwicklung des Modellansatzes eine Überwindung dieser Probleme angestrebt werden. Es stellt sich generell die Frage, ob nicht von einer Fortschreibung der sektoralen Produktionskapazitäten zu einer Fortschreibung der sektoralen Kapitalstöcke übergegangen werden sollte. Kuhbier (1986) hat die Vorzüge dieser Art von Modellformulierung dargestellt und Wege zur Überwindung der hier angesprochenen Schwächen der derzeitigen Spezifikation aufgezeigt. Auch scheint es überlegenswert, ob nicht der Akzelerator, der im Zuge der Evaluierung des Modells schon zu einem flexiblen Akzelerator mit Revision der Kapazitätserweiterungspläne erweitert wurde, auf der Grundlage zusätzlicher theoretischer Überlegungen, z. B. zur Erwartungsbildung, ebenfalls weiter verbessert werden könnte.

Da im Hinblick auf das Erkenntnisinteresse die Konzeption eines empirisch anwendbaren Modells das wichtigste Ziel bleiben muß, sollten alle theoretischen Überlegungen immer vor dem Hintergrund der aus ihnen resultierenden Datenanforderungen angestellt werden. An dieser Stelle sei erwähnt, daß bezüglich der Datenbasis noch eine Reihe von Verbesserungen anzustreben sind. Dies gilt vor allem für die B- und R-Matrizen, für die das Problem der Überleitung zwischen funktionalem und institutionellem Konzept in Zukunft noch besser gelöst werden sollte. In zukünftigen Untersuchungen sollten die in dieser Arbeit gewonnenen Erfahrungen genutzt werden, um bei der Abbildung anderer neuer Technologien noch stärker auf detaillierte Erhebungen und weniger auf Annahmen zurückgreifen zu müssen.

Eine wichtige Richtung der methodischen Weiterentwicklung des gesamten Forschungsansatzes besteht darin, durch die Endogenisierung zusätzlicher Endnachfragekomponenten das dynamische Input-Output-Modell weiter zu schließen. Von besonderer Bedeutung erscheint die endogene Erklärung des privaten Verbrauchs und des Staatsverbrauchs. Wie die Diskussion zu den verschiedenen Simulationsrechnungen deutlich gemacht hat, würden damit wichtige Kompensationsmechanismen, die über Einkommens- und Umverteilungseffekte vermittelt werden, in einer wirklichkeitsnäheren Form in die Analyse einbezogen werden können. Grundsätzlich stellt sich die Frage, ob dies im Rahmen der traditionellen Annahmen der Input-Output-Analyse möglich ist, oder ob ein methodischer Fortschritt eher durch die Verknüpfung mit anderen Modelltypen, wie z. B. ökonometrischen Modellen, erreicht werden kann.

Die Endogenisierung des privaten Verbrauchs im traditionellen Konzept der Input-Output-Analyse setzt für den Haushaltssektor - ähnlich wie für den Produktionssektor - eine geeignete Klassifikation voraus, die die Abgrenzung von homogenen Haushaltstypen erlaubt. Die Klassifikation der Haushaltstypen wäre so zu wählen, daß für jeden dieser Typen lineare Beziehungen zwischen Arbeitseinsatz, Einkommen und privatem Verbrauch unterstellt werden können. Obwohl theoretische Überlegungen dieser Art vorliegen[1], ist dieses Vorgehen weder konzeptionell überzeugend, noch bestehen im Moment realistische Aussichten, diesen Ansatz empirisch auszufüllen.

Vielversprechender scheint hingegen der Versuch, die Endogenisierung von privatem Verbrauch und Staatsverbrauch durch die Koppelung mit ökonometrischen Modellen zu erreichen. Eine Analyse der möglichen Schnittstellen zwischen dem dynamischen Input-Output-Modell in seiner jetzigen Spezifikation und ökonometrischen Modellen zeigt, daß eine solche Verknüpfung prinzipiell möglich ist. Es sind jedoch nur relativ einfache und theoretisch wenig anspruchsvolle Verknüpfungsmöglichkeiten gegeben, weil es sich in dieser Hinsicht als grundsätzliche Beschränkung erweist, daß das dynamische Input-Output-Modell in seiner jetzigen Form als Mengenmodell konzipiert ist, in dem Preise zunächst nicht vorkommen. Die Integration eines endogenen Preissystems wäre also eine wichtige Voraussetzung, um theoretisch befriedigende Erklärungen für die Wirkungen von Preis- und Einkommenseffekten modellieren zu können. Zwar läßt sich ein zum Mengenmodell analoges Preismodell formulieren[2], doch liegen über die theoretischen und praktischen Implikationen einer Verknüpfung dieser Modelle noch keine Erfahrungen vor. Hier zeichnet sich also ein erheblicher Forschungsbedarf ab, bevor es in dieser Richtung zu wesentlichen Verbesserungen kommen kann.

Eine grundsätzliche Beschränkung des hier vorgestellten Forschungsansatzes besteht darin, daß die Auswirkungen von ausgewählten neuen Technologien auf die Beschäftigung im Rahmen eines nationalen, auf die Bundesrepublik Deutschland beschränkten Modells untersucht werden. Damit bleibt eines der

---

1 Vgl. z. B. Miyazawa 1976 und Duchin 1986.

2 Vgl. z. B. Duchin 1986.

in der Diskussion oft genannten Kompensationsargumente - die Erhöhung der internationalen Wettbewerbsfähigkeit - unberücksichtigt. Nun wurde in der Diskussion der Kompensationseffekte zwar gezeigt, daß die empirische Relevanz dieses Arguments nicht überbewertet werden sollte, dennoch bleibt seine Nichtberücksichtigung unbefriedigend.

Prinzipiell ließen sich mit dem dynamischen Input-Output-Modell in seiner jetzigen Form Simulationen über die Exportstimulierung im Gefolge der Diffusion einzelner neuer Technologien durchführen, doch bewegt man sich hier wegen mangelnder empirischer Informationen mehr oder weniger im Bereich der Spekulation. Ein wirklicher Fortschritt ließe sich nur erzielen, wenn es gelingen würde, die Wettbewerbsfähigkeit vor dem Hintergrund des sich auch in konkurrierenden Ländern vollziehenden technischen Wandels zu ermitteln. Dies hätte idealerweise im Rahmen eines internationalen Verbundes nationaler Modelle zu geschehen. Letztlich ist eine solche Erweiterung des Forschungsansatzes nur Ausdruck der Tatsache, daß in offenen Volkswirtschaften die Untersuchung der Auswirkungen des technischen Wandels mit Hilfe von national beschränkten Analysemodellen immer unvollständig sein muß.

**Literaturverzeichnis:**

ABELE,E. U.A. 1984:
Einsatzmöglichkeiten von flexibel automatisierten Montagesystemen in der industriellen Produktion - Montagestudie, Schriftenreihe "Humanisierung der Arbeitswelt" Band 61, Düsseldorf.

ABERG,M.,PERSSON,H. 1981:
A Note on a Closed Input-Output Model with Finite Life-Times and Gestation Lags, in: Journal of Economic Theory, Vol. 24, No. 3, S. 446 - 452.

ALLEN,R.I.G.,GOSSLING,W.F. (EDS.) 1975:
Estimating and Projecting Input-Output Coefficients, London.

ALMON,C. 1970:
Investment in Input-Output Models and the Treatment of Secondary Products, in: Carter,A.P.,Brody,A. (Ed.), Applications of Input-Output Analysis, Amsterdam 1970, S.103 - 116.

BACHARACH,M. 1970:
Biproportional Matrices and Input-Output Change, Cambridge.

BARKER,T.S. 1981:
Projecting Economic Structure Using a Large-scale Econometric Model, in: Futures, Vol.13 No.6 S. 458-467.

BARTENSCHLAGER,H.P. u.a. 1982:
Industrierobotereinsatz - Stand und Entwicklungstendenzen, Schriftenreihe "Humanisierung des Arbeitslebens" Band 23, Düsseldorf.

BATTELLE-INSTITUT 1978:
Soziale Implikationen der Einführung von Industrierobotern im Fertigungsbereich,- unveröffentlichter Bericht, Frankfurt/Main.

BAUMGART,E.R. 1976:
Investitionsmatrix für die Bundesrepublik Deutschland 1972, in: Vierteljahrshefte zur Wirtschaftsforschung, 1976, S.227-237.

BAUMGART,E.R. 1983:
Eine Investitionsmatrix für die Bundesrepublik Deutschland 1976, in: Vierteljahrshefte zur Wirtschaftsforschung, S.333-348.

BAUMGART,E.,STÄGLIN,R.,WEIß,J.-P.,WESSELS,H. 1979:
Jährliche nominale Input-Output-Tabellen, Importmatrizen und Investitionsmatrizen für die Bundesrepublik Deutschland 1960 bis 1974, DIW-Beiträge zur Strukturforschung, Heft 54, Berlin.

BEHRINGER, F., BRASCHE, U. 1986:
Mikroelektronik und Mitarbeiterqualifikation - Die Bedeutung der Personalentwicklung für die Produktinnovation. Ergebnisse einer Befragung, Berlin.

BELEN'KII,V.Z.,VOLKONSKII,V.A.,PAVLOV,N.V. 1973:
Dynamic Input-Output Models in Planning and Price Calculations and Economic Analysis, in: Matekon, Bd. 10-11, S.74-101.

BLATTNER,N. 1981:
Labour Displacement by Technological Change ? A Preliminary Survey of the Case of Microelectronics, in: Rivista Internazionale di Scienze Economiche e Commerciali Vol. 28, S. 422-448.

BLATTNER,N. 1986:
Technischer Wandel und Beschäftigung: Zum Stand der Diskussion, in: Bombach,-G.,Gahlen,B.,Ott,A.E. (Hrsg.), Technologischer Wandel - Analyse und Fakten, Tübingen 1986, S. 173 -190.

BLAZEJCZAK,J. 1987:
Simulation gesamtwirtschaftlicher Perspektiven mit einem ökonometrischen Modell für die Bundesrepublik Deutschland, Beiträge zu Strukturforschung, Heft 100, Berlin.

BLAZEJCZAK, J. 1989:
Perspektiven der gesamtwirtschaftlichen Entwicklung bei verstärkten und unterlassenen Innovationen, in: Meyer-Krahmer,F. (Hrsg.), Sektorale und gesamtwirtschaftliche Beschäftigungswirkungen moderner Technologien, Berlin.

BMWI, DER BUNDESMINISTER FÜR WIRTSCHAFT 1982:
Jahreswirtschaftsbericht 1982 der Bundesregierung, Deutscher Bundestag, BT-Drucksache 9/1322 vom 4.2.1982.

BMWI, DER BUNDESMINISTER FÜR WIRTSCHAFT 1985:
Technologische Entwicklung und Beschäftigung, Dokumentation Nr. 268, Bonn.

BOMBACH,G.,GAHLEN,B.,OTT,A.E. (HRSG.) 1986:
Technologischer Wandel - Analyse und Fakten, in: Schriftenreihe des wirtschaftswissenschaftlichen Seminars Ottobeuren Bd. 15, Tübingen.

BOMSDORF,E. 1977:
Das verallgemeinerte Input-Output-Modell als Grundlage für Input-Output-Analysen, Schriften zur wirtschaftswissenschaftlichen Forschung Bd. 119, Meisenheim am Glan.

BRODY,A. 1970:
Proportions, Prices and Planning - A Mathematical Restatement of the Labor Theory of Value, Amsterdam - London.

BULMER-THOMAS,V. 1982:
Input-Output Analysis in Developing Countries - Sources, Methods and Applications, Chichester.

BUTTLER,F.,KÜHL,J.,RAHMANN,B. (HRSG.) 1985:
Staat und Beschäftigung. Angebots- und Nachfragepolitik in Theorie und Praxis, in: Beiträge zur Arbeitsmarkt- und Berufsforschung Nr. 88, Nürnberg.

CARTER,A.P. 1957:
Capital Coefficients as Economic Parameters: The Problem of Instability, in: NBER (Ed.), Problems of Capital Formation, Studies in Income and Wealth, Vol. 19, Princeton 1957, S. 287 - 310.

CARTER,A.P. 1963:
Incremental Flow Coefficients for a Dynamic Input-Output Model with Changing Technology, in: Barna, T. (Ed.), Structural Interdependence and Economic Development, New York 1963, S. 277 - 302.

CARTER,A.P. 1970:
A Linear Programming System Analysing Embodied Technological Change, in: Carter,A.P.,Brody,A. (Hrsg.), Contributions to Input-Output Analysis, Proceedings of the Fourth International Conference on Input-Output Techniques, Amsterdam.

CHENERY,H.B. 1952:
Overcapacity and the Acceleration Principle, in: Econometrica, Vol. 20, S. 1 - 28.

CHENERY,H.B.,CLARK,P.G. 1959:
Interindustry Economics, New York.

CRAMER, U. 1985:
Probleme der Genauigkeit der Beschäftigtenstatistik, in: Allgemeines Statistisches Archiv, Bd. 69, S. 56ff.

DENISON,E.F. 1967:
Why Growth Rates Differ, Washington.

DEUTSCHES INSTITUT FÜR WIRTSCHAFTSFORSCHUNG 1988:
Exportgetriebener Strukturwandel bei schwachem Wachstum. Analyse der strukturellen Entwicklung der deutschen Wirtschaft. Strukturberichterstattung 1987, Berlin.

DHRYMES,P.,HOWREY,E. U.A. 1972:
Criteria for Evaluation of Econometric Models, in: Annals of Economic and Social Measurement, Vol. 1, S. 291-324.

DIXIT,A.,NORMAN,V. 1980:
Theory of International Trade, Cambridge.

DORFMAN,R.,SAMUELSON,P.A.,SOLOW,R.M. 1958:
Linear Programming and Economic Analysis, New York.

DOSTAL,W. 1982:
Fünf Jahre Mikroelektronik-Diskussion, in: Mitteilungen aus der Arbeitsmarkt- und Berufsforschung, Heft 2/1982, S.151-166.

DOSTAL,W.,KÖSTNER,K. 1982:
Beschäftigungsveränderungen beim Einsatz numerisch gesteuerter Werkzeugmaschinen, in: Mitteilungen aus der Arbeitsmarkt- und Berufsforschung, Heft 4/1982, S.443-449.

DUCHIN,F. 1986:
Analyzing the Implications of Technological Change, Vortrag bei der Eighth International Conference on Input-Output Techniques, Sapporo 1986.

DUCHIN,F.,LANGE,G.-M. 1987:
Modeling the Impact of Technological Change, in: Mechanical Engineering, Vol. 109, No. 1, S. 40 - 44.

DUCHIN,F.,SZYLD,D.B. 1985:
A Dynamic Input-output Model with Assured Positive Output, in: Metroeconomica, Vol. XXXVII, S.269-282.

ENGELMANN,M., MOHR,D. 1978:
Anlageinvestitionen nach Wirtschaftsbereichen, in: Wirtschaft und Statistik, Heft 12/1978, S. 755 ff.

EWERS, H.J., BECKER, C., FRITSCH, M. 1989:
Der Kontext entscheidet: Wirkungen des Einsatzes computergestützter Techniken in Industriebetrieben, in: Schettkat, Wagner (Hrsg.), Technologischer Wandel und Beschäftigung - Fakten, Analysen, Trends, Berlin, S. 27 - 70.

FILIP-KÖHN, R. 1989:
Sektorale Entwicklung der Beschäftigung und der Berufsstruktur, in: Meyer-Krahmer, F. (Hrsg.): Sektorale und gesamtwirtschaftliche Beschäftigungswirkungen moderner Technologien, Berlin.

FISHER,F.W.,CHILTON,C.H. 1971:
An Ex Ante Capital Matrix for the United States, 1970 - 1975, Final Report March 31, 1971 BATTELLE MEMORIAL INSTITUTE Columbus, Ohio.

FRANKE,R., KATTERMANN,D. 1988:
Konsumnachfrage und technologische Arbeitslosigkeit in einem Input-Output-Modellrahmen, in: Jahrbücher für Nationalökonomie und Statistik,Bd. 204/6, S.518-530.

FRIEDRICHS,G. (HRSG.) 1963:
Automation und technischer Fortschritt in Deutschland und den USA, Frankfurt.

FRIEDRICHS,G., SCHAFF,A. (HRSG.) 1982:
Auf Gedeih und Verderb. Mikroelektronik und Gesellschaft. Bericht an den Club of Rome, Wien.

FRIEDRICH,W., RONNING,G. 1985a:
Technischer Fortschritt - Auswirkungen auf Wirtschaft und Arbeitsmarkt, in: Ifo-Schnelldienst, 22/85, S.13-25.

FRIEDRICH,W., RONNING,G. 1985b:
Arbeitsmarktwirkungen moderner Technologien. Teil I: Synoptische Gegenüberstellung und Analyse der Ergebnisse, ISG - Institut für Sozialforschung und Gesellschaftspolitik, unveröffentlichtes Gutachten im Auftrag des BMFT, Köln,Konstanz.

FRIEDRICH,W., RONNING,G. 1985c:
Arbeitsmarktwirkungen moderner Technologien. Teil II: 'Stechbriefe' - Diskussion ausgewählter Studien zur Technologiefolgenabschätzung, ISG - Institut für Sozialforschung und Gesellschaftspolitik, unveröffentlichtes Gutachten im Auftrag des BMFT, Köln, Konstanz.

FUSS,M., MCFADDEN,D. (HRSG.) 1978:
Production Economics. 2 Volumes, Amsterdam.

GERSTENBERGER,W., HEINZE,J., VOGLER-LUDWIG,K. 1984:
Investitionen und Anlagevermögen der Wirtschaftsbereiche nach Eigentümer- und Benutzerkonzept, Ifo-Studien zur Strukturforschung Bd. 6, Berlin.

GEWIPLAN (GESELLSCHAFT FÜR WIRTSCHAFTSFÖRDERUNG UND MARKTPLANUNG 1981:
Marktpotentiale für Fertigungstechnologie 1990, Teil BX, Marktpotentiale für Industrieroboter in der BRD 1980-1990, Frankfurt/Main.

GIERSCH,H. 1982:
Arbeit, Lohn und Produktivität, in: Weltwirtschaftliches Archiv Bd. 119, S. 1-18.

GIZYCKI,R. VON 1980:
Auswirkungen neuer Technologien - dargestellt am Beispiel von Industrierobotern, in: Böckels,L. (Hrsg.), Beschäftigungspolitik für die achtziger Jahre, Sozialwissenschaftliche Reihe des BATTELLE-Instituts, Frankfurt.

GOURVITCH,A. 1940:
A Survey of Economic Theory on Technological Change and Employment, Reprint 1966, New York.

GROSSE,A.P. 1953:
The Technological Structure of the Cotton Textile Industry, in: Leontief,W. u.a.,Studies in the Structure of the American Economy, New York 1953, S. 360ff.

GÖRZIG,B. 1985:
Die Berechnung des Produktionspotentials auf der Grundlage eines capital-vintage-Modells, in: Vierteljahrshefte zur Wirtschaftsforschung, Heft 1/1985, S.375-382.

GÖRZIG,B. 1989:
Estimates of Potential GNP in the Federal Republic of Germany, Paper presented at the 21. General Conference of the International Association for Research in Income and Wealth.

GÖRZIG,B., KIRNER,W. 1976:
Anlageinvestitionen und Anlagevermögen in den Wirtschaftsbereichen der Bundesrepublik Deutschland, DIW - Beiträge zur Strukturforschung, Heft 41, Berlin.

HAGEMANN,H. 1985:
Freisetzung- und Kompensationseffekte neuer Technologien: Zur Gefahr einer technologischen Arbeitslosigkeit, in: Buttler,F.Kühl,J.,Rahmen,B.,Staat und Beschäftigung, Beiträge zur Arbeitsmarkt- und Berufsforschung Nr.88, Nürnberg 1985, S.291-335.

HAGEMANN,H., KALMBACH,P. (HRSG.) 1983:
Technischer Fortschritt und Arbeitslosigkeit, Frankfurt/Main.

HAGEMANN,H., KATTERMANN,D., KURZ,H.D. 1985:
Technological Change and Employment in Advanced Industrial Countries. The case of the Federal Republic of Germany, Arbeitspapiere der Forschungsgruppe "Technologischer Wandel und Beschäftigung" der Universität Bremen, Nr.1, Bremen.

HANSMANN,K.W.,ROGGON,A. 1984:
Stand und Entwicklung des Industrieroboter-Einsatzes in der Deutschen Wirtschaft, in: Crusius,R., Stebani,J. (Hrsg.), Neue Technologien und menschliche Arbeit, Berlin 1984, S. 80-92.

HAWKINS,D. 1948:
Some Conditions of Macroeconomic Stability, in: Econometrica Vol. 16, S. 309-322.

HAWKINS,D., SIMON,H.A. 1949:
Note: Some Conditions of Macro-economic Stability, in: Econometrica, Vol. 17, S. 245-248.

HICKEL,R. 1987:
Technologische Arbeitslosigkeit oder langfristiger Aufschwung? - Arbeitsplatzeffekte der Rationalisierung, in: WSI-Mitteilungen,Nr.6/87, S. 327-337.

HIRSCH,S. 1967:
Location of Industry and International Competitiveness, Oxford.

HÖFLICH-HÄBERLEIN, L., HÄBLER, H. 1989:
Diffusion neuer Technologien und ihre Auswirkungen im privaten Dienstleistungssektor, in: Schettkat, Wagner (Hrsg.), Technologischer Wandel und Beschäftigung - Fakten, Analysen, Trends, Berlin, S. 71 - 119.

HOHMEYER,O., RAHNER,H.-J. 1980:
Untersuchung der Auswirkungen des Baus von ausgewählten Technologien zur rationellen Energieverwendung und zur Nutzung von regenerativen Energiequellen auf die Produktion und Beschäftigung in der Bundesepublik, Diplomarbeit, Bremen.

HOLLEY,J.L. 1952:
A Dynamic Model: I. Principles of Model Structure, in: Econometrica,1952, S. 616 - 642.

HOLUB,H.-W., SCHNABL,H. 1982:
Input-Output-Rechnung: Input-Output-Tabellen, München.

HOLZHÜTER,T. 1984:
Der Erklärungswert des Dynamischen Input-Output-Modells für die Veränderung der sektoralen Struktur der Produktion in der Bundesrepublik Deutschland, Kiel.

HOWELL.D. 1985:
The Future Employment Impacts of Industrial Robots - An Input - Output Approach, in: Technological Forecasting and Social Change, Vol. 28, S. 297 - 310.

HUFBAUER,G.C. 1966:
Synthetic Materials and the Theory of International Trade, London.

IFO-INSTITUT FüR WIRTSCHAFTSFORSCHUNG (HRSG.) 1980:
Technischer Fortschritt. Auswirkungen auf Wirtschaft und Arbeitsmarkt, Gutachten der Projektgemeinschaft Ifo-Institut für Wirtschaftsforschung, Fraunhofer-Institut für Systemtechnik und Innovationsforschung (ISI) und Infratest, Berlin.

INSEE (HRSG.) 1981:
Metric: Une modelisation de l'économie française, Paris.

INSEE (HRSG.) 1982:
Propage modèle detaillé de l'appareil productif français, Paris.

INSTITUT FÜR ARBEITSMARKT- UND BERUFSFORSCHUNG (HRSG.) 1977:
Technik und Arbeitsmarkt, Quintessenzen aus der Arbeitsmarkt- und Berufsforschung, Heft 6, Nürnberg.

JECK,A., KURZ,H.D. 1983:
David Ricardo (1772-1823) : Ansichten zur Maschinerie, in: Hagemann,H.,Kalmbach,P. (Hrsg.), Technischer Fortschritt und Arbeitslosigkeit, Frankfurt/Main, 1983, S. 38-166.

JOHANSEN,L. 1978:
On the Theory of Dynamic Input-output Models with Different Time Profiles of Capital Construction and Finite Life-time of Capital Equipment, in: Journal of Economic Theory, Vol. 19, S.513-533.

JORGENSEN,D.W. 1960:
A Dual Stability Theorem, in: Econometrica, Vol. 28, No.4, S. 892 - 899.

JORGENSEN,D.W. 1961a:
Stability of a Dynamic Input-Output System, in: Review of Economic Studies, Vol. 28(2), S. 105 - 116.

JORGENSEN,D.W. 1961b:
The Structure of Multi-sector Dynamic Models, in: International Economic Review, Vol. 2, No. 3, S. 276 - 293.

JORGENSEN,D.W. 1963a:
Stability of a Dynamic Input-Output System: A Reply, in: Review of Economic Studies, Vol. XXX, No. 83, S. 148 -149.

JORGENSEN,D.W. 1963b:
The Structure of Multi-sector Dynamic Models: Some Further Examples, in: International Economic Review, Vol. 4, No. 1, S. 101 - 104.

JORGENSEN,D.W. 1971:
Econometric Studies of Investment Behavior: A Survey, in: Journal of Economic Literature, Vol. 9, S. 1111 - 1147.

JORGENSEN,D.W., GOLLOP,F.M., FRAUMENI,B. 1987:
Productivity and U.S. Economic Growth, Contributions to Economic Analysis Bd. 169, Amsterdam.

KALMBACH,P. 1986:
Beschäftigungseffekte des technologischen Wandels - Ansatzpunkte ihrer Quantifizierung im Rahmen der Input-Output-Analyse, Arbeitspapiere der Forschungsgruppe "Technologischer Wandel und Beschäftigung" der Universität Bremen, Nr.2, Bremen.

KARR,W., LEUPOLDT,R. 1976:
Strukturwandel des Arbeitsmarktes 1950 bis 1970 nach Berufen und Sektoren, Beiträge zur Arbeitsmarkt- und Berufsforschung Bd. 6, Nürnberg.

KATSOULACOS,Y. 1984:
Product innovation and employment, in: European Economic Review Vol. 26, S. 83-108.

KATSOULACOS,Y. 1986:
The Employment Effect of Technical Change: A Theoretical Study of New Technology and the Labour Market, Brighton.

KATTERMANN,D. 1986a:
Investition und Innovation in dynamischen Input-Output-Modellen, Arbeitspapiere der Forschungsgruppe "Technologischer Wandel und Beschäftigung" der Universität Bremen, Nr.3, Bremen.

KATTERMANN,D. 1986b:
Investitions- und Konsumnachfrage in einem dynamischen Input-Output-Modell zur Bestimmung technologischer Arbeitslosigkeit, Arbeitspapiere der Forschungsgruppe "Technologischer Wandel und Beschäftigung" der Universität Bremen, Nr.4, Bremen.

KÄHLER,A. 1933:
Theorie der Arbeitsfreisetzung durch die Maschine. Eine gesamtwirtschaftliche Abhandlung des modernen Technisierungsprozeß, Kiel.

KÄMPFER,S. 1984:
Roboter - Die elektronische Hand des Menschen, Düsseldorf.

KENDRICK,D. 1972:
On the Leontief Dynamic Inverse, in: Quarterly Journal of Economics, Vol. LXXXVI, No. 4, S. 693 - 696.

KENDRICK,J.W. 1981:
Why Productivity Growth Rates Change and Differ, in: Giersch,H. (Hrsg.), Towards an Explanation of Economic Growth, Tübingen 1981, S. 111-150.

KERN,H., SCHUMANN,M. 1977:
Industriearbeit und Arbeiterbewußtsein, Frakfurt.

KERN,H., SCHUMANN,M. 1984a:
Neue Produktionskonzepte haben Chancen, SOFI-Mitteilungen Nr. 9, o.O..

KERN,H., SCHUMANN,M. 1984b:
Das Ende der Arbeitsteilung? - Rationalisierung in der industriellen Produktion: Bestandsaufnahme, Trendbestimmung, München.

KIGYOSSY-SCHMIDT,E., MATTHES,B. 1986:
Warum ist die Stabilitätsuntersuchung unentbehrlich bei der Nutzung des dynamischen Leontief-Modells, Berlin (Ost).

KIY, M. 1984:
Ein disaggregiertes Prognosesystem für die Bundesrepublik Deutschland, Berlin.

KIY, M. 1987:
Zur Verwendung von Input-Output-Informationen in ökonometrischen Modellen für die Bundesrepublik Deutschland, in: Vierteljahrshefte zur Wirtschaftsforschung, Heft 1/2-1987, S. 53-67.

KLAUDER,W. 1986:
Technischer Fortschritt und Beschäftigung. Zum Zusammenhang von Technik,-Strukturwandel,Wachstum und Beschäftigung, in: Mitteilungen aus der Arbeitsmarkt- und Berufsforschung, Heft 1/1986, S.1-19.

KLEIN,L.R., BURMEISTER,E. (ED.) 1976:
Econometric Model Performance, Philadelphia.

KLODT,H. 1984:
Produktivitätsschwäche in der deutschen Wirtschaft, Tübingen.

KOYCK,L.M. 1954:
Distributed Lags and Investment Analysis, Amsterdam.

KRENGEL,R. (HRSG.) 1982:
Die Weiterentwicklung der Input-Output-Rechnung in der Bundesrepublik Deutschland, Sonderheft zum Allgemeinen Statistischen Archiv, Heft 18, Göttingen.

KROMPHARDT,J. 1977:
Investitionen und Beschäftigung. Eine Kritik an den diesbezüglichen Ausführungen des Sachverständigenrats, in: Finanzarchiv, NF Bd. 36, S. 294-311.

KRUPP,H.-J. 1986:
Innovation und Wettbewerbsfähigkeit der deutschen Volkswirtschaft, in: Bombach,G.,Gahlen,B.,Ott,A.E. (Hrsg.), Technologischer Wandel - Analyse und Fakten, Tübingen 1986, S. 195-218.

KRUPP,H.-J., EDLER,D. 1983:
Wachstumsengpässe und Kapitalbildung, in: Kapital und Wachstum in den achtziger Jahren, Beihefte der Konjunkturpolitik, Heft 30, S. 37-60.

KUHBIER,P. 1986:
Modellansätze im Rahmen der dynamischen Input-Output-Analyse, Forschungsgruppe "Technischer Wandel und Beschäftigung" der Universität Bremen Nr. 6, Bremen.

LEONTIEF,W. 1936:
Quantitative Input-output Relations in the Economic System of the United States, in: Review of Economics and Statistics, Vol.18, No.3, S.105-125.

LEONTIEF,W. 1953:
Dynamic Analysis, in: Leontief,W. u.a. (Hrsg.), Studies in the Structure of American Economy, New York.

LEONTIEF,W. 1953:
The Structure of the American Economy, 1919-1939. An Empirical Application of Equilibrium Analysis, New York.

LEONTIEF,W. 1970:
The Dynamic Inverse, in: Carter,A.P.,Brody,A. (Hrsg.), Contributions to Input-Output Analysis, S.17-46, Amsterdam.

LEONTIEF,W. 1986a:
Technological Change, Prices, Wages and Rates of Return on Capital in the U.S. Economy, in: Leontief,W., Input-Output Economics, New York, 1986, S. 392 - 417.

LEONTIEF,W. 1986b:
Input-Output Economics, New York.

LEONTIEF,W. U.A. 1953:
Studies in the Structure of the American Economy. Theoretical and Empirical Explorations in Input-Output Analysis, New York.

LEONTIEF,W.,DUCHIN,F. 1984:
The Impacts of Automation on Employment, 1963-2000. Final Report, New York.

LEONTIEF,W.,DUCHIN,F. 1986:
The Future Impact of Automation on Workers, New York.

LEONTIEF,W., DUCHIN,F., SZYLD,D. 1983:
New Approaches in Economic Analysis, in: SCIENCE, Vol. 228, S.413 - 422.

LIESCHKE,L.H. 1985:
Technischer Fortschritt und Außenhandel, Europäische Hochschulschriften, Reihe V Bd. 582, Frankfurt.

LINDNER,H. 1975:
Zur Verbindung dynamischer Systeme mit Input-Output-Tabellen - Dargestellt am Modell Chemische Technik, Vortrag auf der Tagung der Gesellschaft für Wirtschafts- und Sozialkybernetik, Hamburg 1975.

LIVESEY,D.A. 1973:
The Singularity Problem in the Dynamic Input-Output Model, in: International Journal of Systems Science, Vol.4 (1973), S.437-440.

LIVESEY,D.A. 1976:
A Minimal Realization of the Leontief Dynamic Input-Output Model, in: Polenske,K.,Skolka,J. (Hrsg.), Advances in Input-Output Analysis, Proceedings of the Sixth International Conference in Input-Output Techniques, Vienna 1974, Cambridge.

LOWE,A. 1976:
The Path of Economic Growth, Cambridge.

LUENBERGER,D.G.,ARBEL,A. 1977:
Singular Dynamic Leontief Systems, in: Econometrica, Vol.45 (1977), S.991-995.

MADDALA,G.S. 1977:
Econometrics, Tokyo.

METTELSIEFEN,B. 1981:
Technischer Wandel und Beschäftigung. Rekonstruktion der Freisetzungs- und Kompensationsdebatten, Frankfurt.

METTELSIEFEN,B., BARENS,I. 1987:
Direkte und indirekte Beschäftigungswirkungen technologischer Innovationen, Beiträge zur Arbeitsmarkt- und Berufsforschung Bd. 112, Nürnberg.

MEUNIER,F., VOLLE,M. 1985:
Les effects sur l'emploi des nouvelles techniques de télécommunication, in: Economie et statistique Nr. 179, S. 19-28.

MEYER-KRAHMER,F. (HRSG.) 1989:
Sektorale und gesamtwirtschaftliche Beschäftigungswirkungen moderner Technologien, Berlin.

MEYER,J., KUH,E. 1955:
Acceleration and Related Theories of Investment. An Empirical Inquiry, in: Review of Economics and Statistics, Vol. XXXVII, No.3, S. 217 - 230.

MEYER,J., KUH,E. 1957:
The Investment Decision, Cambridge.

MEYER,U. 1977:
Mengen, Preise, Einheiten und Spaltensummen in der Input-Output Analyse, in: Zeitschrift für die gesamte Staatswissenschaft, Bd. 133, S. 287 - 304.

MEYER,U. 1980:
Dynamische Input-Output-Modelle, Königstein/Ts..

MEYER,U. 1982:
Why Singularity of Dynamic Leontief Systems Doesn't Matter, in: O.V.,Input-Output Techniques, Proceedings of the Third Hungarian Conference on Input-Output Techniques 1981, Budapest.

MEYER,U., SCHUMANN,J. 1978:
Ansätze zur Weiterentwicklung des dynamischen Input-Output-Modells, in: Helmstädter, E. (Hrsg.), Neuere Entwicklungen in den Wirtschaftswissenschaften. Schriften des Vereins für Socialpolitik, N.F. Bd. 98, Berlin 1978, S.799 - 811.

MILLER,R.E., BLAIR,P.D. 1985:
Input-Output Analysis. Foundations and Extensions, Englewood Cliffs.

MILL,J.ST. 1848:
Principles of Political Economy. With Some of Their Applications to Social Philosophy - Reprint 1976, Fairfield.

MIYAZAWA, K. 1976:
Input-Output Analysis and the Structure of Income Distribution, Berlin.

NEISSER,H.P. 1942:
"Permanent" Technological Unemployment - Demand for Commodities is Not Demand for Labour, in: American Economic Review Vol. 32 , S. 50-71.

NORTHCOTT,J. U.A. 1986:
Robots in British Industry, Policy Studies Institute Research Report No. 660, London.

OECD (HRSG.) 1981:
Information Activities, Electronics and Telecommunication Technologies. Impact on Employment, Growth and Trade, Information Computer Communication Policy No. 5, Paris.

OECD (HRSG.) 1982:
Micro-electronics, Robotics and Jobs, in: Information Computer Communication Policy No. 7, Paris.

OECD (HRSG.) 1983:
Industrial Robots - Their Role in Manufacturing Industry, Paris.

OESTERREICHISCHES INSTITUT FÜR WIRTSCHAFTSFORSCHUNG (HRSG.) 1981:
Mikroelektronik - Anwendungen, Verbreitung und Auswirkungen am Beispiel Österreichs, Wien,New York.

OEST,W. 1979:
Ein dynamisches sektoral disaggregiertes Wirtschaftsmodell der Bundesrepublik Deutschland zur Abschätzung alternativer Entwicklungsmöglichkeiten, Berlin.

OFFICE OF TECHNOLOGY ASSESSMENT 1984:
Computerized Manufacturing Automation: Employment, Education, and the Workplace, Washington D.C..

PASINETTI,L. 1977:
Lectures on the Theory of Production, Columbia Studies in Economics 9, New York.

PETERSEN,H.C. 1979:
Estimation of Sector Sales and Employment Changes Associated With Solar Space and Water Heating Development, in: Solar Energy, Vol. 22, pp. 175-182.

PINDYCK,R.S., RUBINFELD,D.L. 1981:
Econometric Models and Economic Forecasts, New York.

POLENSKE,K.R., SKOLKA,J.V. (EDS.) 1976:
Advances in Input-Output Analysis, in: Proceedings of the Sixth International Conference on Input-Output Techniques, Vienna 1974, Cambridge.

POSNER,M.V. 1961:
International Trade and Technical Change, in: Oxford Economic Papers NF Vol. 13, S. 323-341.

PROGNOS,MACKINTOSH (HRSG.) 1980:
Technischer Fortschritt. Auswirkungen auf Wirtschaft und Arbeitsmarkt, Düsseldorf,Wien.

RANTA,J. (ED.) 1989:
Trends and Impacts of Computer Integrated Manufacturing, in: Proceedings of the Second IIASA Annual Workshop on Computer Integrated Manufacturing: Future Trends and Impacts, Laxenburg.

RICARDO,D. 1951:
On the Principles of Political Economy and Taxation, Herausgegeben von P. Sraffa, Cambridge.

ROSE,K. 1981:
Theorie der Außenwirtschaft, 8. überarbeitete Auflage, München.

ROTHKIRCH,C.VON, WEIDIG,I. 1985:
Die Zukunft der Arbeitslandschaft - Zum Arbeitskräftebedarf nach Umfang und Tätigkeiten bis zum Jahr 2000, Beiträge aus der Arbeitsmarkt- und Berufsforschung Bd. 94.1 und 94.2, Nürnberg.

ROTHSCHILD,K.W. 1986:
Technischer Fortschritt in dogmenhistorischer Sicht, in: Bombach,G., Gahlen,B., Ott,A.E. (Hrsg.), Technologischer Wandel - Analyse und Fakten, Tübingen 1986, S. 23-40.

RUMBERGER,R.W., LEVIN,H.M. 1985:
Forecasting the Impact of New Technologies on the Future Job Market, in: Technological Forecasting and Social Change, Vol.27, S. 399-417.

SACHVERSTÄNDIGENRAT 1976:
Zeit zum Investieren, Jahresgutachten 1976/77 des Sachverständigenrates zur Begutachtung der gesamtwirtschaftlichen Entwicklung, Stuttgart-Mainz.

SACHVERSTÄNDIGENRAT 1983:
Ein Schritt voran, Jahresgutachten 1983/84 des Sachverständigenrates zur Begutachtung der gesamtwirtschaftlichen Entwicklung, Stuttgart-Mainz.

SALTER,W.E.G. 1966:
Productivity and Technical Change, Cambridge.

SCHRAFT,R.D. U.A. 1984:
Industrierobotertechnik - Einführung und Anwendung, Kontakt&Studium Band 115, Grafenau.

SCHUMANN,J. 1968:
Input-Output-Analyse, Berlin.

SCHUMPETER,J.A. 1954:
History of Economic Analysis, Oxford.

SCHÜNEMANN,TH.M., BRUNS,TH. 1986:
Modellierung und Prognose der Diffusion von Industrierobotern in der Bundesrepublik Deutschland, in: Zeitschrift für Betriebswirtschaft, 56. Jg., Heft 10, S. 953-988.

SEETZEN,J., KRENGEL,R., VON KORTZFLEISCH,G. (HRSG.) 1979:
Makroökonomische Input-Output-Analysen und dynamische Modelle zur Erfassung technischer Entwicklungen, Interdisciplinary Systems Research Nr.69, Basel.

SENGER,J. 1974:
Technischer Fortschritt in Input-Output-Modellen, Volkswirtschaftliche Schriften Heft 214, Berlin.

SHAPIRO,H.T. 1973:
Is Verification Possible? The Evaluation of Large Econometric Models, in: American Journal of Agricultural Economics, Vol. 55, S. 250-258.

SMITH,D.P., HEYTLER,P. 1985:
Industrial Robots - Forecast and Trends : A Second Edition Delphi Study, Michigan.

SOHN,I. (ED.) 1986:
Readings in Input-Output Analysis. Theory and Applications, in:, New York.

SOZIOLOGISCHES FORSCHUNGSINSTITUT GÖTTINGEN (SOFI) U.A. 1981:
Industrieroboter - Bedingungen und soziale Folgen des Einsatzes neuer Technologien in der Automobilproduktion, Schriftenreihe "Humanisierung des Arbeitslebens" Band 13, Frankfurt/Main.

STAHMER,C. 1979:
Reproduzierbares Anlagevermögen nach Wirtschaftsbereichen, in: Wirtschaft und Statistik, Heft 6/1979, S.411-425.

STAHMER,C. 1983:
Altersaufbau des Anlagevermögens nach Wirtschaftsbereichen, in: Wirtschaft und Statistik, Heft 4/1983.

STAHMER,C. 1986:
Zeitreihen von Input-Output-Tabellen des Statistischen Bundesamtes, Vortrag auf dem 7. Starnberger Kolloquium zur Weiterentwicklung der Volkswirtschaftlichen Gesamtrechnung im Dezember 1986.

STATISTISCHES BUNDESAMT 1980:
Systematik der Produktionszweige in Input-Output-Rechnungen (SIO) , Ausgabe 1980, Wiesbaden.

STATISTISCHES BUNDESAMT 1988:
Input-Output-Tabellen 1984, Fachserie 18, Reihe 2, Wiesbaden.

STÄGLIN,R. 1968a:
Aufstellung von Input-Output-Tabellen. Konzeptionelle und empirisch-statistische Probleme, DIW - Beiträge zur Strukturforschung, Heft 4, Berlin.

STÄGLIN, R. 1968b:
Zur Entwicklungsgeschichte der Input-Output-Tabellen, in: Konjunkturpolitik 14. Jg., Heft 4, S. 251 - 259.

STÄGLIN,R. 1972:
MODOP - Ein Verfahren zur Erstellung empirischer Transaktionsmatrizen, in: Münzner,H.,Wetzel,W. (Hrsg.), Anwendungen statistischer und mathematischer Methoden auf sozialwissenschaftliche Probleme.

STÄGLIN,R. 1979:
Zum Einsatz der der Input-Output-Technik bei Arbeitsmarktanalysen. Ein Überblick für die Bundesrepublik Deutschland., in: Mitteilungen aus der Arbeitsmarkt- und Berufsforschung, Heft 2/1979, S.178-185.

STÄGLIN,R. 1980:
Zur Input-Output-Rechnung in der Bundesrepublik Deutschland. Eine Bestandsaufnahme., in: Frohn,J.,Stäglin,R. (Hrsg.), Empirische Wirtschaftsforschung - Konzeptionen, Verfahren und Ergebnisse. Festschrift für Rolf Krengel, Berlin 1980, S.95-130.

STÄGLIN,R. 1982a:
International Use of Input-Output Analysis. Proceedings of an International Conference on Input-Output, Dortmund, May, 1982, in: Sonderhefte zum Allgemeinen Statistischen Archiv, Heft 18, Göttingen.

STÄGLIN,R. 1982b:
Überblick über die Aktivitäten auf dem Gebiet der Input-Output-Rechnung in der Bundesrepublik Deutschland, in: Krengel,R. (Hrsg.), Die Weiterentwicklung der Input-Output-Rechnung in der Bundesrepublik Deutschland. Sonderhefte zum Allg. Stat. Archiv, Heft

STÄGLIN,R. 1985:
Input-Output-Analyse, in: Spektrum der Wissenschaft, Heft 5/1985, S.44-64.

STEENGE,A.E. 1986:
On the Complete Instability of Empirically Implemented Dynamic Leontief Models, Paper presented at the 8th International Conference on Input- Output Techniques,Sapporo 1986, o.O..

STONEMAN,P. 1983:
The Economic Analysis of Technological Change, Oxford.

STONEMAN,P., BLATTNER,N., PASTRE,O. 1982:
Major Findings and Policy Responses to the Impact of Information Technologies on Productivity and Employment, in: OECD (Hrsg.), Micro-electronics,Robotics and Jobs, Paris 1982, S. 17-131.

SZYLD,D.B. 1985:
Conditions for the Existence of a Balanced Growth Solution for the Leontief Dynamic Input-Output Model, in: Econometrica, Vol.53, Nr.6, S.1411-1419.
TAKAYAMA,A. 1985:
Mathematical Economics, Second Edition, Cambridge.

TEN RAA,T. 1986:
Dynamic Input-output Analysis with Distributed Activities, in: Review of Economics and Statistics, Vol.LXVIII, No.2, S.300-310.

THEIL,H. 1961:
Economic Forecasts and Policy, Amsterdam.

THEIL,H. 1966:
Applied Economic Forecasting, Amsterdam.

TOKOYAMA,K.,MURAKAMI,Y. 1972:
Relative Stability in Two Types of Dynamic Leontief Models, in: International Economic Review, Vol. 13, S. 408-415.

TSUKUI,J. 1961:
On a Theorem of Relative Stability, in: International Economic Review, Vol. 2, S. 229-230.

TSUKUI,J. 1968:
Application of a Turnpike Theorem to Planning foe Efficient Accumulation: An Example for Japan, in: Econometrica, Vol. 36, S. 172 - 186.

TSUKUI,J.,MURAKAMI,Y. 1979:
Turnpike Optimality in Input-Output Systems, Amsterdam.

ULRICH,E. 1980:
Technikprognosen, in: Mitteilungen aus der Arbeitsmarkt- und Berufsforschung, Heft 3/1980, S.409-425.

ULRICH,E., LAHNER,M., KÖSTNER,K. 1972:
Auswirkungen technischer Änderungen auf Arbeitskräfte - Bericht über Methode und erste Ergebnisse einer Erhebung in der kunststoffverarbeitenden Industrie, in: Mitteilungen aus der Arbeitsmarkt- und Berufsforschung, Heft 1/1972, S. 31-67.

UZAWA,H. 1956:
Note on Leontief's Dynamic Input-Output System, in: Proceedings of the Japan Academy, Vol. XXXII, No. 2, S. 79 - 82.

U.S DEPARTMENT OF COMMERCE - INTERNATIONAL TRADE ADMINISTRATION 1983:
The Robotics Industry, Washington D.C..

VDI-TECHNOLOGIEZENTRUM BERLIN U.A. (HRSG.) 1980:
Informationstechnologie und Beschäftigung. Eine Übersicht über internationale Studien, Düsseldorf,Wien.

VERNON,R. 1966:
International Investment and International Trade in the Product Cycle, in: Quarterly Journal of Economics, Vol. 80, S. 190-207.
VERNON,R. 1979:
The Product Cycle Hypotheses in a New International Environment, in: Oxford Bulletin of Economics and Statistics, Vol.41, S. 255-267.

VOLKHOLZ,V. 1982:
Trends in the Use of Industrial Robots in the 80's - The Case of the Federal Republic of Germany, in: OECD (Ed.), Micro-electronics, Robotics and Jobs, ICCP Vol.7, S. 173-196, Paris.

WADDEL,R.M., RITZ,P.M., NORTON,J.D., WOOD,M.,K. 1966:
Capacity Expansion Planning Factors - Manufacturing Industries, Economic Programming Center, NATIONAL PLANNING ASSSOCIATION, Washington D.C..

WALLIS,K.F. 1979:
Topics in Applied Econometrics, Oxford.

WALRAS,L. 1874:
Elements of Pure Economics, English Translation of 1954 W. Jaffe, London.

WALTER,H. 1977:
Technischer Fortschritt I: in der Volkswirtschaft, in: Handwörterbuch der Wirtschaftswissenschaft, Bd. 7, Stuttgart 1977, S. 569-583.

WARD,M. 1976:
The Measurement of Capital. The Methodology of Capital Stock Estimates in OECD Countries, Paris.

WARNECKE,H.-J.,SCHRAFT,R.D. 1986:
Industrieroboter - Katalog '86, Mainz.

WATANABE,S. 1986:
Labour-saving versus Work-amplifying Effects of Micro-electronics, in: International Labour Review, Vol. 125 No.3, S.243-260.

WEIß.J.-P. 1976:
Projektion von Input-Output-Tabellen für die Bundesrepublik Deutschland für die Jahre 1980 und 1985, Kommission für wirtschaftlichen und sozialen Wandel, Band 129, Göttingen.

WEIß,J.P. 1981:
Importmatrix für die Bundesrepublik Deutschland 1976, in: Vierteljahrshefte zur Wirtschaftsforschung, Heft 1, S. 21-31.

WELSCH,J. 1983:
Die "Produktions-Produktivitäts-Schere" - Argumente und Fakten für die Bundesrepublik Deutschland, in: WSI-Mitteilungen, S. 347-361.

WERMTER,W. 1981:
Die Beschäftigtenstatistik der Bundesanstalt für Arbeit, in: Mitteilungen aus der Arbeitsmarkt- und Berufsforschung, 14. Jg.,Heft 4, S. 428 - 435.

WERMTER,W., CRAMER,U. 1988:
Wie hoch war der Beschäftigtenanstieg seit 1983? - Ein Diskussionsbeitrag aus der Sicht der Beschäftigtenstatistik der Bundesanstalt für Arbeit, in: Mitteilungen aus der Arbeitsmarkt- und Berufsforschung, 21.Jg./1988,Heft 4, S.468-482.

WESSELS,H. 1976:
Auswirkungen des Baus eines Kernkraftwerks auf Produktion und Erwerbstätigenzahl, in: Wochenbericht des DIW, Nr.26-27/1976.

WESSELS,H. 1989:
Intersektorale Auswirkungen des Einsatzes von Industrierobotern und CNC-Werkzeugmaschinen, in: Meyer-Krahmer, F. (Hrsg.), Sektorale und gesamtwirtschaftliche Beschäftigungswirkungen moderner Technologien, Berlin.

WEST,G.R. 1986:
A Stochastic Analysis of an Input-output Model, in: Econometrica, Vol.54, No.2, S.363-374.

WHITLEY,J.D., WILSON,R.A. 1982:
Quantifying the Employment Effects of Micro-Electronics, in: Futures, December 1982, S.486-495.

WHITLEY,J.D., WILSON,R.A. 1985:
Quantifying the Impact of Information Technology on Employment Using a Macroeconomic Model, Research Paper, OECD/DSTI/ICCP/85.14, Paris.

WICKSELL,K. 1913:
Vorlesungen über Nationalökonomie auf Grundlage des Marginalprinzips - Band 1, Jena.

WITTIG,W. 1982:
Ein Input-Output-Modell zur Messung der Beschäftigungseffekte Technologischen Wandels, Bochum.

WOBBE-OHLENBURG,W. 1982:
Automobilarbeit und Roboterproduktion. Eine Fallstudie zum Einsatz von Industrierobotern im Volkswagenwerk, Berlin.

WOHLTMANN,H.-W. 1985:
Zur Steuerbarkeit volkswirtschaftlicher Input-Output-Modelle, in: Jahrbücher für Nationalökonomie und Statistik, Vol.200, Nr.6, S.602-621.

WOLFSTEINER,M. 1983:
Einfluß der Robotortechnik auf Beschäftigung und Tätigkeiten, in: Mitteilungen aus der Arbeitsmarkt- und Berufsforschung, Heft 2/1983, S.167-176.

WURTELE,Z.S. 1959:
A Note on Some Stability Properties of Leontief's Dynamic Models, in: Econometrica, Vol. 27, S. 672 - 675.

YANO RESEARCH INSTITUTE 1985:
The High-Technology Robot Market in Japan, Tokyo.